"十三五"国家重点出版物出版规划项目
现代机械工程系列精品教材
新工科·普通高等教育汽车类系列教材

汽车工程测试技术基础

主　编　唐　岚
副主编　赵　玲
参　编　武小花　陈　翀　孙仁云
　　　　熊　庆　易　彩　暴秀超
主　审　苏清祖

机械工业出版社

本书是"十三五"国家重点出版物出版规划项目。

本书主要介绍了汽车工程测试技术的基础理论和方法。全书共九章，主要内容有绪论，信号及其描述，测试系统的基本特性，常用传感器原理及其测量电路，信号调理、处理与记录，测量误差分析，静态、动态测试数据处理，微机在测试技术中的应用及测试技术在汽车上的应用等。

本书为高等学校车辆工程以及相关专业的本科生教材，高职高专学校也可选用，同时还可供研究生和从事汽车工程测试及其相关专业的工程技术人员参考。

本书配有PPT课件及相关试验资料，采用本书作为教材的教师可登录 www.cmpedu.com 注册下载。

图书在版编目（CIP）数据

汽车工程测试技术基础/唐岚主编. —北京：机械工业出版社，2021.12（2024.8重印）

"十三五"国家重点出版物出版规划项目　现代机械工程系列精品教材

新工科·普通高等教育汽车类系列教材

ISBN 978-7-111-69656-8

Ⅰ.①汽⋯　Ⅱ.①唐⋯　Ⅲ.①汽车-测试技术-高等学校-教材　Ⅳ.①U467

中国版本图书馆 CIP 数据核字（2021）第 244805 号

机械工业出版社（北京市百万庄大街22号　邮政编码100037）
策划编辑：宋学敏　　　责任编辑：宋学敏　王　荣
责任校对：肖　琳　王　延　封面设计：张　静
责任印制：李　昂
北京中科印刷有限公司印刷
2024年8月第1版第3次印刷
184mm×260mm・12.5 印张・299 千字
标准书号：ISBN 978-7-111-69656-8
定价：39.80 元

电话服务　　　　　　　　网络服务
客服电话：010-88361066　　机　工　官　网：www.cmpbook.com
　　　　　010-88379833　　机　工　官　博：weibo.com/cmp1952
　　　　　010-68326294　　金　书　网：www.golden-book.com
封底无防伪标均为盗版　　机工教育服务网：www.cmpedu.com

序

汽车被称为"改变世界的机器"。由于汽车工业具有很大的产业关联度，因而被视为一个国家经济发展水平的重要标志。我国汽车工业自2009年以来产销量连续保持全球第一，它正在成为拉动国民经济增长的动力源。汽车工业的繁荣使汽车及其相关产业的人才需求量大幅度增长。相应地，作为汽车工业人才培养主要基地的高等院校也得到了长足发展。据不完全统计，迄今全国开办汽车类专业的高等院校已达百余所。

从未来发展趋势看，打造我国自主品牌、开发核心技术是我国汽车工业的必然选择，但当前我国汽车工业还处在以技术引进、加工制造为主的阶段，这就要求在人才培养方面既要具有前瞻性，又要与我国实际情况相结合。在注重培养具有自主开发能力的研究型人才的同时，应大力培养知识、能力、素质结构具有鲜明的"理论基础扎实，专业知识面广，实践能力强，综合素质高，有较高的科技运用、推广、转换能力"特点的应用型人才。这也意味着对我国高等教育的办学体制、机制、模式和人才培养理念等提出了全新的要求。

为了满足新形势下对汽车类高等工程技术人才培养的需求，在中国机械工业教育协会车辆工程学科教学委员会的领导下，成立了教材编审委员会，确定了多个系列的普通高等教育规划教材。其中，为了解决高等教育应用型人才培养中教材短缺、滞后等问题，组织编写了普通高等教育汽车类专业系列教材。

本系列教材在学科体系上适应普通高等院校培养应用型人才的需求；在内容上注重介绍新技术和新工艺，强调实用性和工程概念，减少理论推导；在教学上强调加强实践环节。此外，本系列教材将力求突出以下特点：

1) 全面性：目前本系列教材包括汽车设计与制造、汽车运用与维修、汽车服务工程、物流工程等专业方向，今后还将扩展专业领域，更全面地涵盖汽车类专业方向。

2) 完整性：对于每一个专业方向，今后还将继续根据行业变化对教学提出的要求填平补齐，使之更加完善。

3) 优质性：在教材编审委员会的领导下，继续优化每一本教材的规划、编审、出版和修订过程，使教材的生产过程逐步实现优质和高效。

4) 服务性：根据需要，为教材配备CAI课件和教学辅助教材，举办新教材讲习班,在相应网站开设研讨专栏等。

相信本系列教材的出版将对我国汽车类专业的高等教育产生积极的影响,为我国汽车行业应用型人才培养模式的创新做出有益的探索。由于我国汽车工业正处于快速发展阶段,对人才会不断提出新的要求,这也就决定了高等教育的人才培养模式和教材建设将处于不断变革之中。我们衷心希望更多的高等院校加入到本系列教材建设的队伍中来,使教材体系更加完善,以更好地为培养汽车类专业高等教育人才服务。

中国汽车工程学会　常务理事
中国机械工业教育协会
车辆工程学科　副主任
林　逸

前言

测试技术是汽车技术发展的关键。多年以来,"测试技术"一直被视为较为难学的课程之一。产生这种念头的原因是多方面的:测试技术所涉及的知识面较广,要求的数学知识较高,概念的物理意义难于理解等是客观存在的,然而还有一个不可忽略的原因是"测试技术"很难自学,这与教材的编写有着较为重要的关系。

本书的编者长期从事"测试技术"的教学与科研工作,本书在总结这些经验的基础上,根据普通高等教育汽车类专业教材编审委员会提出的要求,在参考同类教材优点的基础上编写,力图成为一本既能突出"汽车工程测试技术"的基础理论知识,又能反映"测试技术"在汽车工程上的具体应用,且内容与形式上都有新意的教材。本书的编写力求做到深入浅出、概念清楚、物理意义明确、应用实例生动,并突出便于自学的特点。另外,随着高新技术的飞速发展和应用,汽车工程测试技术进入了一个新的阶段,所以在本书的编写中增添了新技术,如虚拟仪器技术在汽车工程测试中的应用等。

本书的主要使用对象为车辆工程及汽车应用类专业的本科生,适用于40学时的教学内容,并可供研究生及有关工程技术人员参考。本书共九章,出发点是从工程应用的角度阐述汽车工程测试技术的基础理论与方法。第一章简要介绍了汽车工程测试技术的发展与研究内容、测试技术的基本内容和本课程的研究对象与任务;第二章介绍了信号及其分类,弱化了单纯的数学推导,用较为精炼的语言说明了有关内容的物理意义;第三章介绍了测试系统的基本特性,阐明了测试系统的动态特性,并通过频率响应对典型信号输入的时间响应进行描述;第四章介绍了常用传感器的原理及其测量电路,让学生对传感器的工作原理、结构及其典型的测量电路有较为深刻的理解,并掌握传感器的选用原则;第五章介绍了信号调理、处理与记录;第六章介绍了测量误差分析;第七章介绍了静态、动态测试数据处理,阐明了试验数据的处理方法;第八章介绍了微机在测试技术中的应用,使学生对所学理论形成综合理解,增强学生对测试系统的整体认识;第九章从工程应用的角度阐述了典型汽车测试系统,目的是增加学生的知识面,开阔他们的眼界,有利于学生成为车辆工程的专业技术人才。为了使学生能尽快掌握各章的基本内容,每章后面都有思考题和习题作为支撑。

在学习本课程之前，学生应修完工程数学、电工学、微机原理等课程。

本书由唐岚担任主编。第一章、第四章由唐岚编写；第二章、第五章由赵玲编写；第三章由唐岚、赵玲编写；第六章、第七章由武小花编写；第八章由孙仁云编写；第九章第一节由熊庆编写，第二节由易彩编写，第三节由暴秀超编写，其余部分由陈翀编写。

本书由江苏大学苏清祖教授担任主审，苏教授对全书进行了仔细、全面的审阅，并提出了大量宝贵的意见和建议，同时此书的编写还得到了兄弟院校多方面的帮助，在此一并表示诚挚的谢意。

由于编者学识和水平有限，书中难免有错误和疏漏，恳请广大读者批评指正。

编　者

目　录

序
前言
第一章　绪论 …………………………………… 1
　　第一节　汽车工程测试技术的发展与研究
　　　　　　内容 ……………………………… 1
　　第二节　测试技术的基本内容 ……………… 2
　　第三节　本课程的研究对象与任务 ………… 3
　　思考题及习题 ………………………………… 4
第二章　信号及其描述 ………………………… 5
　　第一节　信号分类与描述 …………………… 5
　　第二节　周期信号与离散频谱 …………… 10
　　第三节　非周期信号与连续频谱 ………… 18
　　第四节　随机信号 ………………………… 34
　　思考题及习题 ……………………………… 41
第三章　测试系统的基本特性 ……………… 44
　　第一节　线性系统及其基本性质 ………… 45
　　第二节　测试系统的静态特性 …………… 46
　　第三节　测试系统的动态特性 …………… 48
　　第四节　不失真测试条件 ………………… 51
　　第五节　一阶和二阶系统的特性 ………… 52
　　思考题及习题 ……………………………… 58
第四章　常用传感器原理及其测量
　　　　电路 ………………………………… 61
　　第一节　传感器的分类 …………………… 62
　　第二节　常用传感器 ……………………… 64
　　思考题及习题 ……………………………… 92
第五章　信号调理、处理与记录 …………… 95
　　第一节　电桥 ……………………………… 95
　　第二节　调制与解调 …………………… 102
　　第三节　滤波器 ………………………… 107
　　第四节　信号的放大 …………………… 115
　　第五节　信号的显示和记录 …………… 119
　　思考题及习题 …………………………… 126
第六章　测量误差分析 ……………………… 129
　　第一节　误差的基本概念 ……………… 129
　　第二节　随机误差 ……………………… 130
　　第三节　系统误差 ……………………… 132
　　第四节　粗大误差与异常数据的取舍 … 134
　　第五节　测量结果的误差分析 ………… 137
　　思考题及习题 …………………………… 140
第七章　静态、动态测试数据处理 ………… 142
　　第一节　静态测试数据处理 …………… 142
　　第二节　动态测试数据处理 …………… 148
　　思考题及习题 …………………………… 155
第八章　微机在测试技术中的应用 ………… 156
　　第一节　微机测试系统 ………………… 156
　　第二节　通用串行总线（USB） ……… 162
　　第三节　虚拟仪器与系统 ……………… 168
　　思考题及习题 …………………………… 174
第九章　测试技术在汽车上的应用 ………… 175
　　第一节　概述 …………………………… 175
　　第二节　发动机缸内压力的测试 ……… 175
　　第三节　汽车振动的测试 ……………… 180
　　第四节　汽车动力学的测试 …………… 187
　　思考题及习题 …………………………… 191
参考文献 ……………………………………… 192

第一章

绪 论

第一节 汽车工程测试技术的发展与研究内容

汽车技术的发展在很大程度上取决于测试技术的发展，随着社会的进步与科学的发展，汽车工程测试技术的手段与内容被不断地丰富和完善。了解汽车从设计到出厂的整个产品周期，就可以看到测试始终贯穿于生产过程的每个环节，测试的重要性是不言而喻的。由于汽车的使用条件复杂，所以对产品的性能、寿命、质量和成本等方面的要求也较高，而影响产品质量的因素是多方面的，所涉及的技术领域也极为广泛，但现在对一些问题的研究还是不够充分。技术上许多新的发现和突破以及新设计的产品，即使在设计和制造时考虑得非常周密，也都必须以测试为基础经过试验来检验。测试技术是帮助人们深入了解汽车在实际使用中各种现象的本质及其规律，并推动其技术进步的一种极为重要的方法，它是保证产品性能、提高产品质量和竞争力的重要手段。

汽车工程测试技术涉及的学科门类繁多，测试技术与汽车工业相辅相成，特别是随着汽车电子技术的不断发展，测试的手段发生了很大的变化。汽车电子化、智能化的发展方向也使得汽车开发与测试技术"节节高"，不断地适应汽车技术与标准的发展需要。

图 1-1 汽车测试技术基本分类示意图

自 1876 年 5 月汽车工程测试技术的第一张汽车发动机示功图起，测试技术经历了 100 多年的发展，特别是 20 世纪 90 年代以来，计算机技术的应用使汽车工程测试技术得到了飞速的发展。从最初的汽车零部件性能试验，已经发展到目前的动力系统测试、车身和底盘测试、安全系统测试、汽车电子系统测试和生产测试等，如图 1-1 所示。另外应用虚拟仪器进行的汽车零部件与整车性能的测试，使汽车工程测试技术无论在方法上和内容上，或是测试设备上都达到了较为完善的程度。对现代汽车而言，舒适、效率及安全性很大程度上都依赖于各类电子控制系统 ECU 的应用。随着 ECU 功能的不断增强、油耗要求与排放标准的提高以及自动诊断系统的完善，采用传统的测试手段很难在较短的时间内完成对每一个电子控制系统 ECU 单独的测试，所以现在人们应用汽车网络总线测试系统，以较好地在短时间内完成对 ECU 性能的测试。

由于电子技术在汽车上的应用越来越广泛，以及汽车各系统在功能上的不断提升与扩展，因此汽车工程测试技术也必须得到相应的发展。目前汽车工程测试技术总的发展方向具体表现在以下几点：①新的系统、新的方法、新的标准要求和新的检测设备；②向单机智能化方向，具有自检、自动运行功能方向发展；③向显示技术、高精度传感技术方向发展；④向综合化方向发展。

第二节　测试技术的基本内容

测试技术是一门综合性技术。测量、计量与测试是相互关联的术语。测量是以被测对象属性量值为目的的全部操作；计量是为了实现测量单位统一和量值准确性的一种科学方法；而测试技术则是测量技术与试验技术的综合。测试的过程是从客观事物中获取有用信息的认识过程，测试的目的是帮助人们认识各种现象的本质及其规律，同时也是科学研究的基本方法。

测试的基本任务是获取有用的信息。信息总是蕴涵在某些物理量之中，并依靠它们来传输，这些物理量就是信号。就具体物理性质而言，信号有电信号、光信号、力信号等。其中，电信号在变换、处理、传输和运用等方面都有明显的优点，因而成为目前应用最广泛的信号。各种非电信号也往往被转换成电信号，而后传输、处理和运用。信息、信号、测试系统之间的关系可表述为：获取信息是测试的目的，信号是信息的载体，测试是得到被测参数信息的技术手段。

一个测量或测试系统大体上可用图 1-2 所示的原理框图来说明。

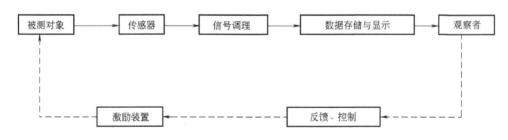

图 1-2　测试系统原理框图

根据被测物理量随时间变化的特性，可将它们总体地分为静态量和动态量。静态量是指那些静止的或者变化缓慢的物理量，因此对这类物理量的测量称之为静态测量；相反，动态量是指那些随时间快速变化的物理量，对动态量的测量相应地称之为动态测量。动态测量与静态测量是相对的，有时可以相互转换。

在使用测量方法时，不能简单地评价静态与动态测量的优劣性。静态和动态测量方法是两种不同的方法，采用哪种方法取决于被测对象的性质和对测量的要求。对每一种方法而言，相应地都有它自己的测量理论、测量手段和专门的仪器。测量的复杂程度完全取决于被测量本身的特征及测量所要达到的要求（精度、稳定性等）。

传感器是测试系统中的第一个环节，用于从被测对象中获取所需要的信息，并将其转换为适用于测量的变量或信号，是测量的源头。对于一个测量任务来说，第一步是能够有效地获取被测对象上的有用信息，所以传感器在整个测量系统中的作用是很重要的。

信号调理环节是对来自于传感器的信号做进一步的加工和处理，例如将幅值放大、转换滤波、分析等，最后传递给数据存储与显示部分，供人们用于观察和分析。从图1-2可以看出，被测对象和观察者也是测试系统的组成部分，它们同传感器、信号调理环节和数据存储与显示环节一起构成了一个完整的测试系统。这是由于在用传感器获取被测对象的有用信息时，被测对象与传感器之间不同的连接方式或耦合方式也会对传感器产生影响和作用，同样观察者自身的行为和方式也直接或间接地影响着系统的传递特性，所以在评价测试系统性能时也要考虑这两个环节。

第三节　本课程的研究对象与任务

本课程研究的对象是汽车测试中测试系统的静、动态特性，静、动态测试中的常用传感器特性和与之匹配的测量电路及记录仪器的结构与工作原理，电子计算机在测试系统中的应用，测试信号的分析和数据处理方法。本书将在这些方面着重进行展开和讨论。

对高等学校车辆工程及汽车运用工程相关专业的学生来讲，"汽车工程测试技术"是一门专业基础课。通过本课程的学习，学生应该掌握有关测试技术的基本理论和技术，培养学生能较为正确地选择测试装置，初步掌握试验方法和测试技术，正确处理试验数据和分析试验结果，为学生进一步学习、研究和处理汽车工程技术中的测试技术问题打下基础。为此，本课程的重点内容包括：

1) 掌握信号与信号处理的理论和方法。包括信号时域和频域的描述方法，建立明确的信号的频谱概念；掌握频谱分析和相关分析的基本原理和方法；掌握数字信号处理的基本理论和方法。

2) 掌握测试系统特性的评价方法。包括测试系统传递特性的时域、频域描述，脉冲响应函数和频率响应函数，一阶、二阶系统的动态特性描述及其参数的测量方法，以及不失真测试的条件。

3) 了解传感器理论。包括各类常用传感器的原理、结构及性能参数等，并能较为正确地选用传感器。

4) 掌握信号调理的原理和方法。包括电桥电路、信号的调制与解调、信号的放大与滤波、信号的存储与记录等，以及上述各种电路的原理与应用。

5) 对微机组成的测试系统有一个完整的概念。

6) 了解汽车工程中典型的测试方法。

"汽车工程测试技术"课程中涉及过去所学的许多有关知识，需要多种学科知识的综合运用，其内容包括常用的试验基本理论和技能，具有涉及面宽、实践性强的特点。学生在学习过程中要注意理解物理概念，掌握基本原理和特性，密切联系实际，加强实践环节。学习中，学生必须通过必要的试验课，亲自动手完成某些试验项目的全过程，接受科学试验能力的基本训练，才能掌握有关试验的知识和测试技术，初步具有在实际生产、科研中组织、实施各种试验工作的能力。

思考题及习题

1. 汽车工程测试技术的内容包括哪些方面？
2. 测试技术的基本内容有哪些？
3. 本课程的研究任务是什么？

第二章 信号及其描述

从信息论的观点看，信息是事物的存在方式或运动状态，及以这种方式或状态直接或间接的表述。在生产实践和科学研究中，为了获取有关研究对象状态与运动等特征方面的信息，经常要对许多客观存在的物体或物理过程进行观测。被研究对象的信息量往往是非常巨大的，测试工作是按一定的目的和要求，获取感兴趣的、有限的某些特定信息，而不是全部信息。换言之，信息是数据处理的结果。

一般来说，工程测试信息总是通过某些物理量的形式表现出来，我们把这些物理量称为信号。信号是信息的载体，信息则是信号所载的内容。信息与信号是互相联系的两个概念，但是信号不等于信息。譬如一辆汽车在运行过程中，会有温度、声音、振动等内部信息的外部表现，用测试仪器观测到的就是温度、声音、振动等变化的信号（数据形式或图像形式）。实际上，工程测试就是信号的获取、加工、处理、显示记录及分析的过程，因此深入地了解信号及其表述是工程测试的基础。

第一节 信号分类与描述

一、信号的概念

信号是用来传输信息的，是信息的载体，是反映信息的物理量。一定的信号可以表达某种信息。如电信号可以通过幅值、频率、相位的变化来表示不同的信息。信号是客观事物存在状态或属性的反映，即包含着反映被测物理系统的状态或特性的某些有用的信息，它是我们认识客观事物的内在规律、研究事物之间的相互关系、预测未来发展的依据。

二、信号的分类

按数学关系、取值特征、能量功率、处理分析等，可以将信号分为确定性信号和非确定性信号（随机信号）、连续信号和离散信号、能量信号和功率信号等。

1. 确定性信号和非确定性信号（随机信号）

信号按数学关系可分为确定性信号和非确定性信号（随机信号）两大类，有

$$
信号
\begin{cases}
确定性信号
\begin{cases}
周期信号
\begin{cases}
谐波信号\\
一般周期信号
\end{cases}\\
非周期信号
\begin{cases}
准周期信号\\
一般非周期信号（瞬变信号）
\end{cases}
\end{cases}\\
非确定性信号
\begin{cases}
平稳随机信号
\begin{cases}
各态历经信号\\
非各态历经信号
\end{cases}\\
非平稳随机信号
\end{cases}
\end{cases}
$$

(1) 确定性信号 若信号随时间有规律变化，可用数学关系式或图表来确切地描述其相互关系，并可确定其任何时刻的量值，这种信号称之为确定性信号。确定性信号又可分为周期信号和非周期信号。

1) 周期信号。周期信号是按一定时间间隔周而复始重复出现，无始无终的信号，可表达为

$$x(t) = x(t+nT_0) \quad (n=1,2,3,\cdots) \tag{2-1}$$

式中 T_0——周期（s）。

周期的表达式为 $T_0 = 2\pi/\omega_0 = 1/f_0$，其中 ω_0 为角频率，f_0 为频率。

周期信号又可分为谐波信号和一般周期信号：

① 谐波信号，即简单周期信号或正弦信号，它只有一个谐波。例如，集总参数的单自由度振动系统（见图2-1）在无阻尼自由振动时，其位移 $x(t)$ 就是一个谐波信号（见图2-2），它可用来确定质量块的瞬时位置，即

$$x(t) = x_0 \cos\left(\sqrt{\frac{k}{m}}t + \varphi_0\right) \tag{2-2}$$

式中 x_0——初始幅值；
　　　φ_0——初相位；
　　　k——弹簧刚度；
　　　m——质量；
　　　t——时间。

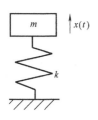

图2-1 集总参数的单自由度振动系统　　图2-2 集总参数的单自由度振动系统的谐波信号

② 一般周期信号是由多个乃至无穷多个频率成分（频率不同的谐波分量）叠加组成的，叠加后存在公共周期。例如周期方波、周期三角波，用傅里叶展开后其相邻谐波的频率比 ω_{n+1}/ω_n 为整数，因此，周期方波和周期三角波可分解成数个频率比 ω_{n+1}/ω_n 为整数的谐波信号的叠加，即

方波： $u(t) = \dfrac{4u_m}{\pi}\left(\sin\omega t + \dfrac{1}{3}\sin 3\omega t + \dfrac{1}{5}\sin 5\omega t + \dfrac{1}{7}\sin 7\omega t + \cdots\right)$

三角波： $u(t) = \dfrac{8U_m}{\pi^2}\left(\sin\omega t - \dfrac{1}{9}\sin 3\omega t + \dfrac{1}{25}\sin 5\omega t + \cdots\right)$

用方波的前5项谐波近似合成频率为30Hz、幅值为3的方波如图2-3所示。

2) 非周期信号。非周期信号能用确定的数学关系表达，但其值不具有周期重复特性。

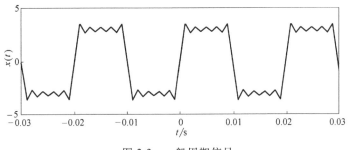

图 2-3　一般周期信号

如指数信号、阶跃信号等都是非周期信号。非周期信号又可分为准周期信号和一般非周期信号（瞬变信号）。

① 准周期信号是由一些不同频率的谐波信号叠加而成的信号，且各谐波分量的频率之比不全为有理数，即没有公共周期。叠加而成的和信号不再为周期信号，但和信号的频率还具有周期信号的特点，称为准周期信号。这种信号往往出现于通信、振动等系统之中，例如 $x=\sin 3\omega_0 t+\sin\sqrt{2}\omega_0 t$ 就是准周期信号。工程实际中，由不同独立振动激励的系统的输出信号，往往属于这一类，如图 2-4 所示。

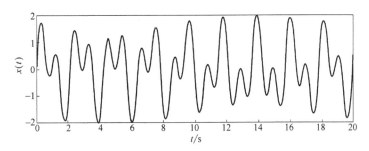

图 2-4　准周期信号

② 一般非周期信号又称为瞬变非周期信号，是在有限时间段存在，或随着时间的增加而幅值衰减至零的信号，其图形如图 2-5 所示，如机械脉冲信号、阶跃信号和指数衰减信号等（见图 2-6）。图 2-1 所示的振动系统，若加阻尼装置后，其质点位移 $x(t)$ 可表示为

$$x(t)=x_0 e^{-at}\sin(\omega_0 t+\varphi_0) \tag{2-3}$$

它是一种非周期信号，随时间的无限增加而衰减至零。

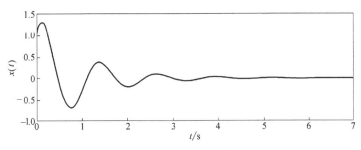

图 2-5　一般非周期信号

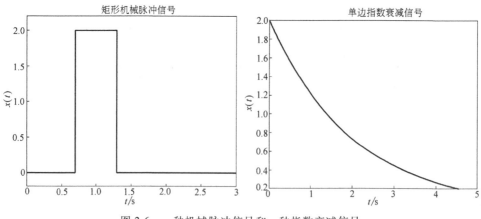

图 2-6 一种机械脉冲信号和一种指数衰减信号

（2）非确定性信号（随机信号） 非确定性信号是无法用明确的数学关系式表达的信号，又称为随机信号，如加工零件的尺寸、机械振动、环境的噪声等，所描述的物理现象是一种随机过程。它随时间的变化是随机的，没有确定的规律，每一次观测的结果都不相同，无法用数学关系式或图表描述，更不能准确预测其未来的瞬时值，只能用概率统计的方法来描述，如图 2-7 所示。

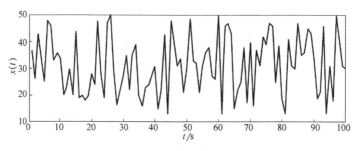

图 2-7 随机信号

对随机信号按时间历程所做的各次长时间观测记录称为**样本函数**，记作 $x_i(t)$，在同一试验条件下，全部样本函数的集合（总体）就是**随机过程**，记作 $\{x(t)\}$，即

$$\{x(t)\} = \{x_1(t), x_2(t), \cdots, x_i(t), \cdots\} \tag{2-4}$$

随机信号的各种统计值（平均值、方差、均方值和方均根值等）是按集合平均来计算的。集合平均的计算不是沿某个样本的时间轴进行平均，而是在集合中的某时刻 t_i 对所有样本函数的观测值取平均。为了与集合平均相区别，称按单个样本的时间历程进行平均的计算为时间平均。非确定性信号可分为**平稳随机信号**和**非平稳随机信号**。

1) 平稳随机信号。所谓平稳随机信号是指统计特征参数不随时间而变化的随机信号，其概率密度函数为正态分布。

平稳随机信号又可分为各态历经信号和非各态历经信号。在平稳随机信号中，若任一单个样本函数的时间平均统计特征等于该随机过程的集合平均统计特征，这样的平稳随机信号称为各态历经（遍历性）的随机信号。否则，即为非各态历经信号。

2) 非平稳随机信号。所谓非平稳随机信号是指统计特征参数随时间而变化的随机信号。在随机信号中,凡不属于平稳随机信号的,都可归为非平稳随机信号。

工程上所遇到的很多随机信号具有各态历经性,有的虽然不具备严格的各态历经性,但也可简化为各态历经随机信号来处理。事实上,一般的随机信号需要足够多的样本(理论上应为无穷多个)才能描述它,而要进行大量的观测来获取足够多的样本函数是非常困难的,有时是做不到的,因此实际中,常把随机信号按各态历经过程来处理。本书中对随机信号的讨论仅限于各态历经随机过程的范围。

2. 连续信号和离散信号

信号按取值特征分类如下所示:

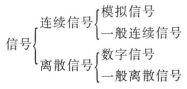

(1) **连续信号** 如果信号的独立变量取值连续,则是连续信号,如图 2-8a 所示。

(2) **离散信号** 如果信号的独立变量取值离散,则是离散信号,如图 2-8b 所示。

信号幅值也可分为连续的和离散的两种。如果信号的幅值和独立变量均连续,则称为模拟信号;如果信号幅值和独立变量均离散,则称为数字信号。目前,数字计算机所使用的信号都是数字信号。

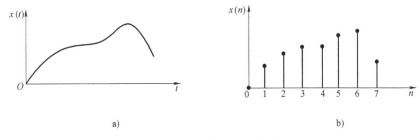

图 2-8 连续信号和离散信号
a) 连续信号 b) 离散信号

3. 能量信号和功率信号

信号按能量功率分类可分为能量信号和功率信号。

(1) **能量信号** 在非电量测量中,常把被测信号转换为电压和电流信号来处理。显然,电压信号 $u(t)$ 加到电阻 R 上,其瞬时功率为

$$p(t) = u^2(t)/R$$

当 $R = 1\Omega$ 时,有

$$p(t) = u^2(t)$$

瞬时功率对时间的积分就是信号在该积分时间内的能量。所以,当不考虑信号的实际量纲,而把信号 $x(t)$ 的二次方 $x^2(t)$ 及其对时间的积分分别称为信号的功率和能量。

当 $x(t)$ 满足

$$\int_{-\infty}^{\infty} x^2(t)\,\mathrm{d}t < \infty \tag{2-5}$$

则认为信号的能量是有限的,并称之为能量有限信号,简称为能量信号,如矩形脉冲信号、指数衰减信号等。

(2) **功率信号** 若信号在区间 ($-\infty$, ∞) 的能量是无限的,即

$$\int_{-\infty}^{\infty} x^2(t)\,dt \to \infty \tag{2-6}$$

但在有限区间 (t_1, t_2) 内的平均功率是有限的,即

$$\frac{1}{t_2 - t_1} = \int_{t_1}^{t_2} x^2(t)\,dt < \infty \tag{2-7}$$

这种信号称为功率有限信号或功率信号。如各种周期信号、常值信号、阶跃信号等。

三、信号的描述

信号的描述方法主要有**时域描述**和**频域描述**两大类。信号有一些基本性质,根据这些性质可以用多种方式来分析信号,每种方式提供了不同的角度,而用来分析信号的不同角度称为域。时域和频域可清楚反映信号与互连线之间的相互影响。

1. 时域描述

人们直接观测或记录的信号一般为随时间变化的物理量,是以时间作为独立变量的,称为信号的时域描述。它反映信号幅值随时间变化的关系。能够形象、直观地表述信息,但不能明显揭示信号的内在结构。

2. 频域描述

频域描述是利用傅里叶级数或傅里叶变换对信号进行变换(分解),以频率为独立变量建立信号幅值、相位与频率的函数关系,绘制频谱图,描述信号内在频率组成及其幅值和相位的大小。相比较于时域描述,频域描述信号则更为简练。

时域与频域是对信号的两个观察面。时域是以时间轴为坐标表示动态信号;频域是把信号变为以频率轴为坐标表示出来。一般来说,时域的表示较为形象与直观,频域分析则更为简练,剖析问题更为深刻和方便。信号分析的趋势是从时域向频域发展的。然而,它们同样是互相联系,缺一不可,相辅相成的。两者可互相转换,即傅里叶变换可以将一个时域信号转换成在不同频率下对应的幅值及相位,其频谱就是时域信号在频域下的表现,而傅里叶逆变换可以将频谱再转换回时域的信号。

第二节 周期信号与离散频谱

最简单的周期信号是谐波信号,它只有一种频率成分。利用傅里叶级数,一般周期信号可以展开成多个乃至无穷多个不同频率的谐波信号的线性叠加。

一、周期信号的傅里叶三角函数展开式

设周期信号可表示为

$$x(t) = x(t + nT) \tag{2-8}$$

式中 $n = 0, \pm 1, \pm 2, \cdots$;

T——周期。

在有限区间上,任何信号只要满足狄利克雷(Dirichlet)条件,即函数在$\left[-\dfrac{T}{2}, \dfrac{T}{2}\right]$上满足:

1) 连续或只有有限个第一类间断点$[\lim\limits_{t \to t_0^-}x(t) = \lim\limits_{t \to t_0^+}x(t) \neq x(t_0)]$;

2) 只有有限个极值,均可展开成傅里叶级数的三角函数形式,即

$$x(t) = \frac{a_0}{2} + \sum_{n=1}^{\infty}(a_n\cos n\omega_0 t + b_n\sin n\omega_0 t) = \frac{a_0}{2} + \sum_{n=1}^{\infty}A_n\sin(n\omega_0 t + \varphi_n) \tag{2-9}$$

式中 $a_0 = \dfrac{2}{T}\int_{-\frac{T}{2}}^{\frac{T}{2}}x(t)\mathrm{d}t$;

$a_n = \dfrac{2}{T}\int_{-\frac{T}{2}}^{\frac{T}{2}}x(t)\cos n\omega_0 t\mathrm{d}t$;

$b_n = \dfrac{2}{T}\int_{-\frac{T}{2}}^{\frac{T}{2}}x(t)\sin n\omega_0 t\mathrm{d}t$;

$A_n = \sqrt{a_n^2 + b_n^2}$;

$\varphi_n = \arctan\left(\dfrac{a_n}{b_n}\right)$。

a_0、a_n、b_n为傅里叶系数。常数$a_0/2$表示信号的静态分析,也称为直流分量,$\omega_0 = 2\pi/T$为信号基频;$n\omega_0$为n次谐频;A_n为各谐波分量的幅值;φ_n为各谐波分量的初相位。

由此可见,周期信号是由一个或几个,以至无穷多个不同频率的谐波叠加而成的。以圆频率为横坐标,幅值A_n或初相位φ_n为纵坐标所作的图称为频谱图。而A_n-$n\omega_0$图叫幅频谱,φ_n-$n\omega_0$图叫相频图。因为n是整数,相邻谱线频率的间隔$\Delta\omega = [n\omega_0 - (n-1)\omega_0] = \omega_0 = 2\pi/T$,即各频率成分都是$\omega_0$的整数倍,因而谱线是离散的。因此人们把$\omega_0$称为基频,而把几次倍频成分$A_n\sin(n\omega_0 t + \varphi_n)$称为几次谐波。

每一根谱线对应其中一种谐波,频谱就是构成信号的各频率分量的集合,它表征信号的频率结构。傅里叶三角函数展开时,周期信号的频谱,其频率范围是从$0 \sim +\infty$,所以其频谱是单边谱。

例2-1 求图2-9中周期$T=2$、脉宽$\tau=1$的周期矩形脉冲信号的频谱,并用MATLAB绘制频谱图。

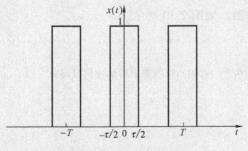

图2-9 周期矩形脉冲信号

解 $x(t)$ 可表示为

$$x(t)=\begin{cases} 1 & -\dfrac{1}{2}+2k\leq t<\dfrac{1}{2}+2k \\ 0 & 2k+\dfrac{1}{2}\leq t<2(k+1)-\dfrac{1}{2} \end{cases}$$

式中 $k=0,\pm1,\pm2,\cdots$

由式（2-9）得常数分量为

$$a_0=\frac{2}{T}\int_{-\frac{T}{2}}^{\frac{T}{2}}x(t)\mathrm{d}t=\frac{2}{T}\int_{-\frac{\tau}{2}}^{\frac{\tau}{2}}\mathrm{d}t=\frac{2\tau}{T}=1$$

余弦分量幅值为

$$a_n=\frac{2}{T}\int_{-\frac{T}{2}}^{\frac{T}{2}}x(t)\cos n\omega_0 t\mathrm{d}t$$

$$=\frac{2}{T}\int_{-\frac{\tau}{2}}^{\frac{\tau}{2}}\cos n\omega_0 t\mathrm{d}t=\frac{2}{n\omega T}\int_{-\frac{\tau}{2}}^{\frac{\tau}{2}}\cos(n\omega_0 t)\mathrm{d}(n\omega t)$$

$$=\frac{2}{n\omega T}\times 2\int_{0}^{\frac{\tau}{2}}\cos(n\omega_0 t)\mathrm{d}(n\omega t)=\frac{2}{n\left(\frac{2\pi}{T}\right)T}\times 2\sin\frac{2n\pi\tau}{2T}=\frac{2}{n\pi}\sin\frac{n\pi\tau}{T}=\frac{2}{n\pi}\sin\frac{n\pi}{2}$$

正弦分量幅值为 $\quad b_n=\dfrac{2}{T}\displaystyle\int_{-\frac{T}{2}}^{\frac{T}{2}}x(t)\sin\omega_0 t\mathrm{d}t=0$

因此 $\quad x(t)=\dfrac{a_0}{2}+\displaystyle\sum_{n=1}^{\infty}A_n\sin(n\omega_0 t+\varphi_n)$

这里有 $\quad \omega_0=\dfrac{2\pi}{T}=\pi$

$$a_0=\frac{2\tau}{T}=1$$

$$A_n=\sqrt{a_n^2+b_n^2}=\sqrt{a_n^2+0}=a_n=\left|\frac{2}{n\pi}\sin\frac{n\pi\tau}{T}\right|=\left|\frac{2}{n\pi}\sin\frac{n\pi}{2}\right|$$

$$\varphi_n=\arctan\frac{a_n}{0}=\begin{cases} +\infty & a_n>0,\varphi_n=\dfrac{\pi}{2} \\ -\infty & a_n<0,\varphi_n=-\dfrac{\pi}{2} \end{cases}$$

用 MATLAB 绘制频谱图，如图 2-10 所示。
程序如下：
```
t=-3:0.001:3;
y=square(2*pi*0.5*t+0.5*pi,50);%周期矩形脉冲信号函数
plot(t,y);
axis([-3,3,0,1.5]);
xlabel('时间 t')
ylabel('幅值')
title('周期矩形脉冲信号')
```

```
n = 0:1:10;
An = abs(2./(n. * pi). * sin((n. * pi)./2));%幅频谱
figure(2)
subplot(2,1,1)
stem(n * pi,An);
xlabel('频率')
ylabel('An')
title('幅频谱')
n = 0:1:10;
phin = atan(2./(n. * pi). * sin((n. * pi)./2)./0.000001);%相频谱
subplot(2,1,2)
stem(n * pi,phin);
xlabel('频率')
ylabel('φn')
title('相频谱')
```

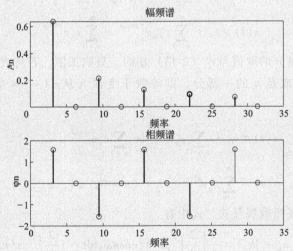

图 2-10 MATLAB 绘制的例 2-1 周期矩形脉冲信号频谱图

由周期信号的傅里叶三角函数展开式可以得出如下结论：

1) 周期信号各谐波频率必定是基波频率的整数倍，不存在非整数倍的频率分量。
2) 频谱是离散的。
3) 幅频谱线表明谐波幅值总的趋势是随谐波次数增高而减小。
4) 相频谱表明各谐波之间有严格的相位关系。

一般在信号的频谱分析中没有必要取那些次数过高的谐波分量。

二、周期信号的傅里叶级数的复指数函数展开式

利用欧拉公式可把三角函数展开式变为复指数函数展开式，此时周期信号的单边谱就变为双边谱。根据欧拉公式，有

$$e^{\pm j\omega t} = \cos\omega t \pm j\sin\omega t \tag{2-10}$$

$$\cos\omega t = \frac{1}{2}(e^{-j\omega t} + e^{j\omega t}) \tag{2-11}$$

$$\sin\omega t = \frac{1}{2}j(e^{-j\omega t} - e^{j\omega t}) \tag{2-12}$$

因此式（2-9）可改写为

$$x(t) = \frac{a_0}{2} + \sum_{n=1}^{\infty}\left[\frac{1}{2}(a_n + jb_n)e^{-jn\omega_0 t} + \frac{1}{2}(a_n - jb_n)e^{jn\omega_0 t}\right] \quad (n=1,2,3,\cdots) \tag{2-13}$$

令

$$c_0 = \frac{a_0}{2} = \frac{1}{T}\int_{-\frac{T}{2}}^{\frac{T}{2}} x(t)\,dt$$

$$c_n = \frac{a_n - jb_n}{2} = \frac{1}{T}\int_{-\frac{T}{2}}^{\frac{T}{2}} x(t)e^{-jn\omega_0 t}\,dt$$

$$c_{-n} = \frac{a_n + jb_n}{2} = \frac{1}{T}\int_{-\frac{T}{2}}^{\frac{T}{2}} x(t)e^{jn\omega_0 t}\,dt$$

则

$$x(t) = c_0 + \sum_{n=1}^{\infty} c_{-n} e^{-jn\omega_0 t} + \sum_{n=1}^{\infty} c_n e^{jn\omega_0 t} \tag{2-14}$$

式（2-14）中变量 n 的取值与式（2-13）相同，只取正值。若将式（2-14）中的第 2 项的变量 n 前的负号看成是 n 的一部分，即等效于变量 n 从 $-1 \sim -\infty$ 的区间内取值，则式（2-14）变为

即

$$x(t) = c_0 + \sum_{n=-1}^{-\infty} c_n e^{jn\omega_0 t} + \sum_{n=1}^{\infty} c_n e^{jn\omega_0 t} \tag{2-15}$$

$$x(t) = \sum_{-\infty}^{\infty} c_n e^{jn\omega_0 t} \quad (n = 0, \pm 1, \pm 2, \cdots)$$

这就是傅里叶级数的复指数展开式，式中有

$$\begin{aligned}c_n &= \frac{1}{2}(a_n - jb_n) = \frac{1}{2}\left[\frac{2}{T}\int_{-\frac{T}{2}}^{\frac{T}{2}} x(t)\cos n\omega_0 t\,dt - j\frac{2}{T}\int_{-\frac{T}{2}}^{\frac{T}{2}} x(t)\sin n\omega_0 t\,dt\right] \\ &= \frac{1}{T}\int_{-\frac{T}{2}}^{\frac{T}{2}} x(t)[\cos(n\omega_0 t) - j\sin(n\omega_0 t)]\,dt \\ &= \frac{1}{T}\int_{-\frac{T}{2}}^{\frac{T}{2}} x(t) e^{-jn\omega_0 t}\,dt\end{aligned} \tag{2-16}$$

上述推导过程中，n 取值为正，当 n 取 0 或负值时，也可以得到同样结果。由式（2-16）可见，c_n 实际上是一个复数，可表为复数的模和相位的关系，即

$$c_n = c_{nR} + c_{nI} = |c_n|e^{j\varphi_n} \tag{2-17}$$

$$|c_n| = |c_{-n}| = \frac{1}{2}\sqrt{a_n^2 + b_n^2} = \frac{A_n}{2} \tag{2-18a}$$

$$\varphi_n = \arctan\frac{\mathrm{Im}\{c_n\}}{\mathrm{Re}\{c_n\}} \tag{2-18b}$$

这里 $\text{Im}\{c_n\} = \frac{1}{2}(-b_n)$ 和 $\text{Re}\{c_n\} = \frac{1}{2}a_n$ 分别是 c_n 的虚部和实部，所以

$$x(t) = \sum_{-\infty}^{\infty} |c_n| e^{j(n\omega_0 t + \varphi_n)} \tag{2-19}$$

式中 $n\omega_0$——谐波角频率；

$|c_n|$——谐波幅值；

φ_n——初相位。

c_n 与 $n\omega_0$ 的关系称为复频谱，$|c_n|$ 与 $n\omega_0$ 的关系称为幅频谱，φ_n 与 $n\omega_0$ 的关系称为相频谱。复频谱的频率范围是 $-\infty \sim +\infty$，所以复频谱又称为双边谱。

周期信号频谱的特点如下：

1) 离散性，即只在 $n\omega_0 (n = 0, 1, 2, \cdots)$ 上取值或只在 $m\omega_0 (m = 0, \pm1, \pm2, \cdots)$ 上取值。

2) 谐波性，即每条频谱只出现在基波频率 $\left(\omega_0 = \frac{2\pi}{T}\right)$ 的整数倍的频率上，基波频率是诸分量频率的公约数，相邻谱线间隔为 $\Delta\omega$。

3) 收敛性，即常见的周期信号幅值总的趋势是随谐波次数的增大而减小，由于这种收敛性，实际测量中在一定误差范围内可以忽略那些次数过高的谐波。

例 2-2 求例 2-1 中当周期 $T=4\text{s}$、脉宽 τ 为 1 时信号的复频谱，周期矩形信号如图 2-11 所示。

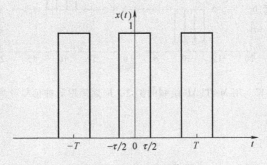

图 2-11 周期矩形信号

解 已知

$$x(t) = \begin{cases} 1 & -\frac{1}{2} + 4k \leq t < \frac{1}{2} + 4k \\ 0 & \frac{1}{2} + 4k \leq t < 4(k+1) - \frac{1}{2} \end{cases}$$

由式（2-18a）得

$$|c_n| = \left| \frac{1}{T} \int_{-\frac{T}{2}}^{\frac{T}{2}} x(t) e^{-jn\omega_0 t} dt \right| = \left| \frac{1}{n\pi} \sin\frac{n\pi}{4} \right|$$

$$\varphi_n = \arctan\frac{\text{Im}\{c_n\}}{\text{Re}\{c_n\}}$$

因为虚部 $\text{Im}\{c_n\} = 0$,实部 $\text{Re}\{c_n\} = \dfrac{1}{n\pi}\sin\dfrac{n\pi}{4}$

所以

$$\varphi_n = \begin{cases} 0 & \text{当}\dfrac{1}{n\pi}\sin\dfrac{n\pi}{4}>0 \\ \pi & \text{当}\dfrac{1}{n\pi}\sin\dfrac{n\pi}{4}<0,\quad n>0 \\ -\pi & \text{当}\dfrac{1}{n\pi}\sin\dfrac{n\pi}{4}<0,\quad n<0 \end{cases}$$

用 MATLAB 绘制频谱图,如图 2-12 所示。

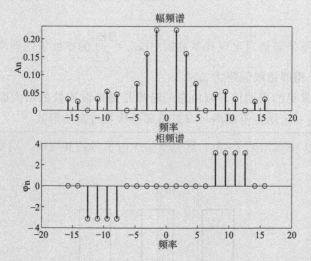

图 2-12 用 MATLAB 绘制的例 2-2 周期矩形脉冲信号频谱图

程序如下:
```
t=-5:0.001:5;
y=square(2*pi*0.25*t+0.25*pi,25);%周期脉冲函数
plot(t,y);
axis([-5,5,0,1.2]);
xlabel('时间 t')
ylabel('幅值')
title('周期矩形脉冲信号')
n=-10:1:10;
Cn=((1./(n.*pi)).*sin((n.*pi)./4));%幅频谱
figure(2)
subplot(2,1,1)
stem(n*pi/2,abs(Cn));
xlabel('频率')
ylabel('An')
```

```
title('幅频谱')
n=-10:1:10;
phi = [];
 for i = 1:1:21
   if Cn(i)>0
     phi(i)= 0;
   end
   if Cn(i)<0 && n(i)>0
     phi(i)= pi;
   end
   if Cn(i)<0 && n(i)<0
     phi(i)= -pi;
   end
end
subplot(2,1,2)
stem(n * pi/2,phi);%相频谱
xlabel('频率')
ylabel('φn')
title('相频谱')
```

三、周期信号的强度表述

周期信号的强度用如下几种形式表述：

1. 峰值 x_F

峰值 x_F 是信号可能出现的最大瞬时值，即

$$x_F = |x(t)|_{max}$$

它反映信号的动态范围，人们希望 x_F 在测试系统的动态范围内。

2. 均值 μ_x 和绝对均值 $\mu_{|x|}$

均值是信号的常值分量，即

$$\mu_x = \frac{1}{T}\int_0^T x(t)\,dt$$

绝对均值是信号经全波整流后的均值，即

$$\mu_{|x|} = \frac{1}{T}\int_0^T |x(t)|\,dt$$

3. 有效值和平均功率

有效值是信号的方均根值 x_{rms}，即

$$x_{rms} = \sqrt{\frac{1}{T}\int_0^T x^2(t)\,dt}$$

它反映信号的功率大小。有效值的二次方就是信号的平均功率 P_{av}，即

$$P_{av} = x_{rms}^2 = \frac{1}{T}\int_0^T x^2(t)\,dt$$

几种典型信号上述参数之间的数量关系见表 2-1。从表中可见,信号的均值、绝对均值、峰值和有效值之间的关系与波形有关。

表 2-1 几种典型信号的各项参数

名称	波形图	x_F	μ_x	$\mu_{|x|}$	x_{rms}
正弦波		A	0	$\dfrac{2A}{\pi}$	$\dfrac{A}{\sqrt{2}}$
方波		A	0	A	A
三角波		A	0	$\dfrac{A}{2}$	$\dfrac{A}{\sqrt{3}}$
锯齿波		A	$\dfrac{A}{2}$	$\dfrac{A}{2}$	$\dfrac{A}{\sqrt{3}}$

第三节 非周期信号与连续频谱

非周期信号包括准周期信号和瞬变冲激信号两种,其频谱各有独自的特点。如第二节所述,周期信号的频谱具有离散性,可展开成许多乃至无限项简谐信号之和,诸谐波分量的频率具有一个公约数——基频。但几个简谐信号的叠加,不一定是周期信号,也就是说具有离散频谱的信号不一定是周期信号。只有各简谐成分的频率比是有理数,它们能在某个时间间隔后周而复始,合成后的信号才是周期信号。准周期信号是由一系列没有公共周期的周期信号(如正弦或余弦信号)叠加组成的,与周期信号相比,准周期信号各个正弦信号的频率比不是有理数。因此，它的频谱与周期信号的频谱无本质区别，仍然是连续的，不必进行单独研究。

瞬变信号是指除了准周期信号之外的非周期信号。一般所说的非周期信号即指这种瞬变信号。图 2-13 所示的是几种典型的非周期信号，图 2-13a 是矩形脉冲信号，图 2-13b 是指数衰减信号，图 2-13c 是衰减振荡信号，图 2-13d 是单一脉冲信号。为便于叙述，本书在此以后提到非周期信号时均指瞬变信号。

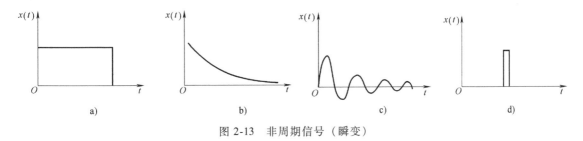

图 2-13 非周期信号（瞬变）

一、频谱密度函数 $X(\omega)$

非周期信号可以看作周期 T 为无穷大的周期信号。当周期 T 趋近无穷大时，则基波谱线及谱线间隔 $\Delta\omega = \omega_0 = \dfrac{2\pi}{T} \to d\omega$，趋近无穷小，于是离散的 $n\omega_0$ 就变为连续的 ω。因此，非周期信号的频谱是连续的。

傅里叶级数的复指数函数展开式可写为

$$x(t) = \sum_{n=-\infty}^{\infty} c_n \mathrm{e}^{\mathrm{j}n\omega_0 t} \tag{2-20}$$

傅里叶系数为

$$c_n = \frac{1}{T} \int_{-\frac{T}{2}}^{\frac{T}{2}} x(t) \mathrm{e}^{-\mathrm{j}n\omega_0 t} \mathrm{d}t \tag{2-21}$$

当周期 $T \to \infty$ 时，谱线间隔 $\Delta\omega = \dfrac{2\pi}{T}$ 趋近无穷小，$\Delta\omega \to d\omega \to 0$。离散量 $n\omega_0 (n=0, \pm1, \pm2, \cdots)$，转变为连续变量 ω，$n\omega_0 \to \omega$。傅里叶系数 c_n 的模 $|c_n|$ 趋于无穷小。将它放大 T 倍，则式 (2-21) 变为

$$\lim_{T \to \infty} c_n T = \lim_{T \to \infty} \int_{-\frac{T}{2}}^{\frac{T}{2}} x(t) \mathrm{e}^{\mathrm{j}n\omega_0 t} \mathrm{d}t \tag{2-22}$$

由于有 $n\omega_0 \to \omega$，故式 (2-22) 变为

$$\lim_{\mathrm{d}\omega \to 0} c_n \frac{2\pi}{\mathrm{d}\omega} = \int_{-\infty}^{\infty} x(t) \mathrm{e}^{-\mathrm{j}\omega t} \mathrm{d}t \tag{2-23}$$

因为时间 t 是积分变量，故式 (2-23) 积分后仅是 ω 的函数，并记作 $X(\omega)$ 或 $F[x(t)]$，即

$$X(\omega) = F[x(t)] = \int_{-\infty}^{\infty} x(t) \mathrm{e}^{-\mathrm{j}\omega t} \mathrm{d}t = \lim_{\mathrm{d}\omega \to 0} c_n \frac{2\pi}{\mathrm{d}\omega} \tag{2-24}$$

或

$$X(f) = F[x(t)] = \int_{-\infty}^{\infty} x(t) e^{-j2\pi ft} dt = \lim_{df \to 0} c_n \frac{1}{df} \tag{2-25}$$

$X(\omega)$ 或 $X(f)$ 表示单位频带上的频率分量，是复数，被称为 $x(t)$ 的频谱密度函数，简称频谱函数。

二、非周期信号的傅里叶积分表示

对于周期 T 为无穷大的非周期信号，当周期 $T \to \infty$ 时，频谱谱线间隔 $\Delta\omega \to d\omega$，$T \to 2\pi/d\omega$，离散变量 $n\omega_0 \to \omega$ 变为连续变量，求和运算就变为求积分运算，于是式（2-20）变为

$$x(t) = \frac{1}{2\pi} \int_{-\infty}^{\infty} X(\omega) e^{j\omega t} d\omega \tag{2-26}$$

这就是傅里叶积分，记为 $x(t) = F^{-1}[x(\omega)]$。
于是就有

$$X(\omega) = \int_{-\infty}^{\infty} x(t) e^{-j\omega t} dt \tag{2-27}$$

$$x(t) = \frac{1}{2\pi} \int_{-\infty}^{\infty} X(\omega) e^{j\omega t} d\omega \tag{2-28}$$

当然也可以是

$$x(t) = \int_{-\infty}^{\infty} X(\omega) e^{j\omega t} d\omega \tag{2-29}$$

$$X(\omega) = \frac{1}{2\pi} \int_{-\infty}^{\infty} x(t) e^{-j\omega t} dt \tag{2-30}$$

式（2-27）和式（2-30）所表达的 $X(\omega)$ 称为 $x(t)$ 的傅里叶正变换；式（2-28）和式（2-29）所表达的 $x(t)$ 为 $X(\omega)$ 的傅里叶逆变换，两者互称为傅里叶变换对，可记为

$$x(t) \Leftrightarrow X(\omega)$$

将 $\omega = 2\pi f$ 代入式（2-27）和式（2-28），则有

$$X(f) = \int_{-\infty}^{\infty} x(t) e^{-j2\pi ft} dt \tag{2-31}$$

$$x(t) = \int_{-\infty}^{\infty} X(f) e^{j2\pi ft} df \tag{2-32}$$

用傅里叶积分来描述非周期信号，其频谱是连续的，它是由无限多个、频率无限接近的频率成分所组成。谱线幅值在各频率上趋于无穷小，故用频谱密度 $X(\omega)$ 来描述，它在数值上相当于将分量放大为 $T = \frac{2\pi}{d\omega}$ 倍，同时保持各频率分量幅值相对分布规律不变。

$X(f)$ 和 $X(\omega)$ 关系是

$$X(f) = 2\pi X(\omega) \tag{2-33}$$

通常 $X(f)$ 是实变量 f 的复函数，所以 $X(f)$ 可写成

$$\begin{aligned} X(f) &= \text{Re}[X(f)] + j\text{Im}[X(f)] \\ &= |X(f)| e^{j\varphi(f)} \end{aligned} \tag{2-34}$$

式中，$|X(f)| = \sqrt{\{\text{Re}[X(f)]\}^2 + \{\text{Im}[X(f)]\}^2}$

$\varphi(f) = \arctan\{\text{Im}[X(f)]/[\text{Re}X(f)]\}$

需要注意的是，非周期信号的幅值谱 $|X(f)|$ 是连续的，而周期信号的幅值谱是离散的。并且 $|X(f)|$ 的量纲是单位频宽上的幅值，即 $|X(f)|$ 是 $x(t)$ 的频谱密度函数。而周期信号的幅值谱 $|c_n|$ 的量纲与其幅值一致。

需要注意的是，傅里叶变换存在需要满足以下两个条件：

1) 狄利克雷条件。

2) $x(t)$ 在无限区间上绝对可积，即 $\int_{-\infty}^{\infty} |x(t)| dt < \infty$，是收敛的。

在工程上所遇到的非周期信号基本上均能满足上述条件。

例2-3 求矩形窗函数 $w_R(t)$ 的频谱。已知矩形窗函数 $w_R(t)$ 的定义为

$$w_R(t) = \begin{cases} 1 & |t| \leq \dfrac{\tau}{2} \\ 0 & |t| > \dfrac{\tau}{2} \end{cases}$$

式中 τ——时间宽度，称为窗宽。

解 由式（2-31）得 $w_R(t)$ 的频谱 $W_R(f)$ 为

$$W_R(f) = \int_{-\infty}^{+\infty} w_R(t) e^{-j2\pi ft} dt = \int_{-\tau/2}^{\tau/2} 1 \times e^{-j2\pi ft} dt$$

$$= \frac{-1}{j2\pi f}\left(e^{-j2\pi f\frac{\tau}{2}} - e^{j2\pi f\frac{\tau}{2}}\right) = j\frac{1}{2}\frac{(e^{-j\pi f\tau} - e^{j\pi f\tau})}{\pi f}$$

$$= \frac{\sin(\pi f\tau)}{\pi f} = \tau\frac{\sin(\pi f\tau)}{\pi f\tau} = \tau\text{sinc}(\pi f\tau)$$

数学上，定义 $\text{sinc}(\theta) = \dfrac{\sin(\theta)}{\theta}$ 为采样函数，它是以 2π 为周期，随 θ 增大呈现衰减振荡，并在 $n\pi$（n 为整数）处其值为零的一个特殊的实偶函数，该函数在信号分析中非常有用，其数值可从数学手册中查到，其图像如图2-14所示。MATLAB画出的矩形窗函数 $w_R(t)$ 及其频谱 $W_R(f)$ 的图形如图2-15所示。

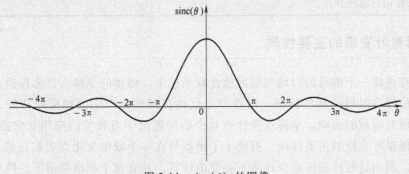

图2-14 $\text{sinc}(\theta)$ 的图像

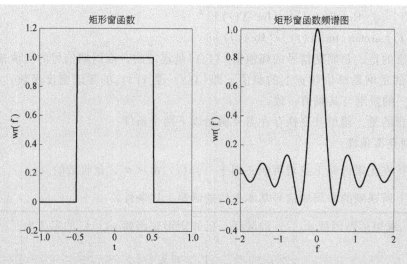

图 2-15 MATLAB 画出的矩形窗函数及其频谱图

程序如下：
```
t=-1:0.01:1;
tao=1;
wr=1.*(abs(t)<=tao/2)+0.*(abs(t)>tao/2);%矩形窗函数
subplot(1,2,1);
plot(t,wr,'r')
ylabel('wr(t)');
xlabel('t');
axis([-1,1,-0.2,1.2]);
title('矩形窗函数')
f=-2:0.001:2;
Wr=tao*sinc(pi*f*tao);
subplot(1,2,2);
plot(f,Wr,'r')
ylabel('Wr(f)');
xlabel('f');
title('矩形窗函数频谱图')
```

三、傅里叶变换的主要性质

傅里叶变换将一个信号的时域与频域彼此联系起来。傅里叶变换有许多性质，这些性质主要反映了信号在时域的某些特征、运算和变化将在频域上产生的相应的特征、运算和变化，以及频域对时域的影响。掌握这些性质对今后的理论学习和实践应用非常重要。因此，了解、熟悉傅里叶变换的主要性质，有助于了解信号在一个域中变化而引起在另一个域中产生什么变化。利用这些性质可减少许多不必要的计算，并有利于画出频谱图。傅里叶变换的性质很多，本书只介绍最常用的几个性质，其他的性质可参考有关资料。

1. 奇偶虚实性

一般情况下，若 $X(f)$ 是 f 的复变函数，它可以写成

$$X(f) = \int_{-\infty}^{+\infty} x(t) e^{-j2\pi ft} dt = \text{Re}X(f) - j\text{Im}X(f) \quad (2-35)$$

式中

$$\text{Re}X(f) = \int_{-\infty}^{+\infty} x(t) \cos 2\pi ft \, dt \quad (2-36)$$

$$\text{Im}X(f) = \int_{-\infty}^{+\infty} x(t) \sin 2\pi ft \, dt \quad (2-37)$$

余弦函数是偶函数，正弦函数是奇函数。

1) 如果 $x(t)$ 是实偶函数，则 $\text{Im}X(f) = 0$，$X(f)$ 是实偶函数，即
$$X(f) = \text{Re}X(f) = X(-f)$$

2) 如果 $x(t)$ 是实奇函数，则 $\text{Re}X(f) = 0$，$X(f)$ 是虚奇函数，即
$$X(f) = \text{Im}X(f) = -X(-f)$$

3) 如果 $x(t)$ 是虚偶函数，则同理可知 $X(f)$ 是虚偶函数。

4) 如果 $x(t)$ 是虚奇函数，则 $X(f)$ 是实奇函数。

2. 翻转定理

若信号 $x(t)$ 的频谱为 $X(f)$，则信号 $x(-t)$ 的频谱为 $X(-f)$。

换句话说，当信号在时域中绕纵坐标轴翻转 180° 时，它在频域中也绕纵坐标轴翻转 180°，即，若

$$x(t) \Leftrightarrow X(f)$$

则

$$x(-t) \Leftrightarrow X(-f) \quad (2-38)$$

3. 线性叠加性

若信号 $x(t)$ 和 $y(t)$ 的频谱分别为 $X(f)$ 和 $Y(f)$，则 $ax(t) + by(t)$ 的频谱为 $aX(f) + bY(f)$，即

$$ax(t) + by(t) \Leftrightarrow aX(f) + bY(f) \quad (2-39)$$

例 2-4 利用傅里叶变换的线性性质求单位阶跃信号的频谱函数 $F(j\omega)$。

解 因

$$f(t) = U(t) = \frac{1}{2} + \frac{1}{2}\text{sgn}(t)$$

由式 (2-39) 得

$$F(j\omega) = \zeta\{U(t)\} = \frac{1}{2}\zeta\{1\} + \frac{1}{2}\zeta\{\text{sgn}(t)\} = \frac{1}{2} \times 2\pi\delta(\omega) + \frac{1}{2} \times \frac{2}{j\omega} = \pi\delta(\omega) + \frac{1}{j\omega}$$

---

4. 对称性

若

$$x(t) \Leftrightarrow X(j\omega)$$

则

$$X(jt) \Leftrightarrow 2\pi x(-\omega) \quad (2-40)$$

证明如下

$$x(t) = \frac{1}{2\pi} \int_{-\infty}^{+\infty} X(j\omega) e^{j\omega t} d\omega$$

$$2\pi x(t) = \int_{-\infty}^{+\infty} X(j\omega) e^{j\omega t} d\omega$$

$$2\pi x(-t) = \int_{-\infty}^{+\infty} X(j\omega) e^{-j\omega t} d\omega$$

将上式中的 ω 换成 f，有
$$2\pi x(-t) = \int_{-\infty}^{+\infty} X(jf) e^{-jft} df$$

再以 ω 代替 t，则
$$2\pi x(-\omega) = \int_{-\infty}^{+\infty} X(jf) e^{-jf\omega} df$$

最后再将 f 用 t 代替，则得
$$2\pi x(-\omega) = \int_{-\infty}^{+\infty} X(jt) e^{-j\omega t} dt = \zeta\{X(jt)\}$$

即为
$$X(jt) \Leftrightarrow 2\pi x(-\omega)$$

证毕。

例 2-5 若信号 $f(t)$ 的傅里叶变换为
$$F(j\omega) = \begin{cases} 2\pi A & |\omega| < \tau/2 \\ 0 & |\omega| > \tau/2 \end{cases}$$

试求 $f(t)$。

解 将 $F(j\omega)$ 中的 ω 换成 t，并考虑 $F(j\omega)$ 为 ω 的实函数，有
$$F(jt) = F(t) = \begin{cases} 2\pi A & |t| < \tau/2 \\ 0 & |t| > \tau/2 \end{cases}$$

该信号的傅里叶变换可知为
$$\zeta\{F(t)\} = \int_{-\infty}^{+\infty} F(t) e^{-j\omega t} dt = 2\pi A_\tau \mathrm{sinc}\left(\frac{\omega\tau}{2}\right)$$

根据对称性
$$F(t) \leftrightarrow 2\pi f(-\omega)$$

故
$$f(-\omega) = A_\tau \mathrm{sinc}\left(\frac{\omega\tau}{2}\right)$$

再将 $f(-\omega)$ 中的 $-\omega$ 换成 t，则得
$$f(t) = A_\tau \mathrm{sinc}\left(\frac{-\tau t}{2}\right)$$

$f(t)$ 为采样函数，其波形和频谱如图 2-16 所示。

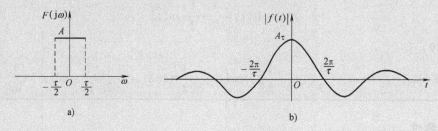

图 2-16 $f(t)$ 的波形和频谱
a) 波形 b) 频谱

5. 时间尺度改变特性（相似定理）

在信号幅值不变的情况下，若
$$x(t) \Leftrightarrow X(f)$$

$$x(kt) \Leftrightarrow \frac{1}{k}X\left(\frac{f}{k}\right) \quad (k>0) \tag{2-41}$$

证明：

$$\begin{aligned} F[x(kt)] &= \int_{-\infty}^{+\infty} x(kt) e^{-j2\pi ft} dt \\ &= \frac{1}{k}\int_{-\infty}^{+\infty} x(kt) e^{-j2\pi \left(\frac{f}{k}\right)(kt)} d(kt) \\ &= \frac{1}{k}X\left(\frac{f}{k}\right) \end{aligned}$$

函数 $x(kt)$ 表示 $x(t)$ 沿时间轴压缩 $\frac{1}{k}$（或时间尺度扩展为 k 倍），而 $X\left(\frac{f}{k}\right)$ 则表示 $X(f)$ 沿频率轴扩展 k 倍（或频率尺度压缩 $\frac{1}{k}$）。该性质反映了信号的持续时间与其占有频带成反比，信号持续时间压缩的程度恰好等于占有频带的展宽倍数，反之亦然。

例 2-6 已知

$$f(t) = \begin{cases} E & |t|<\tau/4 \\ 0 & |t|>\tau/4 \end{cases} \quad \text{和} \quad f_0(t) = \begin{cases} E & |t|<\tau/2 \\ 0 & |t|>\tau/2 \end{cases}$$

求频谱函数 $F(j\omega)$，$F_0(j\omega)$。

解 由例 2-5 可知

$$F_0(j\omega) = E\tau \mathrm{sinc}\left(\frac{\omega\tau}{2}\right)$$

根据时间尺度改变特性，信号 $x(t)$ 比 $x_0(t)$ 的时间扩展一倍，即波形压缩了一半，因此其频谱函数有

$$F(j\omega) = \frac{1}{2}F_0\left(j\frac{\omega}{2}\right) = \frac{E\tau}{2}\mathrm{sinc}\left(\frac{\omega\tau}{4}\right)$$

两种信号的波形及频谱函数如图 2-17 所示。

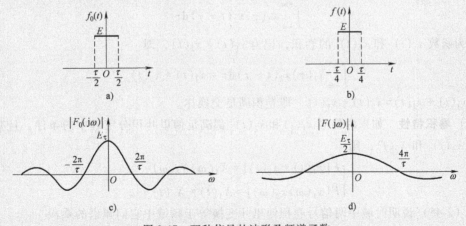

图 2-17 两种信号的波形及频谱函数
a) 原波形 b) 处理后波形 c) 原频谱 d) 处理后频谱

6. 时移和频移特性

1) 若 $x(t) \Leftrightarrow X(f)$，在时域中信号沿时间轴平移一常值 t_0 时，则

$$x(t \pm t_0) \Leftrightarrow X(f) \mathrm{e}^{\pm \mathrm{j} 2\pi f t_0} \tag{2-42}$$

证明 由傅里叶变换的定义，可知

$$F[x(t \pm t_0)] = \int_{-\infty}^{+\infty} x(t \pm t_0) \mathrm{e}^{-\mathrm{j}\omega t} \mathrm{d}t$$

（令 $t \pm t_0 = u$）
$$= \int_{-\infty}^{+\infty} x(u) \mathrm{e}^{-\mathrm{j}\omega(u \pm t_0)} \mathrm{d}u$$

$$= \int_{-\infty}^{+\infty} x(u) \mathrm{e}^{-\mathrm{j}\omega(u \pm t_0)} \mathrm{d}u$$

$$= \mathrm{e}^{\pm \mathrm{j}\omega t_0} \int_{-\infty}^{+\infty} x(u) \mathrm{e}^{-\mathrm{j}\omega u} \mathrm{d}u$$

$$= \mathrm{e}^{\pm \mathrm{j}\omega t_0} F[x(t)]$$

显然，当信号时移 $\pm t_0$ 后，其幅频谱不变，而相频谱由原来的 $\varphi(f)$ 变为 $\varphi(f) \pm 2\pi f t_0$，即在时域的移动，引起频域中的相移。

2) 在频域中信号沿频率轴平移一常值 f_0 时，则

$$x(t) \mathrm{e}^{\pm \mathrm{j} 2\pi f_0 t} \Leftrightarrow X(f \mp f_0) \tag{2-43a}$$

或

$$F^{-1}[X(\omega \mp \omega_0)] = x(t) \mathrm{e}^{\pm \mathrm{j}\omega_0 t} \tag{2-43b}$$

式（2-43a）表明，信号在时域上乘以 $\mathrm{e}^{\pm \mathrm{j} 2\pi f_0 t}$（可认为是正弦或余弦信号），相当于将其频谱沿频率轴右移或左移了 f_0。

式（2-43b）表明，频谱函数 $X(\omega)$ 沿 ω 轴向右或向左位移 ω_0 的傅里叶逆变换等于原来的函数 $x(t)$ 乘以因子 $\mathrm{e}^{\mathrm{j}\omega t_0}$ 或 $\mathrm{e}^{-\mathrm{j}\omega t_0}$。

7. 卷积定理（特性）

(1) 卷积的概念 若已知函数 $x_1(t)$，$x_2(t)$，则积分

$$\int_{-\infty}^{+\infty} x_1(\tau) x_2(t-\tau) \mathrm{d}\tau$$

称为函数 $x_1(t)$ 和 $x_2(t)$ 的卷积，记为 $x_1(t) * x_2(t)$，即

$$\int_{-\infty}^{+\infty} x_1(\tau) x_2(t-\tau) \mathrm{d}\tau = x_1(t) * x_2(t) \tag{2-44}$$

显然，$x_1(t) * x_2(t) = x_2(t) * x_1(t)$，即卷积满足交换律。

(2) 卷积特性 如果两信号 $x_1(t)$ 和 $x_2(t)$ 都满足傅里叶积分定理中的条件，且其频谱分别为 $X_1(f)$ 和 $X_2(f)$，则

$$\begin{cases} F[x_1(t) * x_2(t)] = X_1(\omega) X_2(\omega) & (2-45) \\ F[x_1(\omega) x_2(\omega)] = X_1(t) * X_2(t) & (2-46) \end{cases}$$

式（2-45）说明时域中两信号卷积傅里叶变换等于频域中它们频谱的乘积。

式（2-46）说明时域中两信号乘积等效于频域中它们频谱的卷积。

证明 按傅里叶变换的定义，有

$$F[x_1(t) * f_2(t)] = \int_{-\infty}^{+\infty} [x_1(t) * x_2(t)] e^{-j\omega t} dt$$

$$= \int_{-\infty}^{+\infty} \left[\int_{-\infty}^{+\infty} x_1(\tau) x_2(t-\tau) d\tau \right] e^{-j\omega t} dt$$

$$= \int_{-\infty}^{+\infty} \int_{-\infty}^{+\infty} x_1(\tau) e^{-j\omega\tau} x_2(t-\tau) e^{-j\omega(t-\tau)} d\tau dt$$

$$= \int_{-\infty}^{+\infty} x_1(\tau) e^{-j\omega\tau} \left[\int_{-\infty}^{+\infty} x_2(t-\tau) e^{-j\omega(t-\tau)} dt \right] d\tau$$

$$= X_1(\omega) X_2(\omega)$$

这个性质表明，两个函数卷积的傅里叶变换等于这两个函数傅里叶变换的乘积。

同理可得

$$F[x_1(t)x_2(t)] = \frac{1}{2\pi} X_1(\omega) * X_2(\omega) \tag{2-47}$$

即两个函数乘积的傅里叶变换等于这两个函数傅里叶变换的卷积除以 2π。

推论 若 $x_k(t)(k=1,2,3,\cdots,n)$ 满足傅里叶积分定理中的条件，且 $F[x_k(t)] = X_k(\omega)$ $(k=1,2,\cdots,n)$，则有

$$F[x_1(t)x_2(t)\cdots x_n(t)] = \frac{1}{(2\pi)^{n-1}} X_1(\omega) * X_2(\omega) * \cdots * X_n(\omega)$$

卷积并不总是很容易计算的，但卷积定理提供了卷积计算的简便方法，即化卷积运算为乘积运算。这就使得卷积在线性系统分析中成为特别有用的方法。

若 $x_1(t)$ 和 $x_2(t)$ 中有一信号为周期信号，如设 $x_2(t)$ 为周期信号，即 $x_2(t) = \sum_{-\infty}^{+\infty} c_n e^{j2\pi n f_0 t}$，利用叠加性和频移特性，可得

$$x_1(t)x_2(t) \Leftrightarrow \sum_{-\infty}^{+\infty} c_n X_1(f - nf_0) \tag{2-48}$$

8. 微分性质

(1) 时域微分特性 若有

$$x(t) \leftrightarrow X(j\omega)$$

则

$$\frac{d^n x(t)}{dt^n} \leftrightarrow (j\omega)^n X(j\omega) \tag{2-49}$$

证明 因为

$$x(t) = \frac{1}{2\pi} \int_{-\infty}^{\infty} X(j\omega) e^{j\omega t} d\omega$$

两边对 t 求导数，得

$$\frac{dx(t)}{dt} = \frac{1}{2\pi} \int_{-\infty}^{\infty} j\omega X(j\omega) e^{j\omega t} d\omega$$

所以

$$\frac{dx(t)}{dt} \leftrightarrow (j\omega) X(j\omega)$$

同理，可推出

$$\frac{d^n x(t)}{dt^n} \leftrightarrow (j\omega)^n X(j\omega)$$

例 2-7 图 2-18a 所示信号 $f(t)$ 为

$$f(t) = \Lambda\left(\frac{t}{2}\right) = \begin{cases} 1-\dfrac{|t|}{\tau} & |t|<\tau \\ 0 & |t|>\tau \end{cases}$$

求其频谱函数 $F(j\omega)$。

解 将 $x(t)$ 微分两次后，经图 2-18b 得到图 2-18c 所示函数，其表达式为

$$f''(t) = \frac{1}{\tau}\delta(t+\tau) - \frac{2}{\tau}\delta(t) + \frac{1}{\tau}\delta(t-\tau)$$

由微分性，有

$$\zeta\{f''(t)\} = (j\omega)^2 \zeta\{f(t)\} = \frac{1}{\tau}(e^{j\omega\tau} - 2 + e^{-j\omega\tau}) = \frac{2}{\tau}(\cos\omega\tau - 1)$$

所以

$$\zeta\{f(t)\} = \frac{2(\cos\omega\tau - 1)}{\tau(j\omega)^2} = \frac{\tau\sin^2(\omega\tau/2)}{(\omega\tau/2)^2} = \tau\,\text{sinc}^2\left(\frac{\omega\tau}{2}\right)$$

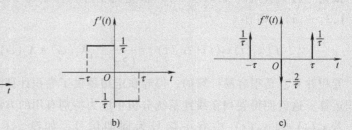

图 2-18 例 2-7 图

(2) 频域微分特性 设 $F[x(t)] = X(\omega)$，则 $\dfrac{dX(\omega)}{d\omega} = F[-jtx(t)]$，一般的，有

$$\frac{d^n}{d\omega^n}X(\omega) = (-j)^n F[t^n x(t)] \tag{2-50}$$

或将式 $X(f) = \int_{-\infty}^{\infty} x(t) e^{-j2\pi ft} dt$ 对 f 微分，可得

$$(-j2\pi t)^n x(t) = (-j)^n (2\pi)^n [t^n x(t)] \Leftrightarrow \frac{d^n X(f)}{df^n} \tag{2-51}$$

注意：$X(f) = \int_{-\infty}^{\infty} x(t) e^{-j2\pi ft} dt$，$X(\omega) = \dfrac{1}{2\pi}\int_{-\infty}^{\infty} x(t) e^{-j\omega t} dt$，所以 $X(f) = 2\pi X(\omega)$。

例 2-8 求 $x(t) = tU(t)$ 的频谱函数 $F(j\omega)$。

解 因为

$$U(t) \leftrightarrow \pi\delta(\omega) + \frac{1}{j\omega}$$

根据频域微分特性，有

$$tU(t) \leftrightarrow j\frac{d}{d\omega}\left[\pi\delta(\omega) + \frac{1}{j\omega}\right] = j\pi\delta'(\omega) - \frac{1}{\omega^2}$$

9. 积分性质

对于积分性质，存在

$$\int_{-\infty}^{t} x(t)\,\mathrm{d}t \Leftrightarrow \frac{1}{\mathrm{j}2\pi f} X(f) \tag{2-52}$$

或

$$F\left[\int_{-\infty}^{t} x(t)\,\mathrm{d}t\right] = \frac{1}{\mathrm{j}\omega} F[x(t)] \tag{2-53}$$

证明 因为

$$\frac{\mathrm{d}}{\mathrm{d}t}\int_{-\infty}^{t} x(t)\,\mathrm{d}t = x(t)$$

所以

$$F\left[\frac{\mathrm{d}}{\mathrm{d}t}\int_{-\infty}^{t} x(t)\,\mathrm{d}t\right] = F[x(t)]$$

又根据上述微分性质，有

$$F\left[\frac{\mathrm{d}}{\mathrm{d}t}\int_{-\infty}^{t} x(t)\,\mathrm{d}t\right] = \mathrm{j}\omega F\left[\int_{-\infty}^{t} x(t)\,\mathrm{d}t\right]$$

故

$$F\left[\int_{-\infty}^{t} x(t)\,\mathrm{d}t\right] = \frac{1}{\mathrm{j}\omega} F[x(t)]$$

人们在测量机械振动过程中，如果测得振动系统的位移、速度或加速度中的一个参数的频谱，则可利用微积分特性得到另两个参数的频谱。

例 2-9 求微分积分方程 $ax'(t) + bx(t) + c\int_{-\infty}^{t} x(t)\,\mathrm{d}t = h(t)$ 的解，其中，$-\infty < t < +\infty$，a, b, c 均为常数。

解 根据傅里叶变换的微积分性质，有

$$F[x(t)] = X(\omega), \quad F[h(t)] = H(\omega)$$

在方程式两边取傅里叶变换，可得

$$a\mathrm{j}\omega X(\omega) + bX(\omega) + \frac{c}{\mathrm{j}\omega} X(\omega) = H(\omega)$$

$$X(\omega) = \frac{H(\omega)}{b + \mathrm{j}\left(a\omega - \dfrac{c}{\omega}\right)}$$

再求傅里叶逆变换，可得

$$x(t) = \frac{1}{2\pi}\int_{-\infty}^{+\infty} X(\omega)\mathrm{e}^{\mathrm{j}\omega t}\mathrm{d}\omega$$

运用傅里叶变换的线性性质、微分性质以及积分性质，可以把线性常系数微分方程转化为代数方程，通过解代数方程与求傅里叶逆变换，就可以得到此微分方程的解。另外，傅里叶变换还是求解数学物理方程的方法之一，其计算过程与解常微分方程大体相似，此处不再举例说明。关于傅里叶变换（频谱）的性质见表 2-2。

表 2-2 傅里叶变换的主要性质

性 质	时 域	频 域
函数的奇偶虚实性	实偶函数	实偶函数
	实奇函数	虚奇函数
	虚偶函数	虚偶函数
	虚奇函数	实奇函数
线性叠加	$ax(t)+by(t)$	$aX(f)+bY(f)$
对称	$x(t)$	$X(-f)$
尺寸改变	$x(kt)$	$\dfrac{1}{k}X\left(\dfrac{f}{k}\right)$
时移	$x(t-t_0)$	$X(f)\mathrm{e}^{\mathrm{j}2\pi ft_0}$
频移	$x(t)\mathrm{e}^{\mp \mathrm{j}2\pi f_0 t}$	$X(f\pm f_0)$
翻转	$x(-t)$	$X(-f)$
共轭	$x^*(t)$	$X^*(-f)$
时域卷积	$x_1(t)*x_2(t)$	$X_1(f)\cdot X_2(f)$
频域卷积	$x_1(t)\cdot x_2(t)$	$X_1(f)*X_2(f)$
时域微分	$\dfrac{\mathrm{d}^n x(t)}{\mathrm{d}t^n}$	$(\mathrm{j}2\pi f)^n X(f)$
频域微分	$(-\mathrm{j}2\pi t)^n x(t)$	$\dfrac{\mathrm{d}^n X(f)}{\mathrm{d}f^n}$
积分	$\int_{-\infty}^{t} x(t)\mathrm{d}t$	$\dfrac{1}{\mathrm{j}2\pi f}X(f)$

四、几种典型信号的频谱

1. 矩形窗函数的频谱

矩形窗函数的频谱已在例 2-3 中讨论,一个时域有限区间内有值的信号,其频谱却可延伸至无限频率。用矩形窗函数在时域中截取信号,相当于原信号和矩形窗函数相乘,而所得信号的频谱是原信号频谱与 sinc 函数的卷积,它是连续的、频率无限延伸的频谱。

2. 单位脉冲函数（δ函数）及其频谱

(1) δ 函数的定义 在 ε 时间内的一个矩形脉冲 $\delta_\varepsilon(t)$ (亦可用三角形脉冲、钟形脉冲等),其面积为 1,当 $\varepsilon\to 0$ 时,$\delta_\varepsilon(t)$ 的极限就称为单位脉冲函数,记作 $\delta(t)$。将 $\delta(t)$ 用一个单位长度的有向线段表示。这个长度表示 $\delta(t)$ 的积分,如图 2-19 所示。

从极值角度看,$\delta(t)=\begin{cases}\infty & t=0\\ 0 & t\neq 0\end{cases}$

从积分角度看,$\int_{-\infty}^{+\infty}\delta(t)\mathrm{d}t=\lim\limits_{\varepsilon\to 0}\int_{-\infty}^{+\infty}\delta_\varepsilon(t)\mathrm{d}t=1$

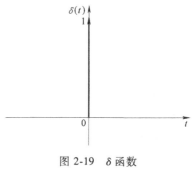

图 2-19 δ 函数

(2) δ 函数的筛选性（采样性质）界标 如果 δ 函数与某一连续信号 $x(t)$ 相乘，则其乘积只有在 $t=0$ 处有值 $x(t)\delta(t)$，其余各点（$t \neq 0$）之乘积均为零。即

$$\int_{-\infty}^{+\infty} \delta(t) x(t) \mathrm{d}t = \int_{-\infty}^{+\infty} \delta(t) x(0) \mathrm{d}t = x(0) \tag{2-54}$$

同样，对于延时 t_0 的 δ 函数 $\delta(t-t_0)$，因为只有在 $t-t_0$ 处其乘积不等于零。因此

$$\int_{-\infty}^{+\infty} \delta(t-t_0) x(t) \mathrm{d}t = \int_{-\infty}^{+\infty} \delta(t-t_0) x(t_0) \mathrm{d}t = x(t_0) \tag{2-55}$$

式（2-54）和式（2-55）表示的 δ 函数的筛选（采样）性质，是对连续信号进行离散采样的理论依据。

(3) δ 函数与其他函数的卷积 若 $\delta(t)$ 与某一函数 $x(t)$（例如矩形窗函数）进行卷积，则根据卷积定义

$$\begin{aligned} x(t) * \delta(t) &= \int_{-\infty}^{+\infty} x(\tau) \delta(t-\tau) \mathrm{d}\tau \\ &= \int_{-\infty}^{+\infty} x(t) \delta(\tau-t) \mathrm{d}\tau = x(t) \end{aligned} \tag{2-56}$$

同样，若 $\delta(t \pm T)$ 与 $x(t)$ 卷积，其卷积为

$$\begin{aligned} x(t) * \delta(t \pm T) &= \int_{-\infty}^{+\infty} x(\tau) \delta(t \pm T - \tau) \mathrm{d}\tau \\ &= x(t \pm T) \end{aligned} \tag{2-57}$$

因此，函数 $x(t)$ 与 δ 函数的卷积，其结果就相当于将该函数 $x(t)$ 的图像平移到 δ 函数发生脉冲的坐标位置上去，如图 2-20a、b 所示，其他波形也一样。

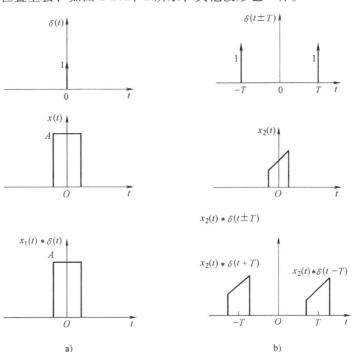

图 2-20 δ 函数与其他函数的卷积

(4) δ 函数的频谱 对 $\delta(t)$ 进行傅里叶变换，有

$$\Delta(f) = \int_{-\infty}^{+\infty} \delta(t) e^{-j2\pi ft} dt = e^0 = 1 \tag{2-58}$$

其傅里叶逆变换为

$$\delta(t) = \int_{-\infty}^{+\infty} 1 \times e^{j2\pi ft} df \tag{2-59}$$

所以，时域的单位脉冲函数具有无限宽广的频谱，且在所有的频段上都是等强度的，如图 2-21 所示。这种信号就是理想白噪声。

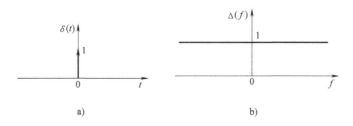

图 2-21 δ 函数及其频谱
a) 函数 b) 频谱

3. 正弦函数和余弦函数的频谱

根据欧拉公式，正、余弦函数可以写成

$$\sin 2\pi f_0 t = \frac{1}{2} j (e^{-j2\pi f_0 t} - e^{j2\pi f_0 t})$$

$$\cos 2\pi f_0 t = \frac{1}{2} (e^{-j2\pi f_0 t} + e^{j2\pi f_0 t})$$

应用表 2-2 和频移特性，可求得正、余弦函数的傅里叶变换

$$\sin 2\pi f_0 t \Longleftrightarrow j \frac{1}{2} [\delta(f+f_0) - \delta(f-f_0)] \tag{2-60}$$

$$\cos 2\pi f_0 t \Longleftrightarrow \frac{1}{2} [\delta(f+f_0) + \delta(f-f_0)] \tag{2-61}$$

其图像和频谱如图 2-22 所示。

4. 周期单位脉冲序列的频谱

等间隔的周期单位脉冲序列 $g(t)$ 为

$$g(t) = \sum_{-\infty}^{+\infty} \delta(t - nT_s) \tag{2-62}$$

式中 T_s——周期；
  n——整数。

因为 $g(t)$ 为周期函数，所以可把 $g(t)$ 表示为傅里叶级数的复指数形式，即

$$g(t) = \sum_{-\infty}^{+\infty} c_n e^{j2\pi f_0 tn} \tag{2-63}$$

式中，$f_0 = 1/T_s$。

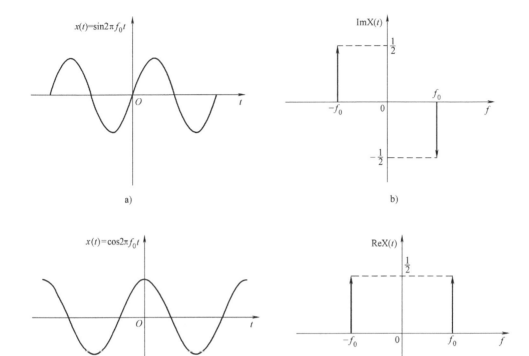

图 2-22 正、余弦函数图像和频谱
a) 正弦函数图像　b) 正弦函数频谱　c) 余弦函数图像　d) 余弦函数频谱

$$c_n = \frac{1}{T_s} \int_{-\frac{T_s}{2}}^{\frac{T_s}{2}} g(t) e^{-j2\pi f_0 t} dt$$

$$= \frac{1}{T_s} \int_{-\frac{T_s}{2}}^{\frac{T_s}{2}} \delta(t) e^{-j2\pi n f_0 t} dt = \frac{1}{T_s}$$

所以 $g(t) = \frac{1}{T_s} \sum_{-\infty}^{+\infty} e^{j2\pi n f_0 t}$。

应用表 2-2 中的关系，可求出等号两侧的傅里叶变换为

$$F[g(t)] = G(f) = F\left(\frac{1}{T_s} \sum_{-\infty}^{\infty} e^{j2\pi n f_0 t}\right)$$

$$= \frac{1}{T_s} \sum_{-\infty}^{\infty} \delta(f - n f_0)$$

或

$$G(f) = \frac{1}{T_s} \sum_{-\infty}^{+\infty} \delta(f - n f_0) = \frac{1}{T_s} \sum_{-\infty}^{+\infty} \delta\left(f - \frac{n}{T_s}\right) \tag{2-64}$$

由此可知，若时域中周期脉冲序列的间隔为 T_s，则其在频域中亦为周期脉冲序列，期

间隔为 $\frac{1}{T_s}$；时域中脉冲幅值为 1，频域中幅值为 $\frac{1}{T_s}$。周期脉冲序列的频谱是离散的，其频谱图如图 2-23 所示。

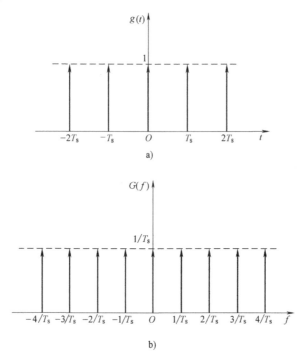

图 2-23 周期单位脉冲及其频谱
a）周期单位脉冲 b）频谱

第四节 随机信号

一、概述

随机信号是非确定性信号，它不能用确定的数学关系式来描述，不能预测它未来任何瞬时的精确值，任一次观测值只是在其变动范围中可能产生的结果之一。但其值的变动服从统计规律。人们描述随机信号只能用概率和统计的方法。

对随机信号按时间历程所做的各次长时间的观测记录称为**样本函数**，记作 $x_i(t)$，如图 2-24 所示汽车在水平沥青路上行驶时，车架主梁上一点的应变时间历程。而在有限区间内的样本函数称为样本记录。在同等试验条件下，全部样本函数的集合（总体）就是**随机过程**，记作 $\{x(t)\}$，即

$$\{x(t)\} = \{x_1(t), x_2(t), \cdots, x_i(t), \cdots\} \tag{2-65}$$

随机过程的各种平均值（均值、方差、均方值和方均根值等）是按集合平均来计算。集合平均的计算不是沿某个样本的时间轴进行，而是在集合中某时刻对所有样本函数的观测值进行平均。对单个样本的时间历程进行平均的计算称为时间平均。

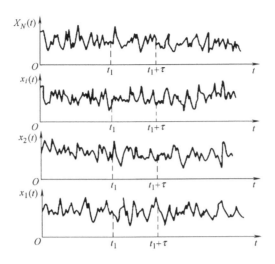

图 2-24　车架主梁上一点的应变时间历程

随机过程可分为平稳和非平稳过程两类。平稳随机过程又可分为各态历经（又称遍历性）和非各态历经两类。在平稳随机过程中，如果任何样本的时间平均统计特征等于集合平均统计特征，则该过程就是各态历经随机过程。在工程上人们遇到的很多随机信号具有各态历经性。有的信号虽然不见得是各态历经过程，但也可以视为各态历经过程进行处理。实际测试工作中常把随机信号按各态历经过程来处理，即用有限长度样本记录的分析、观察来推断、估计被测对象的整个随机过程。也就是说，在实际工作中，常以一个或几个样本记录来推断整个随机过程，以时间平均估计集合平均。

二、随机信号的描述

对随机信号可从三个方面予以统计数学描述。

1. 幅值域描述

（1）均值 μ_x、方差 δ_x^2 和均方值 ψ_x^2　均值描述信号的常值分量，各态历经信号的均值为

$$\mu_x = \lim_{T \to \infty} \frac{1}{T} \int_0^T x(t) \, dt \tag{2-66}$$

式中　$x(t)$——样本函数；
　　　T——观测时间。

实际测试中，所得到的均值是对某个样本函数在足够长时间内的积分平均，称为均值估计，该估计值随所采用的样本记录的不同而有所差异，故它也是一个随机量。

方差 δ_x^2 反映了随机信号的波动程度，它是 $x(t)$ 偏离的二次方的均值，即

$$\delta_x^2 = \lim_{T \to \infty} \frac{1}{T} \int_0^T [x(t) - \mu_x]^2 \, dt \tag{2-67}$$

方差的正二次方根叫标准差 δ_x，是随机数据分析的重要参数。

均方值 ψ_x^2 描述随机信号的强度，即平均功率，它是 $x(t)$ 二次方的均值，即

$$\psi_x^2 = \lim_{T\to\infty}\frac{1}{T}\int_0^T x^2(t)\,\mathrm{d}t$$

其正二次方根是有效值 x_{rms}。均值、方差和均方值的关系是

$$\delta_x^2 = \psi_x^2 - \mu_x^2 \tag{2-68}$$

当 $\mu_x = 0$ 时,$\sigma_x^2 = \psi_x^2$。

(2) 概率密度函数 随机信号沿幅值域分布的统计规律可采用概率密度函数 $P(x)$ 来描述,概率密度函数是表示信号幅值落在指定区间的概率。如图 2-25 所示的信号,$x(t)$ 落在 $(x, x+\Delta x)$ 区间内的时间总和 T_x 为

$$T_x = \Delta t_1 + \Delta t_2 + \cdots + \Delta t_n = \sum_{i=1}^{n}\Delta t_i \tag{2-69}$$

当样本函数的记录时间 T 趋于无穷大时,T_x/T 的比值就是幅值落在 $(x, x+\Delta x)$ 区间的概率,即

$$P[x < x(t) \leq x+\Delta x] = \lim_{T\to\infty}\frac{T_x}{T}$$

令幅值区间间隔 $\Delta x \to 0$,定义幅值概率密度函数 $P(x)$ 为

$$P(x) = \lim_{\Delta x\to\infty}\frac{P[x<x(t)\leq x+\Delta x]}{\Delta x}$$

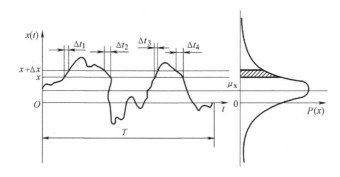

图 2-25 概率密度函数

概率密度函数表示随机信号的幅值落在指定区间内的概率,不同随机信号的概率密度函数图形不同,可借此来辨别信号的性质。

可应用 MATLAB 画出随机信号及其概率密度函数,如图 2-26 所示。

程序如下:
```
x = idinput(40,'rgs');   %随机信号
P = normpdf(x);%概率密度函数
subplot(1,2,1)
plot(x)
xlabel('t')
ylabel('x')
title('随机信号')
```

```
subplot(1,2,2)
stem(P,x)
xlabel('P(x)')
ylabel('x')
title('概率密度函数')
```

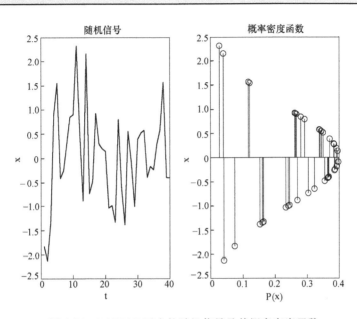

图 2-26 MATLAB 画出的随机信号及其概率密度函数

2. 相关性描述

(1) 相关的基本概念 通常，两个变量之间若存在着一一对应的确定关系，则称两者之间存在着函数关系。当两个随机变量之间具有某种关系时，随着某一个变量数值的确定，另一变量虽可能取许多不同值，但取值有一定的概率统计规律，这时称两个随机变量存在着相关关系。变量 x 和 y 之间的相关程度常用相关系数 ρ_{xy} 来表示，设 E 为数学期望、μ 为随机变量的均值、σ 为随机变量的标准差，则

$$\rho_{xy} = E[(x-\mu_x)(y-\mu_y)]/\sigma_x\sigma_y$$

(2) 自相关函数 信号的自相关函数描述了信号 $x(t)$ 本身在一个时刻 t 与另一个时刻 $t+\tau$ 取值之间的相似关系。它描述了信号的现在值与未来值之间的依赖关系，能反映信号变化的剧烈程度，也是信号的基本统计特征之一。

对于各态历经随机信号及功率信号 $x(t)$，设 τ 为时差（即时延，单位为 s，$-\infty < \tau < +\infty$），则其自相关函数 $R_x(\tau)$ 定义为

$$R_x(\tau) = E[x(t)x(t+\tau)] = \lim_{T \to \infty} \frac{1}{2T} \int_{-T}^{T} x(t)x(t+\tau) \mathrm{d}t$$

$$\hat{R}_x(\tau) = \frac{1}{2T} \int_{-T}^{T} x(t)x(t+\tau) \mathrm{d}t \tag{2-70}$$

由于 $x(t)$ 和 $x(t+\tau)$ 具有相同的均值和标准差，因此其自相关系数为

$$\rho_x = \frac{R_x(\tau) - \mu^2 x}{\sigma_x^2} \qquad (2\text{-}71)$$

自相关函数有下列性质：

1) 当 $\tau = 0$ 时，$R_x(\tau)$ 就是信号的均方值 ψ_x^2，且为 $R_x(\tau)$ 的最大值。即 $R_x(0) = \psi_x^2 = \min R_x(\tau)$。

2) $R_x(\tau)$ 与 ρ_x 两者之间呈线性关系。若随机过程均值 $\mu_x = 0$，则 $\rho_x = R_x(\tau)/\sigma^2 x$。若 $x(t)$ 为完全随机信号，当 $\tau \to \infty$ 时，$x(t)$ 和 $x(t+\tau)$ 之间不存在相似性，则 $\rho_x \to 0$，$R_x(\tau) \to \mu_x^2$，即 τ 很大时，$R_x(\tau)$ 趋于常数，不再呈波动状态。

3) $R_x(\tau)$ 为偶函数，即 $R_x(\tau) = R_x(-\tau)$。

4) 频率保持特性 周期为 T 的周期信号的自相关函数必呈同周期性，即 $R_x(\tau) = R_x(\tau + T)$，且保留原周期信号的幅值信息，丢失相位信息。

5) $\mu_x^2 - \sigma_x^2 \leqslant R_x(\tau) \leqslant \mu_x^2 + \sigma_x^2$。

例 2-10 求正弦函数 $x(t) = x_0 \sin(\omega t + \varphi)$ 的自相关函数，其中初相位 φ 为一随机变量。

解 该函数的均值为 0，各参数的平均值均可用一个周期内的平均值表示。周期 $T_0 = 2\pi/\omega$ 则自相关函数为

$$\begin{aligned}R_x(\tau) &= \lim_{T \to \infty} \frac{1}{T} \int_0^T x(t) x(t+\tau) \mathrm{d}t \\ &= \frac{1}{T_0} \int_0^{T_0} x_0^2 \sin(\omega t + \varphi) \sin[\omega(t+\tau) + \varphi] \mathrm{d}t \\ &= \frac{x_0^2}{2} \cos \omega \tau \end{aligned}$$

可见，正弦信号的自相关函数是一个同频的余弦信号，其幅值与原信号幅值有关，而丢失了原信号的相位信息。用 MATLAB 画出的正弦函数及其自相关函数如图 2-27 所示。

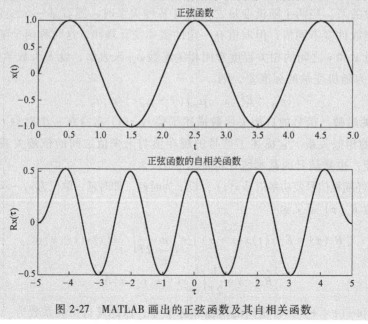

图 2-27 MATLAB 画出的正弦函数及其自相关函数

程序如下：
```
dt = 0.01;
t = 0:dt:5;
x = sin(pi * t);
[a,b] = xcorr(x,'unbiased');%xcorr 函数是 MATLAB 中求自相关的语句
subplot(2,1,1)
plot(t,x);%绘制正弦函数
xlabel('t')
ylabel('x(t)')
title('正弦函数')
subplot(2,1,2)
plot(b * dt,a)
xlabel('τ')
ylabel('Rx(τ)')
title('正弦函数的自相关函数')
```

(3) **互相关函数** 对于各态历经随机过程，两个信号 $x(t)$ 和 $y(t)$ 的互相关函数定义为

$$R_{xy}(\tau) = E[x(t)y(t+\tau)] = \lim_{T \to \infty} \frac{1}{2T} \int_{-T}^{T} x(t)y(t+\tau) \mathrm{d}t$$

$$\hat{R}_{xy}(\tau) = \frac{1}{2T} \int_{-T}^{T} x(t)y(t+\tau) \mathrm{d}t \tag{2-72}$$

互相关系数即为 $\rho_{xy} = [R_{xy}(\tau) - \mu_x\mu_y]/\sigma_x\sigma_y$，显然 $R_x(\tau)$ 是 $R_{xy}(\tau)$ 的一个特殊情况。

互相关函数有下列性质：

1）两信号是同频率的周期信号或包含有同频率的周期成分，才有互相关函数，即同频相关，不同频不相关。

2）两个相同周期的信号的互相关函数仍是周期函数，其周期与原信号的周期相同，并保留了原来两个信号的幅值和相位差信息。

3）两信号在相隔一个时间间隔 $t = \tau_0$ 处，$R_{xy}(\tau)$ 可能有最大值，它反映了 $x(t)$ 和 $y(t)$ 之间主传输通道的滞后时间。如果 $y(t) = x(t - \tau_0)$，即 $y(t)$ 为 $x(t)$ 的延迟，则 $R_{xy}(\tau_0) \geq R_{xy}(\tau)$。

4）$R_{xy}(\tau)$ 不是偶函数，也不是奇函数，但满足 $R_{xy}(\tau) = R_{yx}(-\tau)$。

5）如果 $x(t)$ 与 $y(t)$ 完全无关，则 $\lim_{\tau \to \infty} R_{xy}(\tau) = \mu_x\mu_y$。

例 2-11 两个周期信号 $x(t) = x_0\sin(\omega t + \theta)$，$y(t) = y_0\sin(\omega t + \theta - \psi)$，试求其互相关函数 $R_{xy}(\tau)$。

解 因为两个信号为周期信号，所以可以用一个共同周期内的均值代替其整个历程的平均值，并有

$$R_{xy}(\tau) = \lim_{T \to \infty} \frac{1}{T} \int_0^T x(t) y(t+\tau) \mathrm{d}t$$

$$= \frac{1}{T_0} \int_0^{T_0} x_0 \sin(\omega t + \theta) y_0 \sin[\omega(t+\tau) + \theta - \psi] \mathrm{d}t$$

$$= \frac{x_0 y_0}{2} \cos(\omega \tau + \psi)$$

由此可见，两个均值为零且具有相同频率的周期信号，其互相关函数反映了各自的幅值信息和相位差信息；而在自相关函数中，只含有原信号的幅值信息，丢掉了相位信息。

用 MATLAB 画出 $x(t) = 4\sin(t)$ 与 $y(t) = 8\sin\left(t + \dfrac{\pi}{6}\right)$ 的互相关函数，如图 2-28 所示。

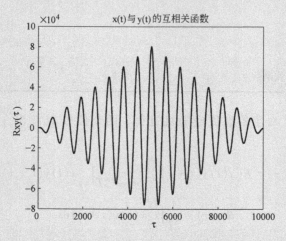

图 2-28 MATLAB 画出的互相关函数

程序如下：
```
dt = 0.01;
t = 0:dt:50;
x = 4 * sin(t);%y = 4sin(t)
y = 8 * sin(t+pi/6);%y = 8sin(t+π/6)
R = xcorr(x,y);%求互相关函数
plot(R)
xlabel('τ')
ylabel('Rxy(τ)')
xlim([0,10000,])
title('x(t)与y(t)的互相关函数')
```

3. 功率谱分析　相关性描述是在时域中分析随机信号的方法，为在噪声背景下提取有用信息提供了途径。功率谱分析则是从频域角度提供相关技术所能提供的信息，它是在频域内研究平稳随机过程的重要方法。这里主要介绍信号的自功率谱密度函数和互功率谱密度函数。

(1) 自功率谱密度函数 $S_x(f)$　作为功率信号的随机信号，不满足傅里叶变换所需要的前提（绝对可积充要条件），也就无法用傅里叶变换求其频谱。但随机信号 $x(t)$ 的自相关函数 $R_x(\tau)$ 是随时差 τ 的增加而衰减的，即 $R_x(\tau)$ 是收敛的，满足可积条件。为此，取随机信号自相关函数的傅里叶变换，并记作

$$S_x(f) = \int_{-\infty}^{+\infty} R_x(\tau) e^{-j2\pi f\tau} d\tau \tag{2-73}$$

其傅里叶逆变换为

$$R_x(\tau) = \int_{-\infty}^{+\infty} S_x(f) e^{j2\pi f\tau} d\tau \tag{2-74}$$

显然，$S_x(f)$ 表征了随机信号的频域特征，称 $S_x(f)(-\infty < f < +\infty)$ 为双边谱，且其单边谱 $G_x(f)(0 < f < +\infty)$ 定义为

$$G_x(f) = \begin{cases} 2S_x(f) & 0 \leq f < +\infty \\ 0 & f < 0 \end{cases}$$

因为 $R_x(\tau)$ 是实偶函数，所以 $S_x(f)$ 也为实偶函数。

(2) 互功率谱密度函数 $S_{xy}(f)$　信号 $x(t)$ 与 $y(t)$ 的互相关函数 $R_{xy}(\tau)$ 满足 $R_{xy}(\tau) \to 0(\tau \to \infty)$ 时，互相关函数 $R_{xy}(\tau)$ 的傅里叶变换称为互功率谱密度函数，简称互谱，即

$$S_{xy}(f) = \int_{-\infty}^{+\infty} R_{xy}(\tau) e^{-j2\pi ft} d\tau \tag{2-75}$$

其傅里叶逆变换为

$$R_{xy}(\tau) = \int_{-\infty}^{+\infty} S_{xy}(f) e^{j2\pi ft} d\tau \tag{2-76}$$

$S_{xy}(f)$ 与 $R_{xy}(\tau)$ 一样，反映了 $x(t)$ 与 $y(t)$ 两个信号的同频分量。

因为 $R_{xy}(\tau)$ 不是偶函数，所以 $S_{xy}(f)$ 也不是偶函数，它一般是复数，可写成

$$S_{xy}(f) = |S_{xy}(f)| e^{j\theta_{xy}(f)} \tag{2-77}$$

式中　$|S_{xy}(f)|$——幅值谱；

$\theta_{xy}(f)$——相位谱。

思考题及习题

一、选择题

1. 复杂周期信号的频谱是（　　）。
A. 离散谱　　　B. 连续谱　　　C. δ 函数　　　D. sinc 函数

2. 描述周期信号的频谱采用的数学工具是（　　）。
A. 相关函数　　　B. 拉普拉斯变换　　　C. 傅里叶变换　　　D. 傅里叶级数

3. （　　）不是周期信号的频谱具有的特点。
A. 离散性　　　B. 谐波性　　　C. 收敛性　　　D. 连续性

4. 不能用确定函数关系描述的信号是（　　）。
A. 复杂的周期信号　　B. 瞬变信号　　C. 随机信号　　D. 周期信号

5. 非确定性信号具有的特点是（　　）。

A. 离散性　　　　B. 谐波性　　　　C. 收敛性　　　　D. 随机性

6. 周期信号属于（　　）。

A. 能量信号　　　B. 功率信号　　　C. 离散信号　　　D. 随机信号

7. 信号可能出现的最大瞬时幅值是（　　）。

A. 绝对均值　　　B. 有效值　　　　C. 峰值　　　　　D. 平均功率

二、填空题

1. 周期信号的频谱是_____，非周期信号的频谱是_____。

2. 利用_____，一般周期信号可以展开成多个或无穷个不同频率谐波信号的_____。

3. 周期信号的频谱特点是_____，非周期信号的频谱特点是_____。

4. 根据具体物理性质来分，信号可分为_____、光信号、力信号等，但前者在信号变换、_____、传输和运用等方面有明显的优势，故而成为最广泛应用的信号。

5. 信号可分为_____和_____两大类。

6. 确定性信号可分为_____和_____两类，前者的频谱特点是_____。后者的频谱特点是_____。

7. 信号的有效值又称为_____，有效值的二次方称为_____，它描述测试信号的强度（信号的平均功率）。

8. 绘制周期信号 $x(t)$ 的单边频谱图，依据的数学表达式是_____，而双边频谱图依据的数学表达式是_____。

9. 周期信号的傅里叶三角函数中的 n 是从_____到_____展开的。傅里叶复指数函数中的 n 是从_____到_____展开的。

三、解答题

1. 信号分类的方法有哪些？

2. 求正弦信号 $x(t) = A\sin\omega t$ 的均方值 ψ^2。

3. 求正弦信号 $x(t) = A\sin(\omega t + \varphi)$ 的概率密度函数 $P(x)$。

4. 下面的四个信号是周期的吗？若是，请指明其周期。

(1) $x(t) = a\sin\dfrac{\pi}{5}t + b\cos\dfrac{\pi}{3}t$

(2) $x(t) = a\sin\dfrac{1}{6}t + b\cos\dfrac{\pi}{3}t$

(3) $x(t) = a\sin\left(\dfrac{3}{4}t + \dfrac{\pi}{3}\right)$

(4) $x(t) = a\sin\left(\dfrac{\pi}{4}t + \dfrac{\pi}{5}\right)$

5. 求周期方波（见图 2-29）的傅里叶级数（三角函数形式和复指数函数形式），并画出频谱图。

6. 求正弦信号 $x(t) = x_0\sin\omega t$ 的均值 μ_x、均方值 ψ_x^2 和概率密度函数 $P(x)$。

7. 求指数函数 $x(t) = Ae^{-at}(a > 0, t \geq 0)$ 的频谱。

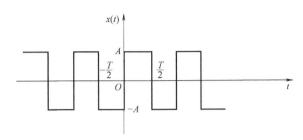

图 2-29 题 5 图（周期方波）

8. 已知信号 $x(t)=4\cos\left(2\pi f_0 t-\dfrac{\pi}{4}\right)$，试计算并绘图表示：

(1) 傅里叶级数实数形式的幅值谱、相位谱；

(2) 傅里叶级数复数形式的幅值谱、相位谱；

(3) 幅值谱密度。

9. 求信号 $x(t)=\mathrm{e}^{-a|t|}(a>0)$ 的傅里叶变换。

10. 求信号 $x(t)=\mathrm{e}^{-at}u(t)$ 的自相关函数。

11. 若有函数 $f_1(t)=\begin{cases}\dfrac{b}{a}t & 0\leqslant t\leqslant a\\ 0 & \text{其他}\end{cases}$ 与 $f_2(t)=\begin{cases}1 & 0\leqslant t\leqslant a\\ 0 & \text{其他}\end{cases}$，求 $f_1(t)$ 和 $f_2(t)$ 的互相关函数 $R_{12}(\tau)$。

第三章 测试系统的基本特性

测试系统一般由传感器、中间变换装置和显示记录装置三部分组成。测试过程中传感器将反映被测对象特性的非电物理量（如压力、加速度、温度等）检出并转换为电量，然后传输给中间变换装置；中间变换装置对电量用硬件电路进行处理或经 A/D 转换变成数字量，再将结果以电信号或数字信号的方式传输给显示记录装置；最后由显示记录装置将测量结果显示出来，提供给观察者或其他自动控制装置。测试系统如图 3-1 所示。

根据测试任务复杂程度的不同，测试系统中每个环节又可由多个模块组成。例如，图 3-2 所示的轴承振动信号测试系统中的中间变换装置就由带通滤波器、A/D 转换器和 FFT (Fast Fourier Transform，快速傅里叶变换) 分析软件三部分组成。测试系统中传感器为振动加速度计，它将机床轴承振动量转换为电量；带通滤波器用于滤除传感器测量量中的高、低频干扰，并放大测量量，A/D 转换器用于对放大后的测量量进行采样，将其转换为数字信号；FFT 分析软件则对转换后的数字信号进行快速傅里叶变换，计算出信号的频谱；最后由计算机显示器对频谱进行显示。

要实现测试，一个测试系统必须可靠、不失真。因此，本章将讨论测试系统及其输入、输出的关系，以及测试系统不失真的条件。

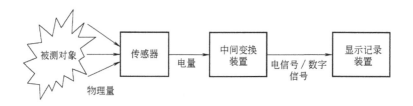

图 3-1 测试系统

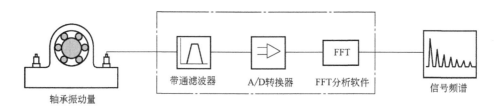

图 3-2 轴承振动信号测试系统

第一节　线性系统及其基本性质

一、测试系统

测试系统的实质是研究输入信号 $x(t)$（激励）、测试系统的特性 $h(t)$ 和输出信号 $y(t)$（响应）三者之间的关系，如图 3-3 所示。

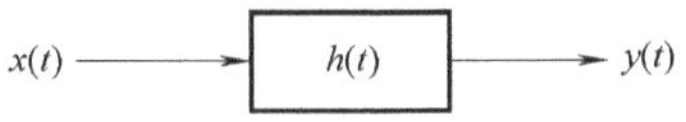

它有三个方面的含义：

1）如果输入 $x(t)$ 和输出 $y(t)$ 可测，则可以推断测试系统的特性 $h(t)$。

图 3-3　测试系统与输入和输出的关系

2）如果测试系统特性 $h(t)$ 已知，输出 $y(t)$ 可测，则可以推断出相应的输入 $x(t)$。

3）如果输入 $x(t)$ 和系统特性 $h(t)$ 已知，则可以推断或估计系统的输出 $y(t)$。

这里所说的测试系统，广义上是指从设备的某一激励的输入环节到检测输出量的那个环节（输出环节）之间的整个系统，一般包括被测设备和测量装置两部分。所以只有首先知道测量装置的特性，才能从测量结果中正确评价被测设备的特性或运行状态。

理想的测试系统应具有单值的、确定的输入/输出关系，并且最好为线性关系。不过由于在静态测量中校正和补偿技术易于实现，这种线性关系也不是必要的（但是希望的）；而在动态测量中，测试系统则应力求是线性系统，原因主要有两方面：一是目前对线性系统的数学处理和分析方法比较完善；二是动态测量中的非线性校正比较困难。但对许多实际的机械信号测试系统而言，不可能在很大的工作范围内全部保持线性，只能在一定的工作范围和误差允许范围内当作线性系统来处理。

二、线性系统的基本性质

线性系统的输入 $x(t)$ 和输出 $y(t)$ 之间的关系为

$$a_n \frac{\mathrm{d}^n y(t)}{\mathrm{d}t^n} + a_{n-1}\frac{\mathrm{d}^{n-1} y(t)}{\mathrm{d}t^{n-1}} + \cdots + a_1 \frac{\mathrm{d}y(t)}{\mathrm{d}t} + a_0 y(t) \\ = b_m \frac{\mathrm{d}^m x(t)}{\mathrm{d}t^m} + b_{m-1}\frac{\mathrm{d}^{m-1} x(t)}{\mathrm{d}t^{m-1}} + \cdots + b_1 \frac{\mathrm{d}x(t)}{\mathrm{d}t} + b_0 x(t) \tag{3-1}$$

当 a_n，a_{n-1}，$\cdots$，a_0 和 b_m，b_{m-1}，$\cdots$，b_0 均为常数时，式（3-1）描述的就是线性系统，也称为时不变线性系统，它有以下主要基本性质：

(1) **叠加性**　若 $x_1(t) \rightarrow y_1(t)$，$x_2(t) \rightarrow y_2(t)$，则有

$$[x_1(t) \pm x_2(t)] \rightarrow [y_1(t) \pm y_2(t)] \tag{3-2}$$

(2) **比例性**　若 $x(t) \rightarrow y(t)$，则对任意常数 c 有

$$cx(t) \rightarrow cy(t) \tag{3-3}$$

(3) **微分性**　若 $x(t) \rightarrow y(t)$，则有

$$\frac{\mathrm{d}x(t)}{\mathrm{d}t} \rightarrow \frac{\mathrm{d}y(t)}{\mathrm{d}t} \tag{3-4}$$

(4) **积分性** 若系统的初始状态为零，$x(t) \to y(t)$，则有

$$\int_0^t x(t)\mathrm{d}t \to \int_0^t y(t)\mathrm{d}t \tag{3-5}$$

(5) **频率保持性** 若当系统输入为某一频率的正弦信号时，系统稳态输出将只有该同一频率。

设系统输入为正弦信号 $x(t) = x_0 \mathrm{e}^{\mathrm{j}\omega_0 t}$，则系统的稳态输出为

$$y(t) = y_0 \mathrm{e}^{\mathrm{j}(\omega_0 t + \varphi)} \tag{3-6}$$

上述线性系统的特征，特别是频率保持性，在测试工作中具有非常重要的作用。因为在实际测试中，测得的信号常常会受到其他信号或噪声的干扰，这时依据频率保持性可以认定测得的信号中只有与输入信号相同的频率成分才是真正由输入引起的输出。同样，在机械故障诊断中，根据测试信号的主要频率成分，在排除干扰的基础上，依据频率保持性推出输入信号也应包含该频率成分，通过寻找产生该频率成分的原因，就可以诊断出故障的原因。

第二节　测试系统的静态特性

测试系统的静态特性就是在静态量测量情况下描述实际测试系统与理想时不变线性系统的接近程度。静态量测量时，装置表现出的响应特性称为静态响应特性，常用来描述静态响应特性的参数主要有灵敏度、非线性度和回程误差等。

一、灵敏度

当测试系统的输入 x 在某一时刻 t 有一个增量 Δx 时，输出 y 到达新的稳态时发生一个相应的变化 Δy，则称

$$S = \frac{\Delta y}{\Delta x} \tag{3-7}$$

为该测试系统的绝对灵敏度，如图 3-4a 所示。

如果不考虑系统的过渡过程，由线性系统的性质可知，线性系统的灵敏度可以表示为

$$S = \frac{b_0}{a_0} = C \tag{3-8}$$

式中　a_0，b_0——常数；
　　　　C——比例常数。

可见，线性系统的静态特征曲线为一条直线。例如，某位移测量系统在位移变化 $1\mu m$ 时输出的电压变化有 5mV，则其灵敏度 $S = 5V/\mu m$，对输入、输出量纲相同的测试系统，其灵敏度量纲为一，常称为放大倍数。

由于外界环境条件等因素的变化，可能造成测试系统输出特性的变化，例如由环境温度的变化而引起的测量和放大电路特性的变化等，最终都会反映为灵敏度的变化，这种灵敏度变化称为灵敏度漂移，如图 3-4b 所示。

在设计或选择测试系统的灵敏度时，应该根据测量要求合理进行。一般而言，测试系统的灵敏度越高，测量的范围就越窄，稳定性也往往越差。

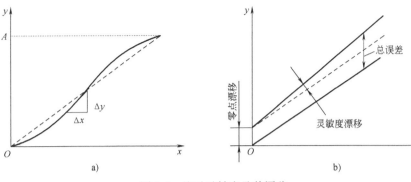

图 3-4 绝对灵敏度及其漂移
a) 绝对灵敏度 　b) 灵敏度漂移

二、非线性度

非线性度是指测试系统的输入、输出之间能否像理想线性系统那样保持线性关系的一种度量。通常采用静态测量实验的办法求出测试系统的输入输出关系曲线（即实验曲线或标定曲线），该曲线偏离其拟合直线的程度即为非线性度。可以定义非线性度 F 为系统的全程测量范围内，实验曲线和拟合直线偏差 B 的最大值与输出范围（量程）A 之比，如图 3-5 所示，即

$$F=\frac{\max(B)}{A}\times 100\% \tag{3-9}$$

三、回程误差

引起回程误差的原因一般是由于测试系统中有滞后环节或工作死区，回程误差也是表征测试系统非线性特征的一个指标，可以反映同一输入量对应多个不同输出量的情况，通常也由静态测量求得，如图 3-6 所示。回程误差定义为在同样的测量条件下，在全程测量范围内，当输入量由小增大或由大减小时，对于同一个输入量所得到的两个数值不同的输出量之间差值的最大值与全程输出范围的比值，记作

$$H=\frac{\max(h)}{A}\times 100\% \tag{3-10}$$

回程误差可以由摩擦、间隙、材料的受力变形或磁滞等因素引起，也可能反映仪器的不工作区（又称死区）的存在，所谓不工作区就是输入变化对输出无影响的范围。

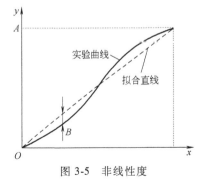

图 3-5 非线性度

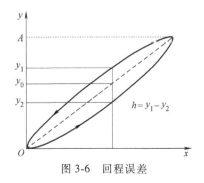

图 3-6 回程误差

第三节 测试系统的动态特性

测试系统的动态特性是指输入量随时间变化时,其输出随输入而变化的关系。一般在所考虑的测量范围内,测试系统都可以认为是线性系统,因此就可以用式 (3-1) 这一时不变线性系统微分方程来描述测试系统与输入、输出之间的关系,但式 (3-1) 使用时有许多不便。因此,常通过拉普拉斯变换建立起描述系统响应的"传递函数",再通过傅里叶变换建立相应的"频率响应函数",以便更简便地描述测试系统的特性。

一、传递函数

对运行机械进行测量时,得到的测量结果不仅受设备静态特性的影响,也会受到测试系统动态特性的影响,因此,需要对测试系统的动态特性有清楚的了解。式 (3-1) 描述了测试系统中输入与输出间的关系,对于线性系统,若系统的初始条件为零,即在考察时刻 t 以前 ($t \to 0^-$),其输入、输出信号及其各阶导数均为零,则对式 (3-1) 采取拉普拉斯变换,得到

$$(a_n s^n + a_{n-1} s^{n-1} + \cdots + a_1 s + a_0) Y(s) = (b_m s^m + b_{m-1} s^{m-1} + \cdots + b_1 s + b_0) X(s) \quad (3-11)$$

定义系统输出信号和输入信号的拉普拉斯变换之比为系统的传递函数,即

$$H(s) = \frac{Y(s)}{X(s)} = \frac{b_m s^m + b_{m-1} s^{m-1} + \cdots + b_1 s + b_0}{a_n s^n + a_{n-1} s^{n-1} + \cdots + a_1 s + a_0} \quad (3-12)$$

式中 s——拉普拉斯算子,$s = \alpha + j\omega$;

$a_n, a_{n-1}, \cdots, a_1, a_0$ 和 $b_m, b_{m-1}, \cdots, b_1, b_0$——测试系统的物理参数决定的常系数。

由式 (3-12) 可知,传递函数以代数式的形式表征了系统对输入信号的传输、转换特性。它包含了瞬态 $s = \alpha$ 和稳态 $s = j\omega$ 响应的全部信息。式 (3-1) 则是以微分方程的形式表征了系统输入与输出信号的关系。在运算上,使用传递函数比解微分方程要简便。传递函数具有如下主要特点:

1) 传递函数描述了系统本身的固有动态特性,而与输入及系统的初始状态无关。

2) 传递函数是对物理系统特性的一种数学描述,而与系统的具体物理结构无关。传递函数是通过对实际的物理系统抽象成数学模型,即式 (3-1) 后,再经过拉普拉斯变换后所得出的,所以同一形式的传递函数可表征具有相同传输特性的不同物理系统。

3) 传递函数的分母取决于系统的结构,而分子则表示系统同外界之间的关系,如输入点的位置、输入方式、被测量及测点布置情况等。分母中的 s 的幂次 n 代表系统微分方程的阶数,如当 $n=1$ 或 $n=2$ 时,分别称为一阶系统或二阶系统。

一般测试系统都是稳定系统,其分母中 s 的幂次总是高于分子中 s 的幂次 ($n>m$)。

二、频率响应函数

传递函数 $H(s)$ 在复数域中描述和考察系统的特性,与在时域中用微分方程来描述和考

察系统的特性相比有许多优点。频率响应函数是在频域中描述和考察系统特性，与传递函数相比，频率响应函数易通过实验来建立，且其物理概念清楚。

在系统传递函数 $H(s)$ 已经知道的情况下，令 $H(s)$ 中的 s 的实部为零，即 $s=j\omega$，便可以求得频率响应函数 $H(\omega)$。对于线性时不变系统，有频率响应函数 $H(\omega)$ 为

$$H(\omega) = \frac{b_m(j\omega)^m + b_{m-1}(j\omega)^{m-1} + \cdots + b_1(j\omega) + b_0}{a_n(j\omega)^n + a_{n-1}(j\omega)^{n-1} + \cdots + a_1(j\omega) + a_0} \tag{3-13}$$

式中 $j=\sqrt{-1}$。

若在 $t=0$ 时刻将输入信号接入线性时不变系统，令 $s=j\omega$，代入拉普拉斯变换中，实际上就是将拉普拉斯变换变成傅里叶变换。又由于系统的初始条件为零，因此，系统的频率响应函数 $H(\omega)$ 就成为输出 $y(t)$、输入 $x(t)$ 的傅里叶变换 $Y(\omega)$、$X(\omega)$ 之比，即

$$H(\omega) = \frac{Y(\omega)}{X(\omega)} \tag{3-14}$$

由式（3-14）可知，在测得输出 $y(t)$ 和输入 $x(t)$ 后，由其傅里叶变换 $Y(\omega)$ 和 $X(\omega)$ 即可求得频率响应函数 $H(\omega) = \frac{Y(\omega)}{X(\omega)}$。频率响应函数是描述系统的简谐输入和其稳态输出的关系，在测量系统频率响应函数时，必须在系统响应达到稳态阶段时才能测量。

频率响应函数是复数，因此，可以写成复指数形式，即

$$H(\omega) = A(\omega) e^{j\varphi(\omega)} \tag{3-15}$$

式中 $A(\omega)$——系统的幅频特性；

$\varphi(\omega)$——系统的相频特性。

可见，系统的频率响应函数 $H(\omega)$、其幅频特性 $A(\omega)$ 或相频特性 $\varphi(\omega)$ 都是简谐输入频率 ω 的函数。

人们为研究问题方便，有时常用曲线来描述系统的传输特性。$A(\omega)$-ω 曲线和 $\varphi(\omega)$-ω 曲线分别称为系统的幅频特性曲线和相频特性曲线。实际作图时，常对自变量取对数标尺，幅值坐标取分贝数，即作 $20\lg A(\omega)$-$\lg(\omega)$ 和 $\varphi(\omega)$-$\lg(\omega)$ 曲线，两者分别称为对数幅频曲线和对数相频曲线，总称为伯德图（Bode 图）。

如果将 $H(\omega)$ 写成实部和虚部形式，有

$$H(\omega) = P(\omega) + jQ(\omega)$$

式中 $P(\omega)$ 和 $Q(\omega)$——ω 的实函数。

曲线 $P(\omega)$-ω 和 $Q(\omega)$-ω 分别称为系统的实频特性和虚频特性曲线。如果将 $H(\omega)$ 的实部和虚部分别作为纵、横坐标，则曲线 $Q(\omega)$-$P(\omega)$ 称为奈奎斯特图（Nyquist 图），显然，有

$$A(\omega) = \sqrt{P^2(\omega) + Q^2(\omega)} \tag{3-16}$$

$$\varphi(\omega) = \arctan\frac{Q(\omega)}{P(\omega)} \tag{3-17}$$

三、脉冲响应函数

若测试系统输入为单位脉冲函数，即 $x(t) = \delta(t)$ 时，$X(s) = 1$。因此，有

$$H(s)=\frac{Y(s)}{X(s)}=Y(s)$$

拉普拉斯逆变换后,有

$$y(t)=h(t)$$

称 $h(t)$ 为系统的脉冲响应函数。脉冲响应函数为测试系统特性的时域描述。

至此,测试系统动态特性在时域可以用 $h(t)$ 来描述,在频域可以用 $H(\omega)$ 来描述,在复数域可以用 $H(s)$ 来描述。三者的关系是一一对应的。

四、环节的串联和并联

实际的测试系统通常都是由若干个环节组成,测试系统的传递函数与各个环节的传递函数之间的关系取决于各环节的连接形式。若系统由多个环节串联而成,如图 3-7 所示,且后面的环节对前一环节没有影响,各环节自身的传递函数为 $H_i(s)$,则测试系统的总传递函数为

$$H(s)=\prod_{i=1}^{n}H_i(s) \tag{3-18}$$

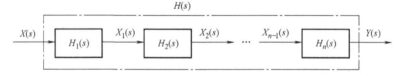

图 3-7 系统中多个环节的串联

相应系统的频率响应函数为

$$H(j\omega)=\prod_{i=1}^{n}H_i(j\omega) \tag{3-19}$$

其幅频、相频特性为

$$A(\omega)=\prod_{i=1}^{n}A_i(\omega)$$
$$\varphi(\omega)=\sum_{i=1}^{n}\varphi_i(\omega) \tag{3-20}$$

若系统由多个环节并联而成,如图 3-8 所示,则测试系统的总传递函数为

$$H(s)=\sum_{i=1}^{n}H_i(s) \tag{3-21}$$

相应系统的频率响应函数为

$$H(j\omega)=\sum_{i=1}^{n}H_i(j\omega) \tag{3-22}$$

注意:当系统的传递函数分母中 s 的幂次 n 值大于 2 时,系统称为高阶系统。由于一般的测试系统总是稳定的,高阶系统传递函数的分母总可以分解成为 s 的一次和二次实系数因式,即

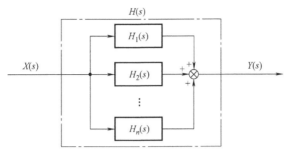

图 3-8 系统中多个环节的并联

$$a_n s^n + a_{n-1} s^{n-1} + \cdots + a_1 s + a_0 = a_n \prod_{i=1}^{r}(s+p_i) \prod_{i=1}^{(n-r)/2}(s^2 + 2\zeta_i \omega_{ni} s + \omega_{ni}^2) \quad (3-23)$$

式中 p_i、ζ_i、ω_{ni}——实常数，$\zeta_i<1$；

i，n，r——变量。

故式（3-12）可改写为

$$H(s) = \sum_{i=1}^{r} \frac{q_i}{s+p_i} + \sum_{i=1}^{(n-r)/2} \frac{\alpha_i s + \beta_i}{s^2 + 2\zeta_i \omega_{ni} s + \omega_{ni}^2} \quad (3-24)$$

式中 α_i、β_i、q_i——实常数。

式（3-24）表明：任何一个高阶系统，总可以把它看成是由若干个一阶、二阶系统的串、并联组合而成的。所以，研究一阶和二阶系统的动态特性，具有非常普遍的意义。

第四节 不失真测试条件

由于受多种因素的影响，测试系统总会产生某种程度的失真。所谓测试系统的不失真，就是测试系统的输出和输入的波形相比，只有幅值大小和出现的时刻有所不同，不存在形状上的变化。若测试系统的输入输出分别为 $x(t)$ 和 $y(t)$，则不失真测试的含义可以表示为

$$y(t) = K x(t-t_0) \quad (3-25)$$

式中 K——常量；

t_0——滞后时间。

对式（3-25）做傅里叶变换，可求得系统频率响应函数为

$$H(\omega) = A(\omega) e^{-j\omega t_0} \quad (3-26)$$

若要不失真就必须满足

$$\begin{cases} A(\omega) = K \\ \varphi(\omega) = -t_0 \omega \end{cases} \quad (3-27)$$

式中 K，t_0——常量。

理想的不失真测试系统，其幅频和相频特性曲线如图 3-9 所示，测试系统在频域内实现不失真的条件是幅频特性曲线是一条平行于 ω 轴的直线，相频特性曲线是斜率为 $-t_0$ 的直线。

实际上，许多线性测试系统的输出与输入波形并不一致，信号经过测试系统后大都产生失真。这种失真或是由于系统对各频率分量的幅值产生了不同程度的衰减或放大，即 $A(\omega)$ 不为常量，从而使得输出各频率分量的幅值相对比例发生了变化；或是由于系统对各频率分

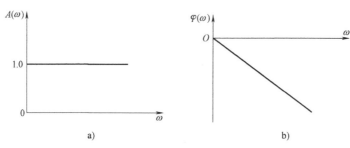

图 3-9 理想不失真测量系统特性
a) 幅频特性 b) 相频特性

量的相移与频率不成比例,即 $\varphi(\omega)$ 与 ω 之间为非线性关系,结果使输出各频率分量间的相对位置发生了变化;或是由于以上两种失真的综合。由 $A(\omega)$ 不为常量引起的失真称为幅值失真,而由 $\varphi(\omega)$ 与 ω 之间非线性关系引起的失真称为相位失真。

需要说明的是,若测量目的是为了精确获取信号波形,那么式(3-27)表示的不失真条件完全满足要求。但是当获取信号的目的是用作反馈控制时,则式(3-27)的条件并不全面,因为时间滞后可能会破坏控制系统的稳定性,这时还需要增加 $\varphi(\omega)=0$ 才是理想条件。

要使测试系统精确可靠,测试系统的标定不仅应该精确,还应当定期地进行校准,标定和校准的实质,就是对测试系统本身特性参数的测试。机械信号测试系统动态特性的标定和校准,目前最为常用的有两种,即频率响应法和阶跃响应法。频率响应法就是通过对测试系统进行稳态正弦激励实验以测得其动态特性,即对测试系统输入频率可调的正弦信号,在每一个频率点,当输出达到稳定后分别测其输入、输出的幅值比和相位差,就可以得到该系统的幅频和相频曲线;阶跃响应法就是对测试系统输入一个阶跃信号并通过测得的输出信号来估计系统动态特性参数。

第五节　一阶和二阶系统的特性

一阶系统和二阶系统是分析和研究高阶系统的基础,因此本节将详细介绍一阶和二阶系统的特性及其在典型信号输入下的输出(响应)。

一、一阶系统特性

首先看一个具体的例子。图 3-10 所示为一个液柱式温度计,如以 $T_i(t)$ 表示温度计的输入信号(即被测温度),以 $T_o(t)$ 表示温度计的输出信号(即示值温度),则输入与输出间的关系为

$$\frac{T_i(t)-T_o(t)}{R}=C\frac{dT_o(t)}{dt} \quad (3-28)$$

$$RC\frac{dT_o(t)}{dt}+T_o(t)=T_i(t) \quad (3-29)$$

式中　R——传导介质的热阻;
　　　C——温度计的热容量。

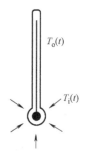

图 3-10　液柱式温度计

式（3-29）表明，液柱式温度计系统的微分方程是一阶微分方程，可认为该温度计是一个一阶测试系统。对其做拉普拉斯变换，并令 $\tau = RC$（τ 为温度计时间常数），则有

$$\tau s T_o(s) + T_o(s) = T_i(s) \tag{3-30}$$

因此，传递函数为

$$H(s) = \frac{T_o(s)}{T_i(s)} = \frac{1}{1+\tau s} \tag{3-31}$$

相应地，温度计系统的频率响应函数为

$$H(j\omega) = \frac{1}{1+j\omega\tau} \tag{3-32}$$

可见，液柱式温度计的传递特性具有一阶系统特性。

下面从一般意义上分析一阶系统的频率响应特性。一阶系统微分方程的通式为

$$a_1 \frac{dy(t)}{dt} + a_0 y(t) = b_0 x(t) \tag{3-33}$$

用 a_0 除方程各项得

$$\frac{a_1}{a_0} \frac{dy(t)}{dt} + y(t) = \frac{b_0}{a_0} x(t) \tag{3-34}$$

式中 $\dfrac{a_1}{a_0}$——时间常数，$\dfrac{a_1}{a_0} = \tau$（时间量纲）；

$\dfrac{b_0}{a_0}$——系统的静态灵敏度 $\dfrac{b_0}{a_0} S$。

在线性系统中，S 为常数。由于 S 值的大小仅表示输出与输入之间（输入为静态量时）放大的比例关系，并不影响对系统动态特性的研究，因此，为讨论问题方便起见，可以令 $S = \dfrac{b_0}{a_0} = 1$，这种处理称为灵敏度归一处理。在做了上述处理之后，一阶系统的微分方程可改写为

$$\tau \frac{dy(t)}{dt} + y(t) = x(t) \tag{3-35}$$

对式（3-35）做拉普拉斯变换得

$$\tau s Y(s) + Y(s) = X(s) \tag{3-36}$$

则一阶系统的传递函数为

$$H(s) = \frac{Y(s)}{X(s)} = \frac{1}{\tau s + 1} \tag{3-37}$$

其频率响应为

$$\begin{cases} H(j\omega) = \dfrac{1}{j\omega\tau} = \dfrac{1}{1+(\omega\tau)^2} - j\dfrac{\omega\tau}{1+(\omega\tau)^2} \\ A(\omega) = \sqrt{[\text{Re}(\omega)]^2 + [\text{Im}(\omega)]^2} = \dfrac{1}{\sqrt{1+(\omega\tau)^2}} \\ \varphi(\omega) = \arctan\dfrac{\text{Im}(\omega)}{\text{Re}(\omega)} = -\arctan(\omega\tau) \end{cases} \tag{3-38}$$

$\varphi(\omega)$ 为负值表示系统输出信号的相位滞后于输入信号的相位。一阶系统的幅频和相频特性曲线如图 3-11 所示。

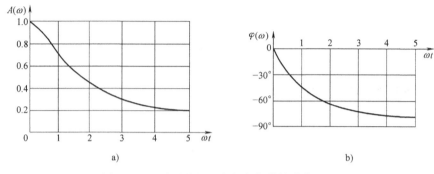

图 3-11　一阶系统的幅频与相频特性曲线
a）幅频曲线　b）相频曲线

一阶系统的幅频曲线与动态测试不失真的条件相对照，显然前者不满足 $A(\omega)$ 为水平直线的要求。对于实际的测试系统，要完全满足理论上的动态测试不失真条件几乎是不可能的，只能要求在接近不失真的测试条件的某一频段范围内，幅值误差不超过某一限度。一般在没有特别指明精度要求的情况下，系统只要是在幅值误差不超过 5%（即在系统灵敏度归一处理后，$A(\omega)$ 值不大于 1.05 或不小于 0.95）的频段范围内工作，就认为可以满足动态测试要求。一阶系统当 $\omega = 1/\tau$ 时，$A(\omega)$ 值为 0.707（-dB），相位滞后 45°，通常称 $\omega = 1/\tau$ 为一阶系统的转折频率。只有当 ω 远小于 $1/\tau$ 时幅频特性才接近于 1，即此时才可以不同程度地满足动态测试要求。在幅值误差一定的情况下，τ 越小，则系统的工作频率范围越大。或者说，在被测信号的最高频率成分 ω 一定的情况下，τ 越小，则系统输出的幅值误差越小。

从一阶系统的相频曲线来看，同样也只有在 ω 远小于 $1/\tau$ 时，相频曲线才接近于一条过零点的斜直线，可以不同程度地满足动态测试不失真条件，而且也同样是 τ 越小，系统的工作频率范围越大。

综合上述分析，可以得出结论：反映一阶系统的动态性能的指标参数是时间常数 τ，原则上 τ 越小越好。

在常见的测量装置中，弹簧阻尼系统以及简单的 RC 低通滤波器等都属于一阶系统，如图 3-12 所示。

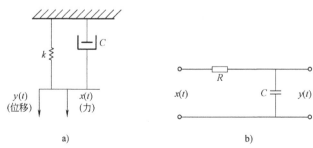

图 3-12　一阶系统
a）弹簧阻尼系统　b）RC 低通滤波器

二、二阶系统特性

图 3-13 所示的动圈式仪表振子是一个典型二阶系统。在笔式记录仪和光线示波器等设备的动圈式振子中,通电线圈在永久磁场中受到电磁转矩 $k_i i(t)$ 的作用,产生指针偏转运动,偏转的转动惯量会受到扭转阻尼转矩 $C\dfrac{\mathrm{d}\theta(t)}{\mathrm{d}t^2}$ 和弹性恢复转矩 $k_\theta \theta(t)$ 的作用,根据牛顿第二定律,这个系统的输入与输出关系可以用二阶微分方程描述,即

$$J\frac{\mathrm{d}^2\theta(t)}{\mathrm{d}t^2}+C\frac{\mathrm{d}\theta(t)}{\mathrm{d}t}+k_\theta \theta(t)=k_i i(t) \tag{3-39}$$

式中 $i(t)$ ——输入动圈的电流信号;

$\theta(t)$ ——振子(动圈)的角位移输出信号;

J——振子转动部分的转动惯量;

C——阻尼系数,包括空气阻尼、电磁阻尼、油阻尼等;

k_θ——游丝的扭转刚度;

k_i——电磁转矩系数,与振子线圈在气隙中的有效面积、匝数和磁感应强度等有关。

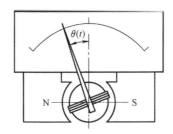

图 3-13 动圈式仪表振子的工作原理

对式(3-39)拉普拉斯变换后,得振子系统的传递函数为

$$H(s)=\frac{\theta(s)}{I(s)}=\frac{\dfrac{k_i}{J}}{s^2+\dfrac{C}{J}s+\dfrac{k_\theta}{J}}=S\frac{\omega_n^2}{s^2+2\zeta\omega_n s+\omega_n^2} \tag{3-40}$$

式中 ω_n——系统的固有频率,$\omega_n=\sqrt{k_\theta/J}$;

ζ——系统的阻尼比,$\zeta=\dfrac{C}{2\sqrt{k_\theta J}}$;

S——系统的灵敏度,$S=\dfrac{k_i}{k_\theta}$。

下面分析典型的二阶系统的频率响应特性。一般二阶系统的微分方程的通式为

$$a_2\frac{\mathrm{d}^2 y(t)}{\mathrm{d}t^2}+a_1\frac{\mathrm{d}y(t)}{\mathrm{d}t}+a_0 y(t)=b_0 x(t) \tag{3-41}$$

灵敏度归一处理后,可写成

$$\frac{a_2}{a_0}\frac{\mathrm{d}^2 y(t)}{\mathrm{d}t^2}+\frac{a_1}{a_0}\frac{\mathrm{d}y(t)}{\mathrm{d}t}+y(t)=x(t) \tag{3-42}$$

令 $\omega_n=\sqrt{\dfrac{a_0}{a_1}}$（称为系统固有频率），$\zeta=\dfrac{a_1}{2\sqrt{a_0 a_2}}$（称为系统的阻尼比），则

$$\frac{a_2}{a_0}=\frac{1}{\omega_n^2}$$

$$\frac{a_1}{a_0}=\frac{2\zeta}{\omega_n}$$

于是，式（3-42）经灵敏度归一处理后可进一步改写为

$$\frac{1}{\omega_n^2}\cdot\frac{\mathrm{d}^2 y(t)}{\mathrm{d}t^2}+\frac{2\zeta}{\omega_n}\cdot\frac{\mathrm{d}y(t)}{\mathrm{d}t}+y(t)=x(t) \tag{3-43}$$

对（3-43）做拉普拉斯变换得

$$\frac{1}{\omega_n^2}s^2 Y(s)+\frac{2\zeta}{\omega_n}sY(s)+Y(s)=X(s) \tag{3-44}$$

因此，二阶系统的传递函数为

$$H(s)=\frac{1}{\dfrac{1}{\omega_n^2}s^2+\dfrac{2\zeta}{\omega_n}s+1}=\frac{\omega_n^2}{s^2+2\zeta\omega_n s+\omega_n^2} \tag{3-45}$$

二阶系统的频率响应为

$$\begin{cases} H(j\omega)=\dfrac{1}{1-\left(\dfrac{\omega}{\omega_n}\right)^2+\mathrm{j}2\zeta\left(\dfrac{\omega}{\omega_n}\right)} \\[2ex] A(\omega)=\dfrac{1}{\sqrt{\left[1-\left(\dfrac{\omega}{\omega_n}\right)^2\right]^2+4\zeta^2\left(\dfrac{\omega}{\omega_n}\right)^2}} \\[2ex] \varphi(\omega)=-\arctan\dfrac{2\zeta\left(\dfrac{\omega}{\omega_n}\right)}{1-\left(\dfrac{\omega}{\omega_n}\right)^2} \end{cases} \tag{3-46}$$

二阶系统幅频特性曲线和相频特性曲线如图 3-14 所示。需要注意的是，这是灵敏度归一后的曲线。从二阶系统的幅频和相频特性曲线来看，影响系统特性的主要参数是频率比 $\dfrac{\omega}{\omega_n}$ 和阻尼比 ζ。只有在 $\dfrac{\omega}{\omega_n}<1$ 并靠近坐标原点的一段，$A(\omega)$ 比较接近水平直线，$\varphi(\omega)$ 也近似与 ω 成线性关系，可以用于动态不失真测试。若测试系统的固有频率 ω_n 较高，相应地 $A(\omega)$ 的水平直线段也较长一些，系统的工作频率范围便大一些。另外，当系统的阻尼比 ζ 在 0.7 左右时，$A(\omega)$ 的水平直线段也会相应地长一些，$\varphi(\omega)$ 与 ω 之间也在较宽频率范围内更接近线性。当 $\zeta=0.6\sim0.8$ 时，可获得较合适的综合特性。分析表明，当 $\zeta=0.7$ 时，在

$\frac{\omega}{\omega_n} = 0 \sim 0.58$ 的范围内，$A(\omega)$ 的变化不超过 5%，同时 $\varphi(\omega)$ 也接近于过坐标原点的斜直线。可见，二阶系统的主要动态性能指标参数是系统的固有频率 ω_n 和阻尼比 ζ 两个参数。

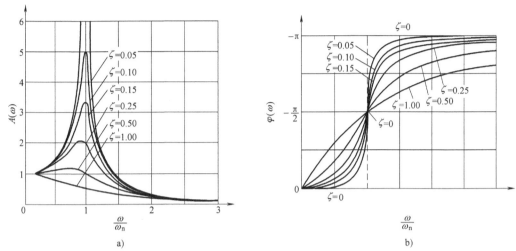

图 3-14 二阶系统的幅频和相频特性曲线

a）幅频特性曲线 b）相频特性曲线

注意，对于二阶系统，当 $\frac{\omega}{\omega_n} = 1$ 时，$A(\omega) = \frac{1}{2\zeta}$，若系统的阻尼比甚小，则输出幅值将急剧增大，故 $\frac{\omega}{\omega_n} = 1$ 时，系统将发生共振。共振时，幅值增大的情况和阻尼比 ζ 成反比，且不管其阻尼比为多大，系统输出的相位总是滞后输入 90°。另外，当 $\frac{\omega}{\omega_n} > 2.5$ 以后，$\varphi(\omega)$ 接近于 180°，$A(\omega)$ 也接近一条水平直线段，但输出比输入小很多。

质量-弹簧-阻尼系统及 RLC 电路等属于二阶系统，如图 3-15 和图 3-16 所示。

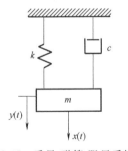

图 3-15 质量-弹簧-阻尼系统

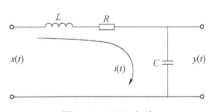

图 3-16 RLC 电路

三、一阶和二阶系统在单位阶跃输入下的响应（即输出）

设有如图 3-17 所示的单位阶跃输入，即

$$x(t) = \begin{cases} 1 & (t \geq 0) \\ 0 & (t < 0) \end{cases}$$

其拉普拉斯变换为

$$X(s)=\frac{1}{s}$$

一阶系统的单位阶跃响应，如图 3-18 所示，即

$$y(t)=1-e^{-t/\tau} \tag{3-47}$$

二阶系统的单位阶跃响应，如图 3-19 所示，即

$$y(t)=1-\frac{e^{-\zeta\omega_n t}}{\sqrt{1-\zeta^2}}\sin(\omega_d t+\varphi) \tag{3-48}$$

式中　$\omega_d=\omega_n\sqrt{1-\zeta^2}$；

$\varphi=\arctan\dfrac{\sqrt{1-\zeta^2}}{\zeta}$ （$\zeta<1$）。

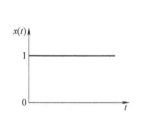

图 3-17　单位阶跃输入

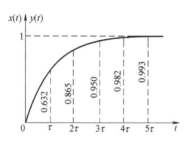

图 3-18　一阶系统的单位阶跃响应

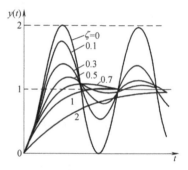

图 3-19　二阶系统的单位阶跃响应

由图 3-18 可知，一阶系统在单位阶跃激励下的稳态输出误差为零，进入稳态的时间 $t\to\infty$。但是，当 $t=4\tau$ 时，$y(4\tau)=0.982$，误差小于 2%；当 $t=5\tau$ 时，$y(5\tau)=0.993$，误差小于 1%；所以对于一阶系统来说，时间常数 τ 越小，响应越快。

二阶系统在单位阶跃激励下的稳态输出误差也为零。进入稳态的时间取决于系统的固有频率 ω_n 和阻尼比 ζ。ω_n 越高，系统响应越快。阻尼比主要影响超调量和振荡次数。当 $\zeta=0$ 时，超调量为 100%，且持续振荡；当 $\zeta\geq 1$ 时，实质为两个一阶系统的串联，虽无振荡，但达到稳态的时间较长；通常取 $\zeta=0.6\sim 0.8$，此时最大超调量不超过 10%，达到稳态的时间最短，为 $(5\sim 7)/\omega_n$，稳态误差在 2%~5% 的范围内。因此，二阶测试系统的阻尼比通常选择为 $\zeta=0.6\sim 0.8$。

在工程中，对系统的突然加载或者突然卸载都可视为对系统施加一个阶跃输入。由于施加这种输入既简单易行，又可以充分反映出系统的动态特性，因此常被用于系统的动态标定。

思考题及习题

一、选择题

1. 测试装置所能检测出来的输入量的最小变化值为（　　）。

A. 精度　　　　B. 灵敏度　　　　C. 分辨率　　　　D. 精密度

2. 一般来说，测试系统的灵敏度越高，其测量范围（　　）。

A. 越宽　　　　B. 越窄　　　　C. 不变　　　　D. 不确定

3. 测试系统的传递函数和（　　）。

A. 具体测试系统的物理结构有关　　B. 具体测试系统的物理结构无关

C. 输入信号有关　　　　　　　　　D. 输出信号有关

4. （　　）不是系统的静态特性参数。（　　）

A. 灵敏度　　　B. 非线性度　　　C. 回程误差　　　D. 最大偏差

5. 频率为 30Hz 的信号通过线性测试装置后，其输出肯定也是频率为 30Hz 的信号，但幅值、相位可能发生变化，这是基于线性系统的（　　）。

A. 比例特性　　B. 频率保持性　　C. 微分特性　　D. 积分特性

6. 两个装置串联后，其总的传递函数是各装置的传递函数（　　）。

A. 卷积　　　　B. 相减　　　　C. 相乘　　　　D. 相加

7. 若想得到某物理量的加速度和速度信息，购买一个加速度传感器就可以满足实际测试要求，这是基于线性系统的（　　）。

A. 微分特性　　B. 积分特性　　C. 比例特性　　D. 叠加特性

8. 要求电压表能够区分出 2.4V 和 2.5V 两种不同输入电压，需要考察该电压表的（　　）。

A. 精确度　　　B. 灵敏度　　　C. 分辨力　　　D. 线性度

9. 传感器在长期使用后，其输出特性可能会发生变化，因此在选取传感器时要考虑（　　）。

A. 灵敏度　　　B. 频率特性响应　　C. 精确度　　　D. 稳定性

10. 最小二乘法，就是（　　）

A. 偏差的二次方和最小　　　　B. 偏差的和最小

C. 偏差最小　　　　　　　　　D. 偏差的三次方和最小

11. 描述传感器静态特性的指标有（　　）。

A. 幅频特性　　B. 稳定时间　　C. 动态范围　　D. 线性度

12. 测试装置传递函数 $H(s)$ 的分母与（　　）有关。

A. 输入量 $x(t)$　　B. 输入点的位置　　C. 装置的结构

13. 非线性度是表示定度曲线（　　）的程度。

A. 接近真值　　B. 偏离其拟合直线　　　C. 正反行程的不重合

14. 测试装置的频响函数 $H(j\omega)$ 是装置动态特性在（　　）中的描述。

A. 幅值域　　　B. 时域　　　C. 频率域　　　D. 复数域

15. 用常系数微分方程描述的系统称为（　　）系统。

A. 相似　　　　B. 物理　　　　C. 力学　　　　D. 线形

二、填空题

1. 为了实现不失真测试，理想的测试系统应满足的幅频特性是＿＿＿＿，相频的特性是＿＿＿＿。

2. 理想的测试装置应具有单值的、确定的_____。

3. 测试装置的特性可分为_____特性和_____特性。

4. 测试装置的静态特性指标有_____、_____和_____。

5. 某位移传感器测量的最小位移为 0.01mm，最大位移为 1mm，其动态线性范围是____dB。

6. 描述测试装置动态特性的数学模型有_____、_____、_____等。

7. 测试装置的结构参数是不随时间而变化的系统，则称为_____系统。若其输入、输出呈线性关系时，则称为_____系统。

三、解答题

1. 说明线性系统频率保持性在测量中的作用。

2. 在使用灵敏度为 80nC/MPa 的压电式力传感器进行压力测量时，首先将它与增益为 5mV/nC 的电荷放大器相连，电荷放大器接到灵敏度为 25mm/V 的笔式记录仪上，试求该压力测试系统的灵敏度。当记录仪的输出变化为 30mm 时，压力变化为多少？

3. 把灵敏度为 $4.04×10^{-2}$pC/Pa 的压电式力传感器与一台灵敏度为 0.226mV/pC 的电荷放大器相接，求其总灵敏度。若要将总灵敏度调到 10^7mV/Pa，电荷放大器的灵敏度应如何调整？

4. 简述测试系统不失真的含义及其满足条件。

5. 用一个时间常数为 0.5s 的一阶系统去测量周期分别为 1s、2s 和 5s 的正弦信号，则稳态输出幅值误差是多少？

6. 想用一个一阶系统做 100Hz 正弦信号的测量，如要求限制幅值误差在 5% 以内，那么时间常数应取多少？若用该系统测量 50Hz 正弦信号，问此时的幅值误差和相位差是多少？

7. 求周期信号 $x(t)= 0.5\cos10t+0.2\cos(100t-45°)$ 通过传递函数为 $H(s)=1/(0.005s+1)$ 的装置后得到的稳态响应。

8. 试说明二阶系统阻尼比 ζ 多采用 0.6~0.8 的原因。

9. 设某力传感器可视为二阶振荡系统处理。已知传感器的固有频率为 800Hz，阻尼比 $\zeta=0.14$，问使用该传感器做频率为 400Hz 的正弦力测试时，其幅值比 $A(\omega)$ 和相位差 $\varphi(\omega)$ 各为多少？若该系统的阻尼比改为 $\zeta=0.7$，问 $A(\omega)$ 和 $\varphi(\omega)$ 又将如何变化？

10. 对一个可视为二阶系统的装置输入一单位阶跃函数后，测得其响应的第一个超调量峰值为 1.15，振荡周期为 6.28s。设已知该装置的静态增益为 3，求该装置的传递函数和该装置在无阻尼固有频率处的频率响应。

第四章

常用传感器原理及其测量电路

传感器是实现测试与控制的首要环节，是测控系统的关键部件之一。如果没有传感器对原始被测信号进行准确可靠的捕捉和转换，一切准确的测量和控制都将无法实现。汽车生产过程中的自动监测和控制，主要是依靠各种传感器来检测生产过程中的各个参数，使设备和系统运行在最佳状态，从而保证汽车生产的高效率和高质量。

在信息社会里，传感器的地位和重要性变得尤为突出。现代信息技术的三大基础是信息采集（传感器）、通信技术（含网络）和计算机技术，分别构成了信息技术的"感官"、"神经"和"大脑"。如果"感官"出了毛病，再聪明的"大脑"也是无能为力的。因此，可以说传感器是人们认识自然界事物的有力工具。深入研究传感器类型、原理和应用，研制开发新型传感器，对于科学技术、生产过程中的自动控制和智能化发展，以及人类观测研究自然事物的深度和广度都具有重要的现实意义。

根据GB/T 7665—2005《传感器通用术语》，传感器是能感受被测量并按照一定的规律转换成可用输出信号的器件或装置。其转换原理如图4-1所示。

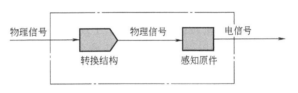

图4-1 传感器转换原理图

传感器是一种检测装置，能感受到被测量的信息，并能将检测感受到的信息按一定规律转换成为电信号或其他所需形式的信息输出，以满足信息的传输、处理、存储、显示、记录和控制等要求。传感器是实现自动检测和自动控制的首要环节，现已渗透到汽车产业各个环节，现在每一项目的研发和性能测试都离不开传感器。

目前一般对传感器的理解往往是指非电量与电量的转换，即传感器是将被测的非电量（如压力、力矩、应变、位移、速度、加速度、温度、流量、转速等）转化成与之对应的、易于处理的电参量（如电流、电压、电阻、电容、电荷、频率等）输出的一种装置。

传感器通常由敏感元件和转换元件（辅助元件）组成。敏感元件的作用是感受被测物理量，并进行信息转换；转换元件则是对敏感元件输出的电信号进行放大和阻抗匹配等，以便于后续仪表接入，如图4-2所示。

传感器处于测试装置的输入端，其性能将直接影响到整个测试装置的性能。本章主要介绍常用传感器的工作原理和测量电路。

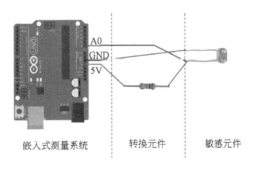

图4-2 传感器组成示意图

第一节 传感器的分类

目前,由于被测非电物理量种类众多,因此与之对应的传感器也品种繁多。为了对传感器进行系统的研究,有必要对传感器进行适当的科学分类。

尽管传感器有多种分类方法,但对具体使用传感器进行测控系统设计的用户来讲,往往只关心需要测量的非电物理量以及经传感器转换成何种参量、其测量的范围和测量精度如何、有源还是无源、转换后的电参量如何提取(即测量电路)、接口电路如何设计等。因此,本章叙述中,没有采用单一的传感器的分类方法,而是从实际应用的角度介绍汽车测试中常用的传感器。

汽车上使用的传感器种类很多,一般可按以下几种方法分类。

1)根据输入物理量分类可分为:位移传感器、压力传感器、速度传感器、温度传感器及气敏传感器等。

2)根据工作原理分类可分为:电阻式传感器、电感式传感器、电容式传感器及电动势式传感器等。

3)根据输出信号的性质分类可分为:模拟式传感器和数字式传感器,即模拟式传感器输出模拟信号,数字式传感器输出数字信号。

4)根据能量转换原理分类可分为:有源传感器和无源传感器。有源传感器将非电量转换为电能量,如电动势、电荷式传感器等;无源传感器不起能量转换作用,只是将被测非电量转换为电参数的量,如电阻式、电感式及电容式传感器等。

为了揭示诸多传感器之间的内在联系,在表4-1中给出了传感器的分类、转换原理及典型应用,供选用传感器时参考。

表 4-1 传感器分类、转换原理及典型应用

传感器分类		转换原理	传感器名称	典型应用
转换形式	中间参量			
电参量	电阻	移动电位器触点改变电阻	电阻式位移传感器	位移
		改变电阻丝或片的尺寸	电阻应变片式传感器、半导体应变式传感器	微应变、力、负荷
		利用电阻的温度效应(电阻温度系数)	热丝式传感器	气流速度、液体流量
			电阻式温度传感器	温度、辐射热
			热敏电阻式传感器	温度
		利用电阻的光电效应	光敏电阻式传感器	光强
		利用电阻的湿度效应	湿敏电阻式传感器	温度
	电容	改变电容的几何尺寸	电容式传感器	力、压力、负荷、位移
		改变电容的介电常数		液位、厚度、含水量
	电感	改变磁路几何尺寸、导磁体位置	电感式传感器	位移

(续)

传感器分类		转换原理	传感器名称	典型应用
转换形式	中间参量			
电参量	电感	利用电涡流去磁效应	电涡流式传感器	位移、厚度、硬度
		利用压磁效应	压磁传感器	力、压力
		改变互感	差动变压器	位移
			自整角机	位移
			旋转变压器	位移
	频率	改变谐振回路中的固有参数	振弦式传感器	力、压力
			振筒式传感器	气压
			石英谐振式传感器	力、温度等
	计数	利用莫尔条纹	光栅	大角位移、大直线位移
		改变互感	感应同步器	
		利用拾磁信号	磁栅	
	数字	利用数字编码	角度编码器	大角位移
电能量	电动势	温差电动势	热电偶	温度、热流
		霍尔式效应	霍尔式传感器	磁通、电流
		电磁感应	磁电式传感器	速度、加速度
		光电效应	光电池	光强
	电荷	辐射电离	电离室	离子计数、放射性强度
		压电效应	压电式传感器	动态力、加速度

传感器是测试系统的首要环节，担负着信号转换任务，如将力、应力、压力、转矩、位移、速度、加速度、温度、流量和时间等被测非电量转换成与之对应的、容易处理和传输的电量（电压、电流）或电参量（电阻、电感和电容等）。传感器的性能直接影响着整个测试系统的工作可靠性。

传感器的输出电量应与被测非电量有单值函数关系，并尽可能为线性关系。要求传感器具有较高的精确度和灵敏度，良好的稳定性和动态特性。此外还要求传感器结构简单、经久耐用及密封防潮，具有一定的抗振性能和对测量环境有较强的适应性。

传感器把被测量参数的信息作为输入参数（如温度、力、位移）转换成电信号输出，一般称为一次变换，传感器也称为一次仪表。

传感器输出的电信号有电阻、电容、电感、电压、电流、频率的变化。除频率外，其他都是模拟量，输出的电信号较微弱，如电压信号为 mV 级，电流信号为 μA、mA 级。

传感器输出的微弱信号常与噪声混合在一起，需要通过专门的电子电路对其进行"加工处理"。如将微弱的信号给予放大，用滤波器将无用的干扰信号滤掉，将非线性的特性曲线线性化。这种信号变换，一般称为二次变换，完成二次变换的电路，称为测量电路，也称为调理电路。完成这些电路功能的仪表，称为测量仪表或二次仪表。这些将在以后的章节中讲述。

第二节 常用传感器

一、电阻应变片式传感器

电阻应变片式传感器是目前应用最广泛的传感器之一,可用来测量位移、应变、力和力矩等物理量。

1. 工作原理

金属电阻丝在外力作用下产生机械形变时,其电阻率 ρ、长度 l 和截面积 A 都将发生相应的变化,从而引起电阻值发生变化,这种现象称为电阻应变效应。

电阻应变片的敏感元件是电阻丝,其结构如图 4-3 所示。将具有高电阻率的电阻丝 3 绕制成栅形,粘贴在很薄的弹性绝缘基底 4 和覆盖层 2 之间,焊上外接引线 1 就构成了电阻应变片。使用时,将应变片用黏结剂粘贴在被测试件表面。在载荷或在外界因素作用下试件发生变形时,电阻丝随试件一起变形,电阻值发生变化将被测量转换为电阻值的变化。

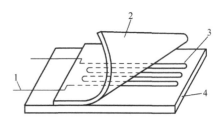

图 4-3 电阻应变片结构
1—引线 2—覆盖层 3—电阻丝 4—基底

由电工学可知,电阻

$$R = \frac{\rho l}{A}$$

式中 ρ——电阻率($\Omega \cdot \text{mm}^2/\text{m}$);

l——电阻丝长度(m);

A——电阻丝横截面积(mm^2)。

因为 $A = \pi r^2$,r 为电阻丝半径,所以 $R = \frac{\rho l}{\pi r^2}$。当电阻丝发生变形时,$l$、$r$ 和 ρ 分别产生相应的相对变化,电阻的增量为

$$\mathrm{d}R = \frac{\partial R}{\partial l}\mathrm{d}l + \frac{\partial R}{\partial r}\mathrm{d}r + \frac{\partial R}{\partial \rho}\mathrm{d}\rho = \frac{\rho}{\pi r^2}\mathrm{d}l - \frac{2\rho l}{\pi r^3}\mathrm{d}r + \frac{1}{\pi r^2}\mathrm{d}\rho = R\left(\frac{\mathrm{d}l}{l} - 2\frac{\mathrm{d}r}{r} + \frac{\mathrm{d}\rho}{\rho}\right) \quad (4\text{-}1)$$

电阻的相对变化量为

$$\frac{\mathrm{d}R}{R} = \frac{\mathrm{d}l}{l} - 2\frac{\mathrm{d}r}{r} + \frac{\mathrm{d}\rho}{\rho} \quad (4\text{-}2)$$

式中 $\frac{\mathrm{d}l}{l}$——电阻丝纵向变形,$\frac{\mathrm{d}l}{l} = \varepsilon$;

$\frac{\mathrm{d}r}{r}$——电阻丝的横向应变,$\frac{\mathrm{d}r}{r} = \varepsilon'$,根据材料力学可知,$\varepsilon$ 和 ε' 之间的关系为 $\frac{\mathrm{d}r}{r} = -\mu\frac{\mathrm{d}l}{l}$($\mu$ 为电阻丝材料的泊松比);

$\dfrac{d\rho}{\rho}$——电阻率的相对变化，与电阻丝轴向所受正应力有关，$\dfrac{d\rho}{\rho} = \lambda\sigma = \lambda E\varepsilon$，其中 λ 为与材料有关的压阻系数，E 为电阻材料的弹性模量。代入式（4-2）得

$$\frac{dR}{R} = \varepsilon + 2\mu\varepsilon + \lambda E\varepsilon = (1 + 2\mu + \lambda E)\varepsilon \tag{4-3}$$

$\lambda E\varepsilon$ 是由于金属丝的电阻率随应变的变化引起的，对于金属丝来讲，λE 很小，可忽略不计，则上式可简化为

$$\frac{dR}{R} = (1 + 2\mu)\varepsilon \tag{4-4}$$

式（4-4）表明，电阻丝的电阻的相对变化率与其应变程度成正比，且呈线性关系，其灵敏度为

$$S = \frac{d\left(\dfrac{dR}{R}\right)}{d\left(\dfrac{dl}{l}\right)} = \frac{d\left(\dfrac{dR}{R}\right)}{d\varepsilon} = 1 + 2\mu \tag{4-5}$$

敏感元件为半导体的应变片称为半导体应变片，半导体应变片由于电阻率变化引起的 $\lambda E\varepsilon$ 远远大于几何尺寸变化引起的 $(1+2\mu)\varepsilon$ 项，故式（4-4）简化为

$$\frac{dR}{R} = \lambda E\varepsilon \tag{4-6}$$

灵敏度为
$$S = \lambda E \tag{4-7}$$

半导体应变片一般比电阻应变片的灵敏度大几十倍。

2. 应变片的种类和结构

应变片的种类和规格很多，图 4-4 所示为几种常见的应变片。

（1）金属丝式电阻应变片 金属丝电阻应变片是将直径为 0.012~0.05mm 的电阻丝绕制或焊接成栅形，粘结在绝缘基底上并覆盖保护层而制成的。图 4-4a 所示为圆角形栅丝式电阻应变片；图 4-4b 所示为两端用镀银丝焊接而成的直角形栅丝式电阻应变片。金属丝电阻应变片制作简单，价格便宜。

（2）金属箔式电阻应变片 图 4-4c 和图 4-4d 所示为利用现代照相制版、光刻腐蚀技术在绝缘基底上将厚 0.001~0.01mm 的金属箔制成各种需要的形状，从而得到各种金属箔式电阻应变片。与金属电阻丝应变片相比较，金属箔式应变片线条均匀，电阻值偏差小，能通过较大的电流，并且便于大量生产。

（3）半导体应变片 图 4-4e 所示为直接用单晶硅、单晶锗等半导体材料切割、光刻成的单条状敏感栅，也可以在半导体材料上扩散杂质而获得扩散型敏感栅。其主要优点是灵敏度高、机械滞

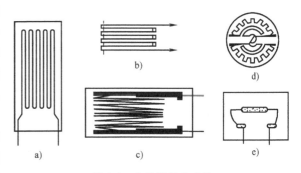

图 4-4 几种常见应变片
a）圆角形栅丝式电阻应变片 b）直角形栅丝式电阻应变片
c）金属箔式电阻应变片 d）应变花 e）半导体应变片

后和横向效应小。其缺点是灵敏度易受外载荷的影响，因而离散度大，温度稳定性也较差。

（4）**薄膜应变片** 是利用现代薄膜技术，采用真空沉积或蒸发等方法在电阻材料基底上制成的一种新型应变片。其灵敏度高，尺寸小，质量稳定，但制造工艺要求高。

3. 电阻应变片式传感器应用举例

图4-5所示传感器是用于测量位移的一种电阻应变片式传感器。它用弹簧片1及贴在其上的应变片2将位移转换成电量。弹簧片的一端固定于壳体3上，另一端通过弹簧4和测杆5相连。测量时，测杆在位移的作用下移动x，即弹簧被拉伸或压缩x，弹簧的反作用力为$F=Kx$，其中K为弹簧的弹性系数。该力作用在簧片上，使其变形。应变片感受应变，利用应变仪测出该应变的大小，根据定度曲线就可以换算出位移值。

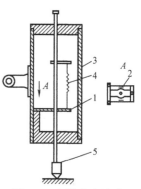

图4-5 电阻应变片式位移传感器
1—弹簧片 2—应变片
3—壳体 4—弹簧
5—测杆

图4-6是将电阻应变片直接贴在构件上，用于测量弯矩、应力、扭矩等的实例。其中图4-6a为齿轮轮齿弯矩或应变测量；图4-6b为压力机立柱应力测量；图4-6c为轴的扭矩测量；图4-6d为将电阻应变片贴在悬臂梁上用于测量加速度；图4-6e为测量气体压力。

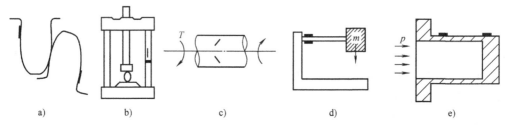

图4-6 电阻应变片的应用

4. 测量电路

电阻应变片式传感器的测量电路一般采用电桥。

对直流电桥，常采用差动输入的运算放大器的测量电路，如图4-7所示。可以根据需要选用放大器，对精度要求高的，可选测量放大器。以前由于干扰较难解决，曾广泛

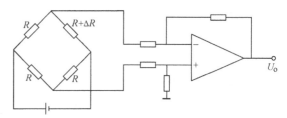

图4-7 直流电桥的应变片式传感器测量电路

使用较为复杂的交流电容及其电路，图4-8是动态电阻应变仪的电路原理框图。

二、可变磁阻电感式传感器

可变磁阻电感式传感器是建立在电磁感应基础上，利用线圈自感或互感系数的变化来实现非电量测量的。此类传感器结构简单，无机械磨损的影响，灵敏度和分辨力较高。图4-9所示为不同形式的可变磁阻电感式传感器。

按照变换方式的不同，可变磁阻电感式传感器可以分为自感型（包括可变磁阻式和电

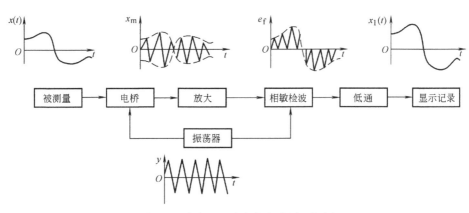

图 4-8 动态电阻应变仪电路原理框图

涡流式）与互感型（差动式变压器）。

可变磁阻电感式传感器的原理如图 4-9b 所示，它由铁心、线圈和衔铁组成。在铁心与衔铁之间有厚度为 δ 的气隙。传感器的运动部分与衔铁相连，当传感器测量位移时，衔铁运动部分产生位移导致气隙厚度 δ 变化，从而使线圈的自感系数发生变化。

由电工学可知，自感系数 L 可按下式计算

$$L = \frac{N^2}{R_m} \tag{4-8}$$

式中　N——线圈的匝数；

R_m——磁路的总磁阻。

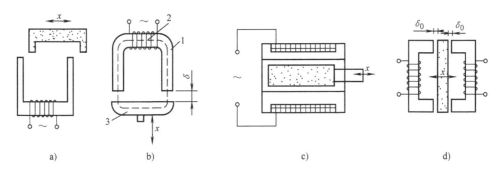

图 4-9　可变磁阻电感式传感器
a）改变气隙截面面积　b）改变气隙厚度式　c）改变铁心位置式　d）差动式
1—铁心　2—线圈　3—衔铁

如果气隙厚度 δ 较小，而且不考虑磁路的铁损耗时，总磁阻应为磁路中铁心、气隙和衔铁的磁阻之和。但考虑到铁心与衔铁为铁磁材料，其磁阻远比空气隙磁阻小，故计算时可忽略不计，则总磁阻 R_m 为

$$R_m \approx 2\frac{\delta}{\mu_0 A_0} \tag{4-9}$$

式中　μ_0——空气隙的磁导率（H/m）；

A_0——空气隙的截面积（m²）。

将式（4-9）代入式（4-8）得

$$L = \frac{\mu_0 A_0 N^2}{2\delta} \quad (4-10)$$

从以上分析可以看出，自感 L 与空气隙厚度 δ、空气隙截面积 A_0 有关。如果固定其中任意一个而改变另一个，就形成了一种传感器。

图 4-10a 所示为双螺管线圈差动式电桥电路，用于电感式测微计上，其测量范围为 $0 \sim 300\mu m$，最小分辨力为 $0.05\mu m$。这种传感器的线圈接于电桥上（图 4-10a），构成两个桥臂，随着铁心的位移 L_1、L_2 发生变化。这种差动形式在传感器中使用较多，可以提高灵敏度及线性度，如图 4-10b 所示，L_1、L_2 为单螺管输出特性，线性度较差，u 为双螺管线圈差动式输出特性，线性度、灵敏度明显提高，从而也提高了抗干扰能力，如可以进行温度补偿等。

由于可变磁阻电感式传感器是接触式测量，一般只适合用于低频测量。

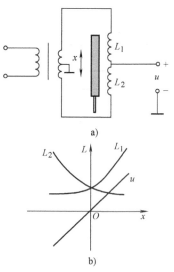

图 4-10 双螺管线圈差动式电桥电路及输出特性
a）电桥 b）输出特性

三、电涡流式传感器

1. 工作原理

此类传感器是以电涡流效应为变换原理的一类传感器，这种传感器大多做成一个扁平的空心线圈，当线圈中流过高频交变电流 i，并且让线圈靠近金属导体时，线圈中产生交变磁通 Φ，此交变磁通使邻近的金属板表面产生感应电流 i_1，这种感应电流在金属体内是闭合的，故称为"电涡流"（图 4-11）。电涡流也将产生交变磁通 Φ_1，并与线圈磁通 Φ 相互作用，从而使线圈的等效阻抗 Z 发生变化。该变化程度受线圈与金属导体之间的间距 δ、金属导体的磁导率 μ、电阻率 ρ、线圈的激励圆频率 ω 等参数的影响。根据等效阻抗 Z 的变化（主要是自感的变化），就可以检测出其中某一参数的变化，从而获得有关物理量变化的信息。

图 4-12 为电涡流式位移传感器结构图。

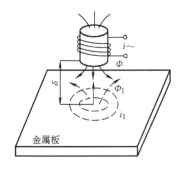

图 4-11 电涡流式传感器原理图

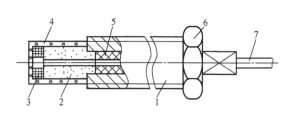

图 4-12 电涡流式位移传感器结构图
1—壳体 2—线圈架 3—线圈 4—保护套
5—填料 6—固定螺母 7—电缆

2. 测量电路

电涡流式传感器的后续测量电路有阻抗分压式调频电路和调幅电路。

调频电路如图 4-13 所示。传感器的电感线圈接入 LC 振荡回路,当被测试件(金属导体)与传感器之间的距离 δ 发生变化时,线圈的自感 L 发生变化,导致 LC 振荡失谐,产生频率变化。鉴频器可以将频率的变化转换为电压的变化,根据电压变化情况就可以知道位移量的大小。图 4-14 为调频式位移传感器的调频电路图,它采用了克拉伯振荡电路,输出为频率变化的正弦波。

图 4-13 调频电路工作原理

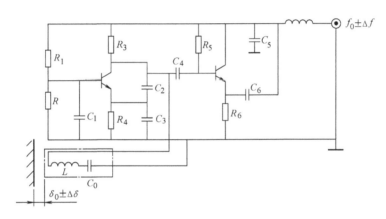

图 4-14 调频式位移传感器调频电路图

图 4-15 所示为调幅电路工作原理图。传感器线圈与电容并联构成谐振回路,当其谐振频率调至与石英晶体振荡器的振荡频率相同时,谐振回路的输出电压 e 最大。在被测试件因位移、变形、振动等与传感器线圈之间的距离改变时,输出信号 e 虽然频率未变,但幅值已相应变化。它相当于一个调幅波,将它进行放大、检波和滤波处理后,就可以得到与 δ 变化成一定关系的电压信号。

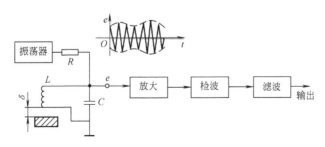

图 4-15 调幅电路工作原理

3. 应用举例

图 4-16 列举了电涡流式传感器的应用实例。在许多场合，电涡流式位移传感器是作为接近开关设计的，即只要被测物体接近传感器就可以得到一个输出脉冲信号。

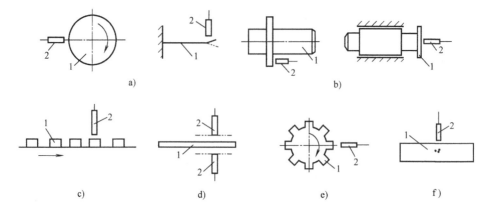

图 4-16 电涡流式传感器的应用
a）振动幅值测量 b）位移测量 c）零件计数 d）厚度测量 e）转速测量 f）无损探伤
1—被测物体 2—电涡流式传感器

四、差动变压器式传感器

这种传感器实质上是一个变压器，它的二次侧是两个参数完全相同，反极性串联的绕组 L_1、L_2，它们与一次绕组 L 一起构成差动变压器。其工作原理如图 4-17 所示，当一次绕组 L 通入交变电流时，二次绕组会因变压器的互感作用而产生互感电动势 E_o，即

$$E_o = -M \frac{di}{dt} \quad (4\text{-}11)$$

式中 M——互感系数（H）。

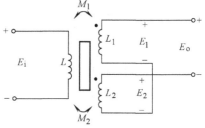

图 4-17 差动变压器式传感器原理

M 大小与一次、二次绕组的相对位置及周围介质的导磁能力等因素有关，它表明两绕组的耦合程度。如果在一次、二次绕组之间放入可动铁心，则改变铁心位置就会改变磁导率，从而改变互感系数 M，变压器二次侧就会有相应的电压输出。

由于变压器二次绕组是差动连接，所以二次侧的输出电压 $E_o = E_1 E_2$。E_1 和 E_2 的大小与铁心位置有关。铁心一般与被测试件相连，被测试件的运动参数变化将引起铁心位置的改变：

1) 铁心居中时：$E_1 = E_2$；$E_o = 0$。
2) 铁心向下运动时：$E_1 < E_2$；$E_o < 0$。
3) 铁心向上运动时：$E_1 > E_2$；$E_o > 0$。

可见输出电压与铁心位移成对应关系。

差动变压器灵敏度高，线性范围大，测量精度高，广泛应用于直线位移的测量。它常制成图 4-18 所示的螺管型差动变压器式传感器。

图 4-19 为可变铁心电感式测微计原理图。当被测物厚度发生变化时，测量杆带动铁心在线圈磁场内上下移动，使串联入交流电桥中的电感线圈的电感改变，从而打破电桥的平衡，输出电压，使指示器给出相应的测量值。

五、电容式传感器

1. 工作原理

电容式传感器是将被测物理量的变化转换成电容量变化的装置，它实质上是一个参数可变的电容器。图 4-20 为电容式传感器工作原理图。由电工学可知，平板电容器的电容量为

$$C = \frac{\varepsilon_0 \varepsilon A}{\delta} \quad (4\text{-}12)$$

式中 ε_0——真空介电常数，$\varepsilon_0 = 8.85 \times 10^{-13} \text{F/m}$；
ε——极板间介质的相对介电常数，在空气中 $\varepsilon = 1$；
A——极板间的覆盖面积（m^2）；
δ——极板间的距离（m）。

式（4-12）表明，δ、ε 和 A 三个参数中，如果保持其中的两个参数不变，而仅改变另一个参数时，都会使电容量产生相应的变化。根据其参数变化，可将电容式传感器分为极距变化型、面积变化型和介质变化型三类。

（1）极距变化型电容式传感器 式（4-12）表明，两极板间相对面积和介质不变时，电容量与极板间隙大小呈非线性关系，其灵敏度为

$$S = \frac{\mathrm{d}C}{\mathrm{d}\delta} = -\varepsilon_0 \varepsilon A \frac{1}{\delta^2} \quad (4\text{-}13)$$

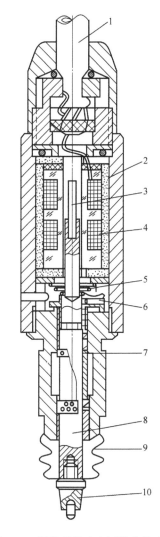

图 4-18 螺管型差动变压器式传感器
1—引线 2—固定磁管 3—衔铁 4—绕组
5—弹簧 6—防转销 7—钢球滚动导轨
8—测杆 9—密封套 10—测端

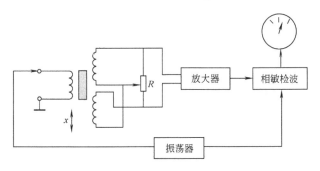

图 4-19 可变铁心电感式测微计原理图

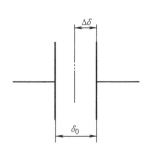

图 4-20 极距变化型电容式传感器

可见间隙 δ 越小,灵敏度越高。由于电容与间隙之间呈非线性关系,测量时难免存在非线性误差,为了减少它的影响,应限制传感器在较小的间隙变化范围内进行测量,以获取近似的线性关系,或者选用能有效地减少非线性误差的差动电容式传感器。

（2）**面积变化型电容式传感器** 由式（4-12）可知,这种传感器的电容量与极板间相对覆盖面积成正比,其灵敏度为

$$S = \frac{\mathrm{d}C}{\mathrm{d}A} = 常数 \tag{4-14}$$

这种传感器不会产生非线性误差,但其灵敏度不如极距变化型电容式传感器高。根据两极间相对运动方式,这种传感器可分为线位移型和角位移型两种,图4-21所示。

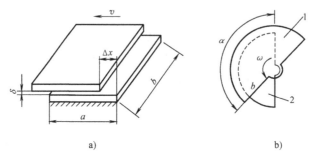

图 4-21 面积变化型电容式传感器
a) 线位移型 b) 角位移型
1—固定板 2—动极板

当一块极板相对于另一块极板作直线运动时（图4-21a）,两极板间相对面积变化导致电容量变化。因为

$$C = \frac{\varepsilon A}{\delta} = \frac{\varepsilon b x}{\delta}$$

所以,灵敏度为

$$S = \frac{\mathrm{d}C}{\mathrm{d}x} = \frac{\varepsilon b}{\delta} = 常数 \tag{4-15}$$

相对角位移型电容式传感器（图4-21b）,当动极板2相对于固定板1转过一定角度时,两极板间相对面积的变化也将导致电容量改变。因为

$$C = \frac{\varepsilon A}{\delta} = \frac{\varepsilon}{\delta} \frac{\alpha r^2}{2}$$

所以,灵敏度为

$$S = \frac{\mathrm{d}C}{\mathrm{d}\alpha} = \frac{\varepsilon r^2}{2\delta} = 常数 \tag{4-16}$$

这类传感器适用于较大的直线位移和角位移的检测。

（3）**介质变化型电容式传感器** 在图4-22中,两极板间存在厚度为 B 的介质时,电容器的电容量为

$$C = \frac{\varepsilon_0 A}{\delta - B + \dfrac{B}{\varepsilon_r}} \tag{4-17}$$

式中　B——介质厚度（m）；

　　　ε_r——极板间介质的相对介电常数，且 $\varepsilon_r = \dfrac{\varepsilon_1}{\varepsilon}$（$\varepsilon_1$ 为介质的介电常数）。

由式（4-17）可知，介质厚度 B 的改变会引起电容量的改变，由此达到将介质厚度变化转换为电容量变化的目的。

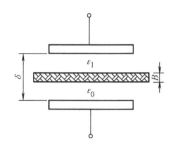

图 4-22　介质变化型电容式传感器

利用上述三种传感器将被测物理量转换为电容量后，还不能直接推动仪表记录或显示，尚需后续测量电路的进一步处理。

2. 测量电路

电容式传感器的后续测量电路有多种，下面介绍几种常见的测量电路。

（1）**电桥型电路**　将电容式传感器 C_1 接入交流电桥的一桥臂中，如图 4-23a 所示。测量时，首先调整电桥，使输出 $U_o = 0$。当被测物理量变化引起传感器中 C_1 的电容量改变时，电桥的输出电压 U_o 不再是零。输出的电压信号经放大、相敏检波、解调和滤波后，输入后续装置。图 4-23b 为用于小位移测量的差动电容式传感器测量电路框图，C_1，C_2 组成差动电容式传感器。

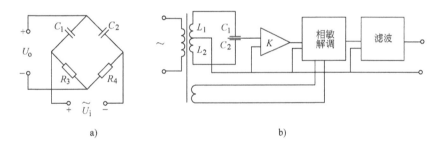

图 4-23　电桥型测量电路

（2）**调频电路**　如图 4-24 所示，电容式传感器作为振荡器谐振回路的电容元件，调整振荡器的谐振频率为 $f = 1/2\pi\sqrt{LC}$。当被测物理量发生变化引起电容量变化时，谐振频率改变，输出受电容传感器 C 控制的等幅调频波，经鉴频、放大后可输入显示装置。这种测量电路的灵敏度较高，可测 $0.01\mu m$ 的位移。但其振动频率易受温度和分布电容的影响，测试精度不很稳定。

图 4-24　调频电路原理框图

（3）运算放大器电路 极距变化型电容式传感器因为电容量与间隙之间呈非线性关系，使用受到限制。若采用图 4-25 所示的比例运算放大器电路，就可以用来改善原有的非线性关系。

电容式传感器 C_x 为运算放大器的反馈元件，因为 $U_o = -U_i \dfrac{C_0}{C_x}$（其中 $C_x = \dfrac{\varepsilon A}{\delta}$），所以 $U_o = -\dfrac{U_i C_0}{\varepsilon A}\delta$，可见这时电压输出 U_o 与间隙 δ 呈线性关系。

3. 应用举例

电容式传感器结构简单，灵敏度高，分辨力强，动态响应好，可用于实现非接触测量，故应用较广。单板极距变化型电容式传感器常常用来测量金属表面的位移。使用时，常将被测物作为传感器的一个极板，另一个电极板在传感器内。图 4-26 所示为电容式振动位移传感器的结构图。传感器头部的电极和被测金属表面构成间隙可变的电容器，被测金属表面的移动改变了极板间的间隙，使电容量发生改变。利用测量电路测量电容量的变化，可以得知位移的变化。

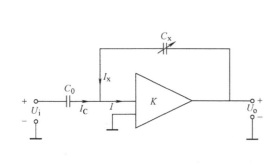
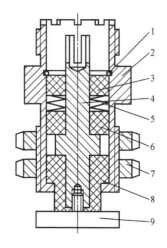

图 4-25 比例运算放大器电路　　　图 4-26 电容式振动位移传感器

1—弹簧卡圈　2—壳体　3、6、8—绝缘衬套
4—电极座　5—盘形弹簧　7—螺母　9—电极

图 4-27 所示为油箱油量测量系统图。它是电容式传感器利用介质的变化来测量出相应电容的变化，从而得到油量变化的信息。将测量极板放入油箱中，由于液位的升降而改变了电容器 C_x 的介电常数，导致电容量改变，电桥有相应的电压信号输出。电压信号经放大后驱动执行机构，使仪表指针显示出油箱中油量的变化。

六、压阻式传感器

1. 工作原理

压阻式传感器的变换原理是利用了某些半导体材料的压阻效应来实现的。压阻效应是指某些半导体材料受压力作用时，其电阻率随压力变化的现象。单晶硅、锗及化合物半导体都

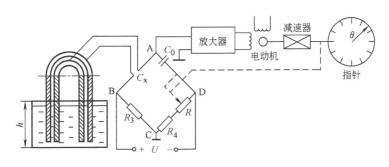

图 4-27 油箱油量测量系统图

具有压阻效应，但目前主要利用的是硅材料。如图 4-28 所示，在单晶硅的基片上用扩散工艺制成一定形状的应变元件，当它受到压力作用时，应变元件的电阻发生变化，从而使输出电压发生变化。很多压阻式传感器在硅膜片上做成 4 个等值电阻的应变元件，形成单臂电桥，使输出电压增大。

2. 测量电路

压阻式传感器一般采用恒流源供电，如图 4-29 所示。设传感器的 4 个桥臂初始电阻（R）相等。$I_{ABC} = I_{ADC} = I/2$，在有压力作用时，仍有 $I_{ABC} = I_{ADC} = I/2$，因此，电桥的输出 U_o 为

$$U_o = U_{BD} = \frac{I}{2}[(R + \Delta R + \Delta R_T) - (R - \Delta R + \Delta R_T)]$$

整理后得
$$U_o = I\Delta R \tag{4-18}$$

式中　ΔR——电阻随温度的变化量；

　　　ΔR_T——受力后阻值的变化量。

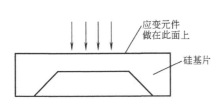

图 4-28　压阻式传感器原理图

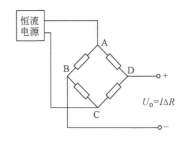

图 4-29　恒流源供电

3. 应用举例

压阻式传感器可以测量绝对压力、表压力及压力差。绝对压力传感器有一个密封的近似真空的参考真空室，在未测量时，膜片上已作用了大气压力，如图 4-30a 所示。表压力是指绝对压力与大气压力之差。图 4-30b 是测量表压力的传感器结构示意图，传感器的另一端有小孔通大气。图 4-30c 所示的传感器中有两个接管嘴，它可以测量两压力之差（压差），图 4-30d 所示是它的外形图，其尺寸可以做得很小。

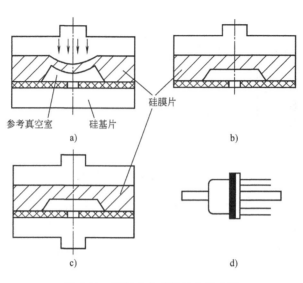

图 4-30 压阻式传感器结构示意图

七、压电式传感器

1. 工作原理

压电式传感器是一种有源传感器，也是一种可逆型换能器，既可将机械能转换为电能，又可将电能转换成机械能。压电式传感器的变换原理是以某些物质的压电效应为基础的，这些物质如石英、钛酸钡等在一定方向上受到外力作用而发生变形时，其表面将产生电荷，形成电场，当外力作用去除后，电场随之消失，这种现象称为压电效应。如果将具有压电效应的物质置于交变电场中，那么在电场作用下，其几何尺寸会在某些方向上发生伸缩，这种现象称为电致伸缩效应或逆压电效应。

具有压电效应的材料称为压电材料。常用的压电材料有两类：一类是压电单晶体，包括天然石英、人工合成石英和酒石酸钾钠等；另一类是多晶压电陶瓷，如钛酸钡、锆钛酸铅等。

天然石英晶体的结构为六角形棱柱，如图 4-31 所示。其纵轴线 $z—z$ 称为光轴；通过六角棱线且垂直于光轴的轴 $x—x$ 称为电轴；垂直于棱面和光轴的轴 $y—y$ 称为机械轴。在分别平行于三条轴线的方向上切下的一块平行六面体薄片，称为晶片。无外力作用时，晶片不呈电性。

若沿电轴方向向晶片施加作用力 F_x 时（见图 4-32a），将在垂直于电轴的晶面上出现电荷 q_x，称为纵向压电效应；沿机械轴方向施加作用力 F_y 时（见图 4-32b），将在垂直于电轴的晶面上出现电荷 q_y，称为横向压电效应。应注意，q_x 与 q_y 极性相反。若沿着光轴施加作用力，则不会出现电荷；若沿着相对平面施加作用力（见图 4-32c），则会出现电荷，这种现象称为切向压电效应。

压电晶片的两个工作面上蒸镀了一层很薄的金属膜，形成两个电极，这就构成了介质为压电晶体的电容器。当外力作用在晶片表面时，将产生电荷 q。实验表明，q 与作用力 F 成

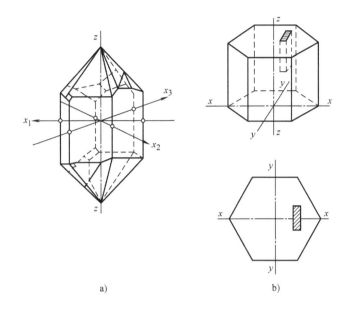

图 4-31 石英晶体
a) 石英晶体　b) 光轴、电轴和机械轴

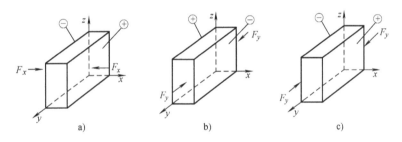

图 4-32 压电效应模型
a) 纵向压电效应　b) 横向压电效应　c) 切向压电效应

正比，即
$$q = DF \tag{4-19}$$
式中　q——电荷量（C）；
　　　D——压电常数，与材质、切片方向等有关（C/N）；
　　　F——作用力（N）。

如果 F 为静力或准静力，则产生的电荷量为一个常值。由于该值很小，必须采用不消耗极板上电荷的方法来测量电荷量，这就给测试工作带来了很多困难。如果 F 为动态交变力，则在力的作用下，电荷将不断产生，供给测量电路足够的电流。可见压电式传感器适宜于动态测量。

2. 测量电路

由于压电式传感器内阻很高，电荷 q 又极其微弱，故需要经放大和阻抗变换后才能转接到一般的放大电路,并且最终推动显示仪表。用于压电式传感器的两类前置放大器有电压放大器和电荷放大器。所用的电压放大器就是高输入阻抗的比例放大器。其电路比较简单,但输出受到连接电缆对地电容的影响,现已很少使用。目前常采用图 4-33 所示的电荷放大器作为前置放大器。传感器输出的电荷量为

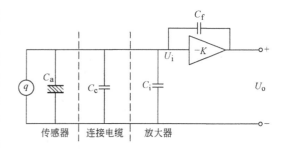

图 4-33 电荷放大器等效电路

$$q = e_i(C_a+C_c+C_i)+(U_i-U_o)C_f = U_i C+(U_i-U_o)C_f \qquad (4\text{-}20)$$

式中 U_i——放大器输入端电压;

C_a——压电晶片电容;

C_c——连接电缆的等效电容;

C_i——放大器的输入等效电容;

U_o——放大器输出端电压($U_o = -KU_i$,其中 K 为放大器开环增益);

C——压电晶片电容、连接电缆的等效电容与放大器的输入等效电容之和,即 $C = C_a+C_c+C_i$;

C_f——电荷放大器的反馈电容。

放大器中 $U_i = -\dfrac{U_o}{K}$,代入式(4-20),整理后为

$$U_o = \dfrac{-Kq}{C + C_f + KC_f} \qquad (4\text{-}21)$$

如果放大器开环增益 K 足够大,则 $kC_f \gg (C+C_f)$,则式(4-21)可简化为

$$U_o \approx \dfrac{q}{C_f} \qquad (4\text{-}22)$$

可见,在一定条件下,放大器的输出电压与电荷量成正比,而且输出与连接电缆的等效电容 C_c 无关。因此在使用电荷放大器为测量电路时,可以不考虑连接电缆对地电容的影响。

3. 应用举例

压电式传感器是一种可逆换能器,同时由于体积小、精确度及灵敏度高、可长距离检测信号,故被广泛应用于力、加速度等物理量的测量。

图 4-34 所示为压电式力传感器。图 4-35 所示为压电式加速度传感器,图 4-35 中两片压电片 3 间放置一金属片,一条引出线 5 焊接在金属片上,另一条引线与基座相连。压电片上装有一块密度较大的金属质量块 2,并用刚度很大的压紧弹簧 1 对其预加载荷。测量时,传感器基座与被测

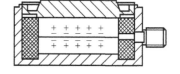

图 4-34 压电式力传感器

件连接,当被测试件做加速度运动时,质量块产生正比于加速度的力作用于压电片上,并在压电片产生相应的电荷。电荷经电荷放大器放大和阻抗变换后,再用一般测量电路处理,最终在仪表中显示出加速度的大小。

图 4-36 所示为压电加速度计的幅频特性曲线,生产厂家会提供这个曲线。加速度计的

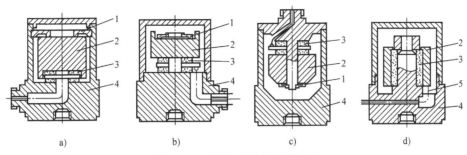

图 4-35 压电加速度传感器构造

1—压紧弹簧 2—质量块 3—压电片 4—机座 5—引出线

使用上限频率取决于频率曲线中的共振频率，而后者又与加速度计的固定状况有关。加速度计出厂时给出的幅频曲线是在刚性连接的情况下得到的。实际使用的固定方法往往难以达到刚性连接，因而共振频率和使用上限频率都会有所下降。

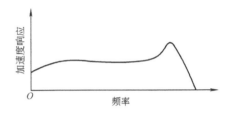

图 4-36 压电加速度计的幅频特性曲线

加速度计与试件的各种固定方法如图 4-37 所示。图 4-37a 所示为采用钢螺栓固定，是能够达到出厂共振频率的最好方法。在安装面上涂一层硅脂可增加不平整安装表面的连接刚度。螺栓不要全部拧入基座螺孔，以免引起基座变形。需要绝缘时可用绝缘螺栓和云母垫片来固定加速度计（如图 4-37b 所示），这种方法频率响应很好，但垫片应尽量薄，或用一层薄蜡将加速度计粘好（如图 4-37c 所示），但高温时要将环境温度降低。

手持探针测振的方法（如图 4-37d 所示），上限频率不高于 1000Hz，多测点时比较方便。用专用永久磁铁固定加速度计（如图 4-37e 所示），使用方便，多在低频测量中采用，此法也可使加速度计与试件绝缘。用粘接螺栓（如图 4-37f 所示）或黏结剂（如图 4-37g 所示）的固定方法也常采用，软胶或树脂黏结剂的频域响应很坏，应避免使用。

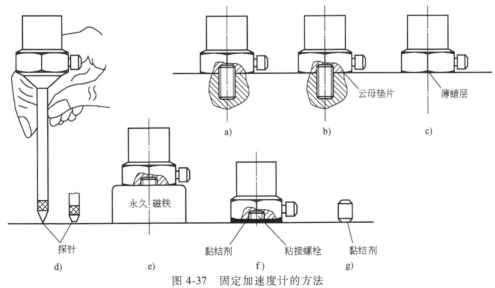

图 4-37 固定加速度计的方法

八、磁电式传感器

1. 工作原理

基于电磁感应原理,将被测物理量转换为感应电动势的传感器称为磁电式传感器。由电磁感应定律可知,匝数为 N 的线圈在磁场中切割磁力线时,将产生感应电动势,即

$$E = -N\frac{d\Phi}{dt} \tag{4-23}$$

其中,磁通变化率 $\dfrac{d\Phi}{dt}$ 的大小与线圈切割磁力线的运动速度、磁路磁阻、磁场强度等因素有关。改变其中任何一个参数,都会使感应电动势 E 发生相应变化。

图 4-38 所示为动圈磁电式传感器原理图。其中图 4-38a 所示为线速度型磁电式传感器。当线圈在均匀磁场中作切割磁力线的直线运动时,将产生感应电动势,即

$$E = NBLv \tag{4-24}$$

式中　N——线圈的匝数;
　　　B——磁场的磁感应强度;
　　　L——单匝线圈的有效长度;
　　　v——线圈相对磁场的线速度。

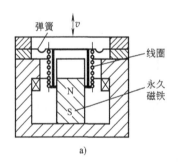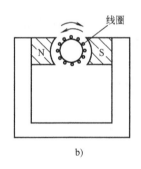

图 4-38　动圈磁电式传感器工作原理
a) 线速度型　b) 角速度型

由式 (4-24) 可知,在 N、B、L 一定时,感应电动势正比于线速度。图 4-38b 所示为角速度型磁电式传感器变换原理图。当线圈与磁场作相对转动而切割磁力线时,将产生感应电动势,即

$$E = kNBA\omega \tag{4-25}$$

式中　k——线圈的结构系数,$k<1$;
　　　A——单匝线圈的截面积;
　　　ω——线圈转动的角速度。

由式 (4-25) 可知,在 k、N、B、A 一定时,感应电动势 E 与角速度 ω 成正比,这种传感器常用于转速测量。

2. 应用举例

图 4-39 所示为磁电式速度传感器结构图。磁铁与壳体形成磁路，装在心轴上的线圈和阻尼环组成惯性系统的质量块并在磁场中运动，其输出电压与线圈切割磁力线速度即质量块相对壳体的运动速度成正比。弹簧片径向刚度很大，轴向刚度很小，使惯性系统既得到可靠的径向支承，又保证有很低的轴向固有频率。铜制的阻尼环一方面可增加惯性系统质量，降低固有频率，另一方面又利用闭合铜环在磁场中的运动产生磁阻力，使振动系统具有合理的阻尼。

图 4-40 所示为测量两个试件之间相对速度的磁电式传感器。壳体固定在一个试件上，顶杆顶住另一个试件，两试件之间的相对速度，通过与顶杆连在一起的线圈在磁场气隙中的切割磁力线运动转换成线圈的电压输出实现测量。

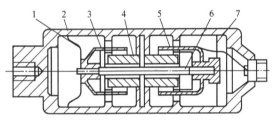

图 4-39　磁电式速度传感器　　　　　　　图 4-40　磁电式相对速度传感器
1—弹簧　2—壳体　3—阻尼环　　　　　　1—顶杆　2、5—弹簧片　3—磁铁
4—磁铁　5—线圈　6—心轴　7—弹簧　　　4—线圈　6—引出线　7—壳体

九、霍尔式传感器

1. 工作原理

霍尔元件是一种半导体磁电转换元件，一般由锗、锑化铟等半导体材料制成，其工作原理基于霍尔效应。如图 4-41 所示，将霍尔元件置于磁场中，如果在 a、b 端通以电流 i，在 c、d 端就会出现电位差，称为霍尔电动势，这种现象称为霍尔效应。

霍尔效应的产生是运动电荷受磁场中洛伦兹力作用的结果。假定把 N 型半导体薄片放在磁场中，通以固定方向的电流 i，那么半导体中的载流子（电子）将沿着与电流方向相反的方向运动。从物理学可知，任何带电质点在磁场中沿

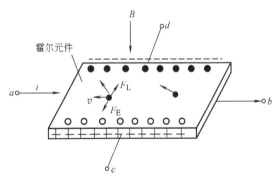

图 4-41　霍尔效应原理

着与磁力线垂直的方向运动时，都要受到磁场力 F_L 的作用，这个力又称为洛伦兹力。由于 F_L 的作用，电子向一边偏转，并形成电子积累，而另一边则积累正电荷，于是形成了电场。该电场将阻止运动电子的继续偏转，当电场作用在运动电子上的力 F_E 与洛伦兹力 F_L 相等

时，电子的积累便达到动态平衡。这时在 c、d 两端之间建立的电场称为霍尔电场，相应的电动势称为霍尔电动势 U_H，即

$$U_H = k_H i B \sin\alpha \tag{4-26}$$

式中　k_H——霍尔常数，决定于材质、温度、元件尺寸；

　　　B——磁感应强度；

　　　α——电流与磁感强度的夹角。

根据式（4-26），如果改变 B 或 i，或者两者同时改变，就可以改变 U_H 值。运用这一特性，就可把被测参数转化为电压量变化。

2. 应用举例

图 4-42 所示为霍尔元件测位移的实例。将两块永久磁铁的不同极性相对放置，当霍尔元件置于中间时，其磁感应强度应该为零，这个位置可以作为位移的零点。当霍尔元件在 x 轴方向移动时，霍尔元件有电压输出。

图 4-43 所示为用霍尔元件在悬臂梁一端通过测量位移的变化测出力的大小。

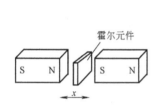
图 4-42　霍尔元件测位移

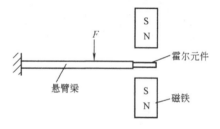
图 4-43　霍尔元件测力

霍尔元件不仅可以用来测量位移、力、加速度等参数，还可以通过改变电流 i 和磁感应强度 B 的方法，用于运算和调制。

霍尔元件在市场上有集成芯片。UGN-3501T 是一种开关型集成电路芯片。其内部有放大、整形电路，并且有集电极开路输出，其输出电流有数十毫安，具有较高的灵敏度，能感受到很小的磁场变化，因而可检测钢铁材料的有无。利用这一特性可以制成计数装置，其计数装置和应用电路如图 4-44 所示。UGN-3501T 输出 20mA 的脉冲，经放大后输入晶体管基极，并联一个负载电阻，可在集电极接计数器计数。此时霍尔元件是一个接近开关。

十、光电管

1. 工作原理

光电晶体管是一种利用受光照射时载流子增加的光电器件。具有一个 PN 结的称为光电二极管，具两个 PN 结的称为光电晶体管，它们均为近红外线接收管。这类管子把接收到的光变化变成电流的变化，经过放大及处理，可用于各种控制场合。目前用得最广泛的是红外线遥控器（用于电视机、录像机、音响等），此外还在光纤通信、光电转换器、光电耦合器、光电传感器（也称光电开关）、光电读出装置（条形码读出器、自动评阅机）等测量及自动化系统中得到广泛的应用。

如图 4-45 所示，光电二极管的材料和结构与普通二极管类似，它的管芯是一个具有光

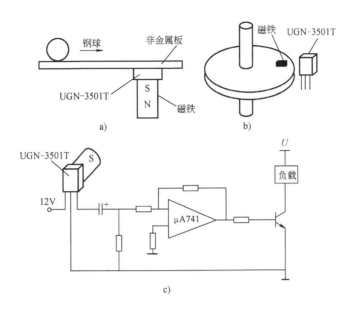

图 4-44 霍尔开关集成电路的应用
a）钢球计数　b）测量转速　c）测量电路

电特性的 PN 结，封装在透明玻璃壳内。光电二极管接在有源电路中，可承受反压。当无光照时，像普通二极管一样，电路中也仅有很小的反向饱和漏电流，称暗电流，此时相当于光电二极管截止；当有光照射时，PN 结附近受光照产生光生电子空穴对，使少数载流子浓度大大增高，因而反向饱和漏电流大大增加，形成光电流，这时相当于光电二极管导通。根据光电流的大小即可知光的有无和光的强弱。

如图 4-46 所示，光电晶体管与反向电压下使用的光电二极管外形结构上很相似，通常也只有两个引出极，但光电晶体管管芯跟普通晶体管一样有两个 PN 结，管芯封装在窗口的管壳内。光电晶体管可以看成是集电极用光电二极管替代的普通晶体管。

图 4-45　光电二极管　　　　　　　图 4-46　光电晶体管等效电路

将光电晶体管接入有源电路中，其中电源极性的接法与普通晶体管相同。当无光照射时，集电极与基极间有反向饱和电流，该电流经发射极放大，使集电极与发射极之间有穿透电流，此即光电晶体管的暗电流；当有光照射光电晶体管集电极附近的基区时，激发产生的电子空穴对增加了少数载流子的浓度，使集电极反向饱和电流大大增加，该电流经发射极放大成为集电极与发射极间电流，此即为光电晶体管的光电流。根据光电流的大小可知光的有无和光的强弱。

2. 应用举例

图 4-47 所示为吸收式烟尘浊度检测仪。当排放的烟尘浊度增加时，光源发出的平行光线被烟尘中的颗粒吸收和折射，使达到光电管上的光线相应减弱，输出的电信号也相应减小，从而检测出烟尘浊度的变化。

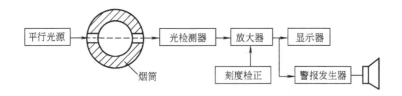

图 4-47　吸收式烟尘浊度检测仪

根据不同的使用要求，各厂家已生产出各种光电管系列化产品，供用户选用，其中光电断路器是最常用的产品。如图 4-48 所示，光电断路器输入端一般是红外线发光二极管，输出为光电晶体管，一般有透射式和反射式两种。它被广泛应用在自动化系统、生产流水线、机电一体化设备及家用电器中，如图 4-49 所示。

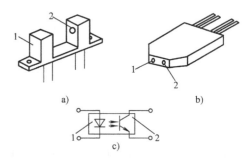

图 4-48　光电断路器的结构
a) 透射式　b) 反射式　c) 电路原理图
1—发射端　2—接收端

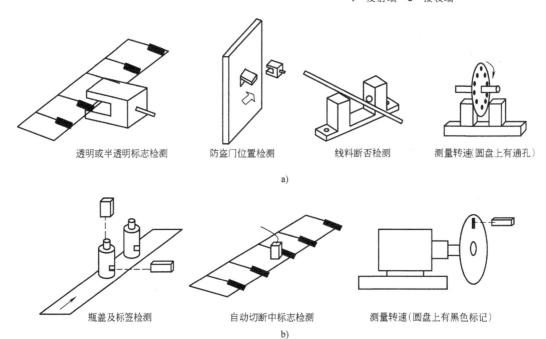

图 4-49　光电断路器应用举例
a) 透射式应用实例　b) 反射式应用实例

十一、光导纤维传感器

光导纤维是一种特殊结构的人造光学纤维。当光线从它的一端输入时，它可以将绝大部分光线按预定的路线传送至另一端。

光导纤维由纤芯和包层构成，如图 4-50 所示。由于纤芯的折射率很高，而包层的折射率很低，故光线以不同的角度从纤芯射向包层时，在两者界面处将产生全反射，即光线不可能透过包层向外散射，只能在包层构成的"隧道"内传输。光线在纤芯和包层的界面处不断反射，成锯齿形路线在纤芯内向前传播，最后传至光导纤维的另一端。光导纤维传感器一般可分为物性型与结构型两种。

物性型是通过光导纤维将输入物理量转换为调制的光信号。其工作原理是基于光导纤维的光调制效应，即改变光导纤维的环境，如应变、电力、电场、磁场、放射性和化学作用等，就可以改变光传播中的相位与强度。因此，如能测出通过光导纤维的光相位、光强的变化，就可以测得未知物理量的变化。由于这种传感器是利用光导纤维对环境变化的敏感性进行检测的，因此又称为敏感元件型或功能型光导纤维传感器。

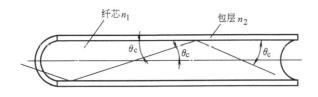

图 4-50　光导纤维结构原理

图 4-51 所示为敏感元件型光导纤维压力传感器。图 4-51a 所示为对光导纤维施加均衡压力的情况。这时由于光弹性效应而引起折射率变化，以及光导纤维形状、尺寸变化，引起了传播光的行为变化和偏振波面的旋转；图 4-51b 所示为施加点压力的情况，这时将使光导纤维变形，影响到光传播中不连续的折射率变化所引起的传播光的散射损耗，从而引起光幅值变化。

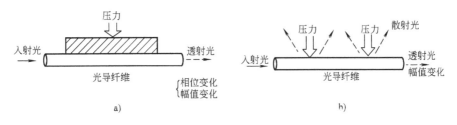

图 4-51　敏感元件型光导纤维压力传感器
a）施加均衡压力　b）施加点压力

结构型光导纤维传感器是由光检测元件与光导纤维传输组成的测量系统，光导纤维仅起传播介质的作用，所以又被称为传光型或非功能型光导纤维传感器。

图 4-52 所示为传光型光导纤维位移传感器的原理示意图。当发射或接收光导纤维探头

端部紧贴被测件时，发射光导纤维（发射和接收光导纤维是由 600 根光导纤维组成的直径为 0.762mm 的光缆）中的光不能反射到接收光导纤维中去，因而接收光导纤维中的光电探测器因无光而不产生光电流，表示位移为零。当被测表面逐渐远离光导纤维探头时，发射光导纤维照亮被测表面的面积越来越大，因而相应的发射光锥和接收光锥重合面积 B_1 越来越大，接受光导纤维中的光电流也越来越大，并有一个线性增长的输出信号。当整个接收光导纤维端面被全部照亮时，输出信号就达到了位移-输出信号曲线中的"光峰点"，此后，当被测表面继续远离时，被发射光照亮的面积 $B_2>C$，即部分反射光没有反射进接收光导纤维，故光探测器的输出信号逐渐减弱。

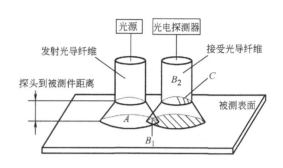

图 4-52 传光型光导纤维位移传感器原理

由于光导纤维是安全的绝缘体，尺寸又很小，所以光导纤维传感器在医疗保健方面得到大量应用，在遥感、遥测、温度、振动、磁场、军事、运动参数检测等方面也有广泛的应用前景。

十二、固态图像传感器

1. 工作原理

固态图像传感器的核心器件是电荷耦合器（Charge Coupled Device，CCD）。它是 1970 年由美国贝尔研究所的 Boyle 等人发明的。

如图 4-53 所示，CCD 是以半导体为衬底，在其上覆盖一层 SiO_2 绝缘层，再在 SiO_2 表面排列金属电极（也称像素或像元）而成，各像素间缝隙很小，只有 $0.2\sim2\mu m$。根据像素排列的方法不同，CCD 可分为线性列阵（一维器件）和面列阵（二维器件）。

CCD 是一种光电器件，它有如下三种处理电荷的功能：

（1）**光电变换功能**（由光产生电荷） 当光照射在 CCD 的像素上时，像素将产生电子形成电荷，光照越强，产生的电荷越多。

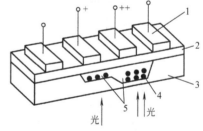

图 4-53 CCD 的结构、光电转换原理
1—电极 2—绝缘层（SiO_2）
3—P 型硅衬底 4—电子 5—势阱

（2）**电荷存储功能** 当某电极（像素）上加上一个正电压时，就会在该电极下产生"势阱"，它的含义是在该区域的任何电子都会受到"势阱"的强大"吸引力"，并能漏流进去。这可以比作把"水"倒入"水桶"内，"水"就是电荷，而"水桶"就是"势阱"。

（3）**电荷转移功能** 一个 CCD 芯片上的像素有很多线阵。如果每一个像素都有一个引脚，将很容易获得各个像素的电荷信息，但这在实际上是不可能的，CCD 是采用"势阱"，即一个一个地分别获得各个像素的电荷信息的,如图 4-54 所示,假如在第一个电极上加一个 5V 的电压,那么在此电极下就会产生一个"势阱",如果在第二个电极上加上 10V 的电压,电荷就会流入这个新的"势阱""桶"内。假如去掉第一个电极上的电压,并把第二个电极的电压从 10V 降到 5V,电荷就被收集在第二个电极下面。这样就已经成功地转移了电荷。如果重复上述的步骤,就能利用一连串的脉冲,把电荷作为独立的小包沿着衬底的整个长度传输出去进行进一步的处理。

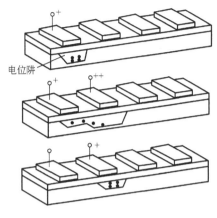

图 4-54 CCD 电荷转移

CCD 的测量电路最主要的是完成 CCD 电荷转移,通常称为 CCD 驱动电路。可以根据 CCD 厂家提供的 CCD 工作时序图,自己用数字电路设计驱动电路,也可以购买专用的 CCD 驱动电路芯片。

另一种图像传感器——互补金属氧化物场效应晶体管 CMOS (Complement Metal Oxide Semiconductor) 也得到了广泛的应用。CCD 型和 CMOS 型固态图像传感器在光检测方面都利用了硅的光电效应原理,不同点在于像素光生电荷的读出方式。CMOS 和 CCD 使用相同的感光器件,具有相同的灵敏度和光谱特性,但光电转换后直接产生电流(或电压)信号,信号读取十分方便。

2. 应用举例

固态图像传感器用于非电量测量,是非接触测量方式,可以实现危险地点或人、机械不可到达的场所的测量和控制。它在测控领域的主要应用为:①测量物位、尺寸以及工件探伤等;②光学文字识别以及图像识别技术等;③生产过程自动监测,如用于机床、自动搬运车以及自动监视装置等。CCD 目前被广泛应用在数码摄像机、数码照相机、扫描仪中,是一种非常有前途的传感器。CCD 的信号处理中要用到数字图像处理技术。

图 4-55 所示为 CCD 传感器用于测量热轧钢板宽度自动检测的实例。两个 CCD 线型传感器置于钢板的上方,板端的一小部分处于传感器的视场内,根据几何光学可以分别测知宽度 l_1、l_2,在已知两个传感器的视场间距 l_m 时,就可以根据传感器的输出计算出钢板宽度 L。图中右侧的第三个 CCD 传感器用来摄取激光器在板上的反射光像,其输出信号用来补偿由于板厚变化而造成的误差。对于 2m 宽的钢板,最终测量精度可达板宽的 ±0.025%。

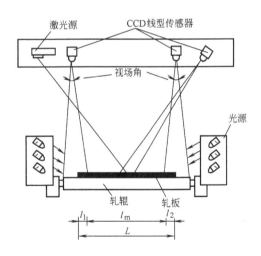

图 4-55 热轧钢板宽度自动检测

例如,基于 CMOS 图像传感器 MT9P031 的图像采集系统如图 4-56 所示,它利用 CMOS 图像传感器 MT9P031 作为图像采集前端,采集到的图像分辨率为 2592×1944,帧频为 14 帧/s,

且显示为 256 级 8 位灰度图像，因此每秒采集到的数据量为 68MB（2592×1944×14B），即采集 1 幅图像需要 72ms，且能够实时进行图像数据上传，工作稳定可靠，完全满足测试的需要，是一套实现了高性能、小型化、低功耗的图像采集系统。

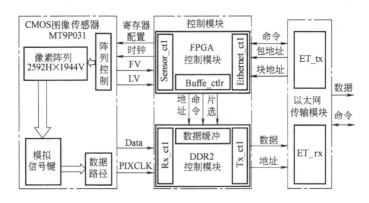

图 4-56　基于 CMOS 图像传感器 MT9P031 的图像采集系统

十三、超声波传感器

1. 工作原理

人耳能听到的声波频率为 20Hz~20kHz，超过 20kHz 的称为超声波。超声波由于频率高（可达 10^9Hz）、波长短，其能量远远大于幅值相同的声波能量，因此超声波具有很高的穿透能力，在钢材中甚至可穿透 10m 以上。

超声波是一种在弹性介质中的机械波，它在均匀介质中按直线方向传播，但到达界面或遇到另一种介质时，也像光波一样产生反射和折射，并服从几何光学的反射、折射定律。超声波在反射、折射过程中，其能量及波形都将发生变化。

超声波在界面上反射能量与透射能量的变化，取决于两种介质的声阻抗特性。介质密度 ρ 与声速 c 的乘积称为声阻抗特性（$Z_c=\rho c$），它是表征弹性介质声学性质的一个重要参数。若两介质的声阻抗差别越大，则反射的强度越大。例如，钢与空气的声阻抗特性相差 10 万倍，故超声波几乎不能通过空气与钢的界面。

超声波在介质中传播时，能量的衰减（损失）决定于波的扩散、散射（或漫射）及吸收。所谓扩散衰减，是超声波随着传播距离的增加，在单位面积内声能的减弱。散射衰减是由于介质不均匀性产生的能量损失，例如金属接近组织的各向异性或在粗大晶粒表面上的散射等；超声波被介质吸收后，将机械能直接转换为热能，这是由于介质的导热性、黏滞性及弹性滞后造成的。

利用超声波反射、折射、衰减等物理性质，可以实现物质结构无损探伤以及液位、流量、温度、黏度、厚度、距离等参数的测量。

2. 超声波探头

超声波探头，又称超声波发生器或接收器，是利用压电效应将电能转换为超声波振动的机械能，或将超声波振动的机械能转换为电能的一种换能装置。在实际使用中，利用压电效应的可逆性，有时将探头作为"发射"与"接收"兼用，即将脉冲交流电压加在压电元件上，使其向介质发射超声波，同时又利用它接受从介质中反射回来的超声波，并将反射波转换为电信号。因此，压电式超声波探头，实质上是一种压电式传感器。图4-57所示是一种超声波探头结构示意图。压电片是其中的主要元件，大多做成圆板形。压电片的厚度与超声波的频率成反比。例如，锆钛酸铅的频率厚度常数为1.890kHz/mm，压电片厚度为1mm时，固有频率为189MHz。压电片的两面敷有银层，作为导电的极板，压电片的底面接地线，上面接导线引至电路中。

为了避免压电片与被测体直接接触而发生摩擦，在压电片下粘合一层保护膜。保护膜有软性和硬性两种。软性的可用薄塑料膜（0.3mm），它与表面粗糙的工件接触较好；硬性的可用不锈钢或陶瓷片。压电片与保护膜粘合后，谐振频率将降低。

吸收块又称阻尼块，是由环氧树脂与钨粉混合而成的填充物，其作用是降低压电片的机械品质因素Q_m，吸收声能量。如果没有阻尼块，当电振荡脉冲停止时，压电片因惯性作用仍继续振动，从而加长了超声波的脉冲宽度，使盲区扩大，分辨力差。

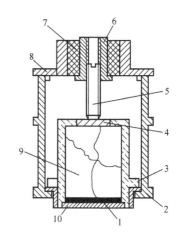

图4-57 超声波探头结构示意图

1—压电片 2—外壳 3—压电片座 4—接线片 5—导线螺杆 6—接触座 7—绝缘体 8—盖 9—吸收块 10—保护膜

3. 应用举例

超声波应用有三种基本类型，如图4-58所示。透射型用于遥控器、防盗报警器、自动门、接近开关等；分立式反射型用于测距离、液位或料位等；反射型用于材料探伤、测厚等。图4-59所示为超声波液位测量和超声波防盗器的应用。

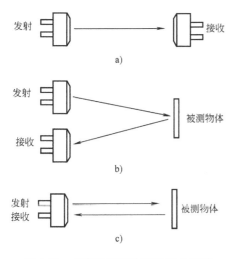

图4-58 超声波应用的三种基本类型
a）透射型 b）分立式反射型 c）反射型

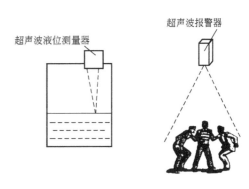

图4-59 超声波的实际应用

由于超声波在空气中有一定的衰减，因此从液面反射回来的信号的强弱就与液位位置有关。液面位置越高，信号越强；液面越低，则信号越弱。

超声波报警器的原理是：如有人进入信号区域，移动的人体产生多普勒效应，使反射回来的超声波产生频率偏移。因此超声波接收器将收到由两个不同频率所组成的拍频，经滤波后检测得到多普勒信号，用于控制报警。超声波报警器易受振动和气流的影响，一般用于室内。

传感器技术的不断发展使得越来越多的超声波传感器在汽车工程领域中应用，例如基于超声波传感器的智能小车跟随系统，其原理是将超声波发射端安装在跟随目标上，接收端安装在跟随小车上，在超声波测距的基础上便可测得超声波接收端到目标的距离。图 4-60 所示为智能小车系统结构图，图 4-61 所示为定位算法流程图。

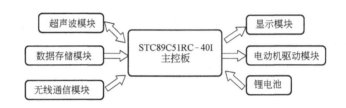

图 4-60　智能小车系统结构图

图 4-61　定位算法流程图

十四、新型传感器的开发方向

测试技术的本质是一门科技信息技术，所以在很多领域都有着广泛的应用。在现代测试技术的使用过程中，不但涉及计算机处理技术、数字信息处理技术等内容，还与自动控制技术有关，所以现代测控技术具有显著的自动化、信息化和微型化等特点。因而新型传感器的研发方向也向着智能化、网络化及分布式化方向发展。下面就传感器的研究开发做一些介绍。

1. 新材料的应用

半导体材料在敏感元件中占有较大的技术优势，在今后的一个时期内仍占有主要地位。以一定化学成分组成的陶瓷材料、经过成型及烧结的精密陶瓷材料的应用将更为广泛，如用于湿敏元件及热敏元件。功能金属、功能有机化合物及非晶态等新材料（如记忆合金 PVF_2 聚偏氟乙烯、铁基非晶态合金）已经制成不少新型传感器，今后将更加引人注意。

MEMS（Microelectro Mechanical Systems）即微电子机械系统，专指外形轮廓尺寸在毫米量级以下、其机械零件和半导体元器件尺寸在微米/纳米量级，可对声、光、热、磁、运动等信息进行感知、识别、控制、处理的微型机电装置。MEMS 采用微电子和微机械加工技术，将其零件、电路和系统集成地制造出来，零件和系统是紧密地结合在一起的一种自上而下的方法。微型传感器的主流工艺是硅基微机械加工工艺（包括体微机械加工、表面微机械加工、微电铸技术、键合技术等），它来源于成熟的半导体工艺，可以同时加工出大量且几乎完全相同的机械结构。因此，微型传感器具有体积小、质量小、能耗低等优点，它的可靠性较高，价格远远低于传统机电技术和普通半导体工艺制作的传感器。所以，MEMS技术的应用日趋广泛。目前的微切削加工技术已可生产出不同层次的3D微型结构可以生产出体积非常微小的微型传感器敏感元件，如毒气传感器、离子传感器、光电探测器等以硅为主要材料的传感/探测器，都装有极好的敏感元件。

2. 智能化传感器

智能化传感器是指装有微处理器的、能够执行信息处理和信息存储、还能进行逻辑思考和结论判断的传感器系统。智能化传感器具有以下优点：

1）智能化传感器能对信息进行处理、分析和调节，能对所测数值及其误差进行补偿，还能进行逻辑思考和结论判断，能借助于一览表对非线性信号进行线性化处理，能借助于软件滤波器进行数字信号滤波，还能利用软件实现非线性补偿或其他更复杂的环境补偿，用以改进测量精度。

2）智能化传感器具有自诊断和自校准功能，可以用来检测工作环境。

3）智能化传感器能够进行多传感器多参数混合测量，这进一步拓宽了其探测与应用领域，由于微处理器的介入，使得智能化传感器能够更加方便地对多种信号进行实时处理。

4）智能化传感器既能方便地实时处理测到的大量数据，也可根据需要将它们存储起来。存储大量信息的目的主要是以备事后查询，这类信息包括设备的历史信息及探测分析结果的索引等。

5）智能化传感器备有一个数字式通信接口，可以直接与其所属计算机进行通信联络和交换信息。智能化传感器的信息管理程序非常简便，可对探测系统进行远距离控制或在锁定方式下工作，也可将所测数据发送给远程用户等。

3. 集成化传感器

通常情况下，一个传感器只能用来探测一种物理量，但在许多领域中，为了能准确地反映客观事物和环境，往往需要同时测量大量的物理量。集成化传感器能够转换两种以上的不同物理量。例如，使用特殊的陶瓷把温度和湿度敏感元件集成在一起，做成温湿度传感器；把检测钠离子和钾离子的敏感元件集成在一个基片上，做成测量血液中离子成分的传感器；在同一硅片上制作应变计和温度敏感元件，做成同时测量压力和温度的多功能传感器，这些敏感元件装在一起，工作在同一种条件下，很容易对系统误差进行补偿和校正。如将集成化传感器和微处理机、信号处理电路结合起来，则可组成集成化智能传感器。随着传感器技术和微机技术的飞速发展，目前已生产出多种敏感元件综装在同一种材料或单独一块芯片上的集成化传感器。

集成化传感器是新型传感器重要的发展方向之一。其基本原理是用集成加工技术，将敏感元件、测量电路、放大器及温度补偿元件等集成在一个芯片上。它不仅尺寸小、重量轻、稳定性及可靠性高、响应速度快，而且由于生产自动化程度高，因此成本也较低。

4. 多维化传感器

一般的传感器只能获取一个点的信息。利用电子扫描方法，把多个传感器单元做在一起，就可以识别空间和复杂物体形状，即所谓多维传感器。X射线和CT、CCD就是多维传感器的实例。

5. 灵巧传感器（Smart Sensor）

灵巧传感器是通过控制机与传感器之间的双向通信，对传感器实施软件控制，使之具有可程控或自适应功能。灵巧传感器是计算机技术与传感器技术的高一级结合，是传感器设计观念上的一大进步。

十五、传感器的选用原则

传感器是整个测量系统的首要输入环节，如何根据测试目的和实际条件，合理地选用传感器是成功地完成测试任务的关键之一。传感器的合理选用依赖于对传感器原理和性能的透彻了解以及测试工作的经验。一般应注意下面几个原则：

（1）**灵敏度** 灵敏度高，意味着传感器能检测出较微弱的信号；灵敏度低，则可能达不到测量要求，故一般都希望传感器的灵敏度高。但灵敏度越高，与测量信号无关的外界噪声也越容易混入并同样经放大系统放大。因此在选用传感器时，既要考虑能检测出微弱的信号量值，又要噪声小。一般要求信噪比越大越好。

（2）**频率响应特性** 传感器必须在所测频率范围内尽量保持不失真测量条件，即幅频特性等于常数，相频特性为线性或零值，并且实际传感器的延迟时间越短越好。在动态测量中，应充分考虑被测物理量的变化特点。

（3）**稳定性** 稳定性表示传感器在实际工作环境中长期使用后，其输出特性不发生变化的能力。机械工程测试中，传感器往往工作在比较恶劣的环境中，温度、湿度、尘埃、腐蚀介质、振动、噪声等都会使传感器的零点发生漂移，绝缘性能改变，一些零部件发生腐蚀、变形和损伤，从而使传感器的输出特性改变。因此在实际环境中工作的传感器，必须考虑稳定性这一因素。

（4）**精确度** 传感器的精确度是指传感器的输出与被测量真值的符合程度。传感器能否真实地反映被测量值，对整个测量系统具有直接影响。一般都希望传感器的精确度要高。但是，传感器的精确度越高，其价格越昂贵，故应根据测试的要求来合理选用不同精确度的传感器，不能盲目地追求高精确度。

（5）**测量方式** 测量方式也是选用传感器时应考虑的重要因素。测量方式不同，对传感器的要求也不同。对机械系统中运动部件的测量多采用非接触式测量传感器。

除了以上几点外，选用传感器时还应尽可能考虑到结构简单、体积小、重量轻、维修方便、易于更换、经济性好、测量方便等条件。

思考题及习题

一、选择题

1. 测试系统的首要环节是（　　）。

A. 传感器　　　　　B. 信号处理装置　　　C. 信号调理装置　　　D. 记录显示装置

2. （　　）在变换、处理、传输和运用等方面更有明显的优点。

A. 光信号　　　　　B. 力信号　　　　　　C. 电信号　　　　　　D. 电压信号

3. 某传感器的灵敏度高，表示该传感器（　　）。
A. 允许输入量大　　　　　　　　B. 工作频带宽
C. 单位输入量引起的输出量大　　D. 线性范围宽

4. 霍尔式传感器进行转速的测量，输出的信号波形是（　　）。
A. 正弦（余弦）波　B. 方波　　　　C. 三角波　　　　D. sinc 函数图形

5. 超声波的频率是（　　）。
A. <20Hz　　　　B. 20Hz～20kHz　C. >20kHz　　　D. >40kHz

6. 电涡流式传感器是利用（　　）的电涡流效应工作的。
A. 半导体　　　　B. 金属导体　　　C. 非金属　　　　D. 晶体

7. 电容式传声器是通过声音的变化来改变电容器的（　　）的变化，来实现对声音的采集。
A. 极距　　　　　B. 极板面积　　　C. 介电常数　　　D. 线圈的匝数

8. 半导体应变片主要是通过改变（　　）来实现对应变的测量。
A. 电阻丝的长度　　　　　　　　B. 电阻丝的横截面积
C. 电阻丝的电阻率　　　　　　　D. 半导体材料的电阻率

9. 利用电磁感应原理，把被测的非电量转换为电能量的装置是（　　）。
A. 电阻式传感器　B. 电容式传感器　C. 电感式传感器　D. 压电式传感器

10. 为了改善传感器的特性，通常将它做成差动结构，下列选项不是其原因的是（　　）。
A. 改善线性　　　B. 提高灵敏度　　C. 温度补偿　　　D. 减小输出

11. 电阻应变式传感器是利用金属的（　　），将被测机械量转换成电阻变化量。
A. 电阻应变效应　B. 压电效应　　　C. 热电效应　　　D. 热阻效应

12. 压电式传感器的转换原理是利用晶体材料的（　　）。
A. 电阻应变效应　B. 压电效应　　　C. 电磁感应　　　D. 霍尔效应

13. 电感式传感器是利用（　　）将被测机械量转换成线圈中的感应电动势输出的。
A. 压电效应　　　B. 热电效应　　　C. 光电效应　　　D. 电磁感应原理

14. 超声波报警器是基于（　　）进行工作的。
A. 多普勒效应　　B. 电阻应变效应　C. 霍尔效应　　　D. 电磁感应定律

15. 为消除压电式传感器电缆分布电容变化对输出灵敏度的影响，可采用（　　）进行放大。
A. 电压放大器　　B. 电荷放大器　　C. 放大器　　　　D. 电容放大器

16 （　　）应变片的传感器的灵敏度最高。
A. 金属丝式　　　B. 金属箔式　　　C. 半导体式　　　D. 胶基金属丝式

17. （　　）的灵敏度更高一些。
A. 极距变化型电容式传感器　　　B. 面积变化型电容式传感器
C. 介质变化型电容式传感器　　　D. 平行板电容式传感器

18. 超声波的产生原理可以基于（　　）。
A. 应变效应　　　B. 霍尔效应　　　C. 压电效应　　　D. 电磁感应定律

二、填空题

1. 常见电阻应变片可以分为金属丝电阻应变片、_____、_____和薄膜应变片四种类型。

2. 压电式传感器是基于_____进行测量的，但由于产生的电荷非常微弱，因而一般要采用_____放大器进行前置放大。

3. 磁电式传感器是基于_____原理，将被测物理量转换为感应_____的装置。

4. 电感式传感器是利用电磁感应原理将被测物理量转换成线圈_____和_____的变化，再由测量电路转换为电压或电流的变化，从而实现非电量到电量的转换。

5. 传感器的输入输出基本特性指标可分为_____和动态特性指标两大类，其中频率响应特性是传感器的_____指标。

6. 极距变化型的电容式传感器存在着非线性度，为了改善非线性度及提高传感器的灵敏度，通常采用_____的形式。

7. 差动变压器式传感器的两个二次绕组在连接时应_____。

三、解答题

1. 简述传感器在测试系统中的作用。总结本章介绍的常用传感器的工作原理、结构、测量电路与使用特点，并举例加以说明。

2. 试述差动式传感器的特点及应用范围。

3. 试述磁电式传感器的类型及在汽车、拖拉机测试中的典型应用实例。

4. 试述光电式传感器的工作原理及如何利用其测试汽车、拖拉机行驶速度。

5. 选用传感器的原则是什么？传感器的灵敏度与精确度越高越好吗？为什么？

第五章

信号调理、处理与记录

第一节 电 桥

电桥是将电阻、电容、电感的变化量转换成电压或电流量输出的一种转换电路，是信号调理电路中应用较多的电路。比如电阻应变片式传感器、电容式传感器、电感式传感器大多用电桥作为后续处理电路。

电桥按照接入电源电压的性质可分为直流电桥或交流电桥，按照输出测量的方式则分为平衡电桥和非平衡电桥。

一、直流电桥

直流电桥如图 5-1 所示。R_1、R_2、R_3、R_4 为电桥的桥臂电阻，AC 端称为供桥电源端。BD 端称为输出端，通常 BD 端接输入电阻较大的仪器或放大器，因此电桥的输出端可近似看成开路。

由分压原理，支流电路 I_1、I_2 分别为

$$I_1 = \frac{E}{R_1+R_2} \quad I_2 = \frac{E}{R_3+R_4}$$

电桥的输出电压 U_o 应为

$$U_o = U_{AB} - U_{AD} = \frac{R_1}{R_1+R_2}E - \frac{R_4}{R_3+R_4}E = \frac{R_1R_3 - R_2R_4}{(R_1+R_2)(R_3+R_4)}E \tag{5-1}$$

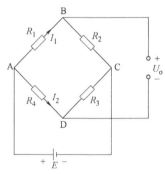

图 5-1 直流电桥

1. 直流电桥的平衡条件

当输出 $U_o = 0$ 时，电桥平衡。由式（5-1）可得直流电桥的平衡条件为

$$R_1R_3 = R_2R_4 \tag{5-2}$$

由式（5-2）可见，直流电桥的平衡条件与电源电压无关，若适当选择各桥臂电阻值，就可使电桥平衡。为简化分析计算，一般常取四个桥臂的电阻值相等，即 $R_1 = R_2 = R_3 = R_4 = R$，此时的电桥也叫等臂电桥。

2. 等臂电桥的输出特性

假设等臂电桥的各桥臂都是传感元件（电阻应变片），其电阻值在被测量的作用下均产生微小的变化，分别为 ΔR_1、ΔR_2、ΔR_3、ΔR_4，则电桥的输出电压 U_o 为

$$U_o = \frac{(R_1+\Delta R_1)(R_3+\Delta R_3)-(R_2+\Delta R_2)(R_4+\Delta R_4)}{(R_1+\Delta R_1+R_2+\Delta R_2)(R_3+\Delta R_3+R_4+\Delta R_4)}E$$

因采用等臂电桥，即电路中 $R_1 = R_2 = R_3 = R_4 = R$，略去一些微小项（如 $\Delta R \ll R$，可忽略），则 U_o 可被简化为

$$U_o = \frac{E}{4}\left(\frac{\Delta R_1}{R}-\frac{\Delta R_2}{R}+\frac{\Delta R_3}{R}-\frac{\Delta R_4}{R}\right) \tag{5-3}$$

在式（5-3）中，相邻两臂的电阻变化量前的符号异号，相对两臂的电阻变化量前的符号同号。这表明：只有相邻两臂电阻有不同方向的变化量，相对两臂电阻有相同方向的变化量（相邻臂异号，相对臂同号），才能使 U_o 有最大值，这就是电桥的和差特性。

如果四个桥臂采用相同灵敏系数 K 的应变片时，有

$$\frac{\Delta R_i}{R} = K\varepsilon_i$$

U_o 又可以改写为

$$U_o = \frac{KE}{4}(\varepsilon_1-\varepsilon_2+\varepsilon_3-\varepsilon_4)$$

3. 三种典型等臂桥路的输出特性

（1）**惠斯通电桥** 这种电桥仅有一个桥臂 R_1 是工作应变片，R_2、R_3、R_4 为固定电阻，如图 5-2a 所示，此时输出 U_o 为

$$U_o = \frac{E\Delta R_1}{4R}$$

令 $\Delta R_1 = \Delta R_0$，则

$$U_o \approx \frac{E\Delta R_0}{4R} \tag{5-4}$$

（2）**双臂电桥**（半桥） 这种电桥有两个相邻臂 R_1、R_2 是工作应变片，且 $\Delta R_1 = \Delta R_0$、$\Delta R_2 = -\Delta R_0$，R_3、R_4 为固定电阻，如图 5-2b 所示，此时输出 U_o 为

$$U_o = \frac{E}{4}\left(\frac{\Delta R_1}{R_1}-\frac{\Delta R_2}{R_2}+0-0\right)$$

$$= \frac{E\Delta R_0}{2R} \tag{5-5}$$

（3）**全桥** 这种电桥的 R_1、R_2、R_3、R_4 均是工作应变片，且 $\Delta R_1 = \Delta R_3 = \Delta R_0$、$\Delta R_2 = \Delta R_4 = -\Delta R_0$（相邻臂异号，相对臂同号），如图 5-2c 所示，此时输出 U_o 为

$$U_o = \frac{E}{4}\left(\frac{\Delta R_0}{R}-\frac{-\Delta R_0}{R}+\frac{\Delta R_0}{R}-\frac{-\Delta R_0}{R}\right)$$

$$= \frac{E\Delta R_0}{R} \tag{5-6}$$

4. 电桥的灵敏度

电桥的灵敏度是单位电阻率所对应的电桥输出电压。

惠斯通电桥、半桥、全桥的灵敏度如下：

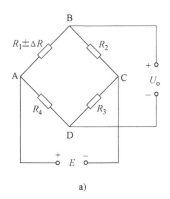 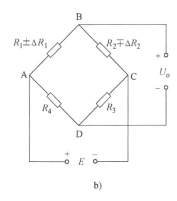 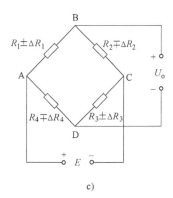

图 5-2 直流电桥的连接方式

a) 惠斯通电桥 b) 双臂电桥 c) 全桥

1) 惠斯通电桥的灵敏度为

$$S = \frac{U_o}{\Delta R/R} = \frac{1}{4}E \tag{5-7}$$

2) 双臂电桥的灵敏度为

$$S = \frac{U_o}{\Delta R/R} = \frac{1}{2}E \tag{5-8}$$

3) 全桥的灵敏度为

$$S = \frac{U_o}{\Delta R/R} = E \tag{5-9}$$

灵敏度 S 和电桥的工作臂的多少有关，同时和电桥电源的高低有关。一般情况下很少采用惠斯通电桥。

5. 不等臂对称电桥的和差特性

如图 5-3 所示，桥臂电阻 R_1 由 n 个应变片串联组成，R_2 为 n 个固定电阻串联组成，$R_1 = R_2 = nR$，$R_3 = R_4 = R$，当 R_1 的 n 个应变片都有增量 $\Delta R_i (i = 1, 2, \cdots, n)$ 时，电桥输出为

$$U_o = \frac{E}{4} \frac{\sum_{i=1}^{n} \Delta R_i / n}{R}$$

当 ΔR_i 均等于 ΔR 时，电桥的输出才有

$$U_o = \frac{E}{4} \frac{\Delta R}{R}$$

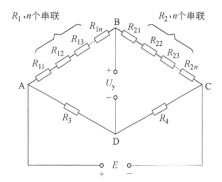

图 5-3 不等臂对称电桥

由于**这种不等臂对称电桥在一个桥臂上具有加减特性**，故可将应变片的电阻变化取均值后输出，这在应力测量中对消除偏心载荷的影响是很有用的，同时也减小了桥臂的电流，可适当提高电桥电压，从而提高电桥灵敏度。

6. 电桥加减特性的应用

（1）**增大系统输出** 通过增加电桥工作臂的数量，可使电桥输出提高2~4倍。例如，一个受力变形的悬臂梁（见图5-4），上表面受拉应力，下表面受压应力，如果要测量该梁的应变，通常在上下表面各贴一应变片，它们各具有 ΔR 和 $-\Delta R$ 的电阻变化，为了提高灵敏度，应使它们分别产生的输出电压相加，所以在接入电桥线路时，应将两片分别接在相邻两条臂上。

（2）**温度补偿** 测量过程中，如果温度发生变化，应变片也会由于温度的变化，产生电阻值的变化。如果这部分电阻值比较大，就要采取温度补偿的方式，消除温度造成的测量误差。

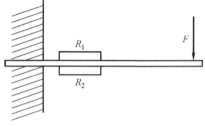

图5-4 受力的悬臂梁

温度补偿有补偿块补偿法和工作片补偿法两种方式。

1）补偿块补偿法。该法是在工作应变片附近放置另一个相同的应变片，该片并不承受应变，只是感受温度变化。该补偿应变片与工作应变片相邻地接入电桥，工作应变片与此补偿应变片处于温度变化相同的环境中，两个应变片由于温度引起的电阻变化值是相同的，利用电桥的加减特性，就可以消除温度的误差影响。

2）工作片补偿法。该法在同一被测试件上粘贴两个工作应变片，接入电桥的相邻臂，由温度所产生的附加电压将因相减而抵消，从而实现温度的自动补偿。

7. 从复杂受力情况下得到某单一力

零件在实际工作中，往往会受到几种不同性质的外力作用，利用电桥的加减特性，采用不同方式的布片和接桥方式，可消除某种外力的影响，测得在一种外力作用下的应变。各种受力状态下的布片和接桥见表5-1。

表5-1 各种受力状态下的布片和接桥

受力形式	单独测取的载荷	应变片贴片位置	电桥接法	仪器读数 ε' 与被测量应变 ε 的关系
拉(压)	拉(压)	R_1 ; R_2 ; $R_1\ R_2$	（单臂接a,b,c）	$\varepsilon = \varepsilon'$; $\varepsilon = \dfrac{\varepsilon'}{1+\mu}$
弯曲	弯曲	R_1 / R_2 ; R_1、R_3 / R_2、R_4	半桥 / 全桥	$\varepsilon = \dfrac{\varepsilon'}{2}\left(\dfrac{\varepsilon'}{\varepsilon}=2\right)$; $\varepsilon = \dfrac{\varepsilon'}{4}\left(\dfrac{\varepsilon'}{\varepsilon}=2\right)$
拉(压)弯	拉(压)	R_1 / R_2 , $R\ R$	$R_1\ R_2$ / $R\ R$	$\varepsilon = \varepsilon'$

(续)

受力形式	单独测取的载荷	应变片贴片位置	电桥接法	仪器读数 ε' 与被测量应变 ε 的关系
拉(压)弯	弯	R_1 / R_2	R_1, R_2	$\varepsilon = \dfrac{\varepsilon'}{2} \left(\dfrac{\varepsilon'}{\varepsilon} = 2 \right)$
扭	扭	R_1/R_2 (×)	R_1, R_2	$\varepsilon = \dfrac{\varepsilon'}{2} \left(\dfrac{\varepsilon'}{\varepsilon} = 2 \right)$
扭、拉(压)	扭	R_1/R_2 (×)	R_1, R_2	$\varepsilon = \dfrac{\varepsilon'}{2} \left(\dfrac{\varepsilon'}{\varepsilon} = 2 \right)$
扭、拉(压)	拉(压)	R_1 / R_2, R R	R_1, R_2, R, R	$\varepsilon = \varepsilon'$
扭、弯	扭	R_1, R_2, R_3, R_4	R_1—a—R_2 / d—R_4—R_3—b / c	$\varepsilon = \dfrac{\varepsilon'}{4} \left(\dfrac{\varepsilon'}{\varepsilon} = 4 \right)$

例 5-1 图 5-5 中，设负载电阻为无穷大（开路），图中 $E = 4\text{V}$，$R_1 = R_2 = R_3 = R_4 = 100\Omega$。

（1）R_1 为应变片，其余为外接电阻，当 R_1 的增量为 $\Delta R_1 = 1.0\Omega$ 时，试求电桥的输出电压 U_o；

（2）R_1，R_2 都是应变片，且批号相同，感应应变的极性和大小都相同，其余为外接电阻，试求电桥的输出电压 U_o；

（3）R_1，R_2 都是应变片，且批号相同，感应应变的大小为 $\Delta R_1 = \Delta R_2 = 1.0\Omega$，但极性相反，其余为外接电阻，试求电桥的输出电压 U_o。

解

（1）$U_o = \dfrac{E}{4} \left(\dfrac{\Delta R_1}{R} - 0 + 0 - 0 \right) = \dfrac{4}{4} \times \dfrac{1}{100} \text{V} = 0.01\text{V}$

（2）$U_o = \dfrac{E}{4} \left(\dfrac{\Delta R_1}{R} - \dfrac{\Delta R_2}{R} + 0 - 0 \right) = \dfrac{4}{4} \times \left(\dfrac{1}{100} - \dfrac{1}{100} \right) \text{V} = 0\text{V}$

（3）当 R_1 受拉应变，R_2 受压应变时，有

$U_o = \dfrac{E}{4} \left(\dfrac{\Delta R_1}{R} - \dfrac{\Delta R_2}{R} + 0 - 0 \right) = \dfrac{4}{4} \times \left(\dfrac{1}{100} - \dfrac{-1}{100} \right) \text{V} = 0.02\text{V}$

当 R_1 受压应变，R_2 受拉应变时，有

$U_o = \dfrac{E}{4} \left(\dfrac{\Delta R_1}{R} - \dfrac{\Delta R_2}{R} + 0 - 0 \right) = \dfrac{4}{4} \times \left(\dfrac{-1}{100} - \dfrac{1}{100} \right) \text{V} = -0.02\text{V}$

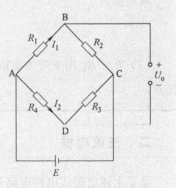

图 5-5 例 5-1 图

例 5-2 有一起重机的拉力传感器如图 5-6 所示。其中电阻应变片 R_1、R_2、R_3、R_4 贴在等截面轴上。已知 R_1、R_2、R_3、R_4 标称阻值均为 120Ω，电桥电压为 2V，物体质量 m 引起 R_1、R_2 变化增量为 1.2Ω，轴的钢材泊松比 $\mu = 0.3$。

(1) 画出应变片组成的电桥电路（使电桥输出电压尽量的大）。

(2) 计算出测得的输出电压和电桥输出灵敏度。

(3) 说明 R_3、R_4 起到什么作用。

解 (1) 应变片组成电桥如图 5-7 所示。

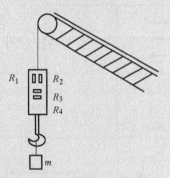

图 5-6 起重机的拉力传感器

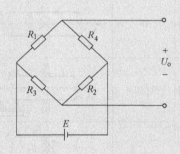

图 5-7 应变片组成电桥

(2) $\Delta R_1 = \Delta R_2 = 1.2\Omega$

因为
$$\varepsilon_3 = \varepsilon_4 = -\mu\varepsilon_1 = -\mu\varepsilon_2$$

所以
$$\Delta R_3 = \Delta R_4 = -\mu\Delta R_1 = -\mu\Delta R_2 = -0.3 \times 1.2\Omega = -0.36\Omega$$

$$U_o = \frac{E}{4}\left(\frac{\Delta R_1}{R} - \frac{\Delta R_4}{R} + \frac{\Delta R_2}{R} - \frac{\Delta R_3}{R}\right)$$

$$= \frac{2}{4} \times \left(\frac{1.2}{120} - \frac{-0.36}{120} + \frac{1.2}{120} - \frac{-0.36}{120}\right)V = \frac{1}{2} \times \frac{3.12}{120}V = 0.013V$$

灵敏度为
$$S = \frac{U_o}{\Delta R/R} = \frac{0.013}{0.01} = 1.3$$

(3) R_3、R_4 用于增加电桥输出和进行温度补偿，消除温度引起的电阻变化造成的测量误差。

二、交流电桥

除了上述电阻式电桥电路外，还有电容式电桥电路、电感式电桥电路。它们的电路形式与电阻式电桥电路类似，同样有半桥式和全桥式之分。只是电桥采用了电容式传感器和电感式传感器。它们的分析方法与电阻式电桥类似，同样有平衡条件、不平衡状态下的输出电压 U_o，电压灵敏度等特性。但是电容、电感元件组成的电桥一定要采用交流电桥电源，称为交流电桥。

交流电源 U_{AC} 加到电桥 A、C 两端，即把图 5-1 中直流电源互换成交流电源 U_{AC}。输出电压 U_o 由 B、D 端引出，它的四桥臂为电阻、电感、电容任意组合的复阻抗 Z_1、Z_2、Z_3、Z_4。

1. 交流电桥平衡条件

交流电桥平衡条件分析与直流电桥相同，由此可得输出电压为

$$U_o = \left(\frac{Z_1}{Z_1+Z_2} - \frac{Z_4}{Z_3+Z_4}\right) U_{AC} = \frac{Z_1 Z_3 - Z_2 Z_4}{(Z_1+Z_2)(Z_3+Z_4)} U_{AC} \tag{5-10}$$

那么桥路平衡条件为

$$Z_1 Z_3 = Z_2 Z_4 \tag{5-11}$$

设各桥臂阻抗为

$$Z_1 = r_1 + jx_1 = |Z_1| e^{j\varphi_1}$$
$$Z_2 = r_2 + jx_2 = |Z_2| e^{j\varphi_2}$$
$$Z_3 = r_3 + jx_3 = |Z_3| e^{j\varphi_3}$$
$$Z_4 = r_4 + jx_4 = |Z_4| e^{j\varphi_4}$$

式中　$r_1 \sim r_4$ 和 $x_1 \sim x_4$——各桥臂的电阻和电抗；

$|Z_1| \sim |Z_4|$ 和 $\varphi_1 \sim \varphi_4$——各复阻抗的模值和辐角。

因此可得到交流电桥的平衡条件的另一形式为

$$\begin{cases} |Z_1| \cdot |Z_3| = |Z_2| \cdot |Z_4| \\ \varphi_1 + \varphi_3 = \varphi_2 + \varphi_4 \end{cases} \tag{5-12}$$

2. 交流电桥的输出电压和灵敏度

交流电桥的输出电压和灵敏度计算公式可沿用直流电桥的算式。

（1）惠斯通交流电桥

输出电压为

$$U_o = \frac{1}{4} U_{AC} \frac{\Delta Z}{Z} \tag{5-13}$$

电压灵敏度为

$$S = \frac{1}{4} U_{AC} \tag{5-14}$$

（2）双臂（半桥）交流电桥

输出电压为

$$U_o = \frac{1}{2} U_{AC} \frac{\Delta Z}{Z} \tag{5-15}$$

电压灵敏度为

$$S = \frac{1}{2} U_{AC} \tag{5-16}$$

（3）全桥交流电桥

输出电压为

$$U_o = U_{AC} \frac{\Delta Z}{Z} \tag{5-17}$$

电压灵敏度为

$$S = U_{AC} \tag{5-18}$$

第二节　调制与解调

调制与解调是信号传输过程中常用的一种转换方法。测试系统会在两种情况下采用该方法，一是经过传感器变换以后的信号常常是一些缓变的微弱电信号，直接传输受到干扰并且信号损失大，因此往往先将信号调制成高频的交流信号，经交流放大后传输。另一情况是传感器的电参量在变换成电压量的过程中用调制和解调的方法进行变换。

利用低频信号来控制或改变高频振荡信号的某个参数（幅值、频率或相位），使它随着低频信号变化的过程，该过程称为调制过程，简称调制。当被控制的量是高频振荡信号的幅值时，称为调幅（AM）；当被控制的量是高频振荡信号的频率时，称为调频（FM）；当被控制的量是高频振荡信号的相位时，称为调相（PM）；测试技术中常用的是调幅和调频。

一般将低频缓变信号称为调制信号，高频的振荡信号称为载波，经过调制后的高频振荡信号称为已调制波。已调制波一般都便于放大和传输。图 5-8 表示了载波、调制信号、调幅波和调频波。

从已调制波中恢复出调制信号的过程，称为解调。实际上，许多传感器的输出就是一种已调制信号，因此调制-解调技术在测试领域中极为常用。

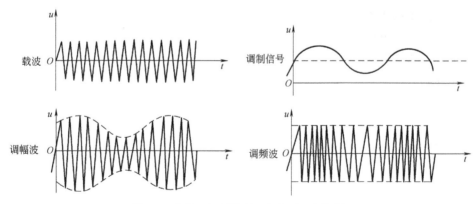

图 5-8　载波、调制信号、调幅波和调频波

一、调幅及其解调

1. 调幅原理

幅值调制就是将载波信号与调制信号相乘，使载波的幅值随调制信号变化。解调就是恢复被调制信号。

以频率为 f_c 的高频余弦信号作为载波进行讨论。由傅里叶变换的性质知：在时域中两个信号相乘对应在频域中是这两个信号进行卷积，即

$$x(t)y(t) \Leftrightarrow X(f) * Y(f)$$

余弦函数的频域图形是一对脉冲谱线，即

$$\cos 2\pi f_c t \Leftrightarrow \frac{1}{2}\delta(f-f_c) + \frac{1}{2}\delta(f+f_c) \tag{5-19}$$

一个函数与单位脉冲函数卷积的结果，就是将其图形由坐标原点平移至该脉冲函数处。所以，若以高频余弦信号作载波，把信号 $x(t)$ 和载波信号相乘，其结果就相当于把原信号的频谱图形由原点平移至载波频率 f_c 处，其幅值减半，如图5-9所示。即

$$x(t)\cos 2\pi f_c t \Leftrightarrow \frac{1}{2}X(f) * \delta(f-f_c) + \frac{1}{2}X(f) * \delta(f+f_c) \tag{5-20}$$

所以调幅过程就相当于频谱"搬移"过程。图5-9中，调制器起乘法器的作用。为避免调幅波 $x_m(t)$ 的重叠失真，要求载波频率 f_c 必须大于测试信号 $x(t)$ 中的最高频率的2倍，即 $f_c > 2f_m$。实际应用中，往往选择载波频率至少是信号中最高频率的数倍甚至数十倍。

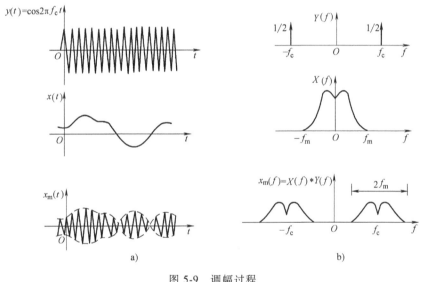

图 5-9　调幅过程
a）时域　b）频域

若把调幅波再次与原载波信号相乘，则频域图形将再进行一次"搬移"，其结果如图5-10所示，即同步解调。

用一个低通滤波器滤去中心频率为 $2f_c$ 的高频成分，那么将可以复现原信号的频谱（只是其幅值减小为一半，这可用放大处理来补偿），这一过程称为**同步解调**。"同步"指解调时所乘的信号与调制时的载波信号具有相同的频率和相位。在时域分析中也可看到

$$x(t)\cos 2\pi f_c t \cos 2\pi f_c t = \frac{1}{2}x(t) + \frac{1}{4}x(t)\cos 4\pi f_c t$$

低通滤波器将频率为 $2f_c$ 的高频信号滤去，则得到 $\frac{1}{2}x(t)$，调制信号得到还原。

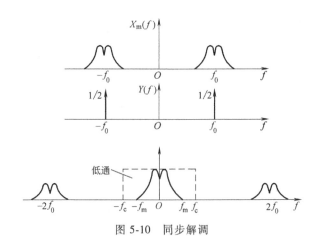

图 5-10 同步解调

由此可见，调幅的目的是使缓变信号加载在载波信号上，便于放大和传输。解调的目的则是为了恢复原信号。广播电台把声音信号调制到某一频段上，既便于放大和传送，也可避免各电台之间的干扰。

交流电桥、霍尔元件是常用的调幅装置。

2. 包络检波和相敏检波

从已调信号中检出调制信号的过程称为解调或检波。**最常用的解调方法是包络检波和相敏检波**。为了解调可以使调幅波和载波相乘后通过低通滤波，但这样做需要性能良好的线性乘法器件。

若把调制信号进行偏置，叠加一个直流分量 A，使偏置后的信号都具有正电压，那么调幅波的包络线将具有原调制信号的形状，如图 5-11a 所示。一般采用整流（二极管的单向导电性能）、滤波就可以恢复原调制信号（也称为整流检波）。如果原调制信号中有直流分量，则在整流以后应准确地减去所加的偏置电压。

若所加的偏置电压未能使信号电压都在零线的一侧，如图 5-11b 所示，则对调幅波只是简单地整流就不能恢复原调制信号，这时**应采用相敏检波技术**。

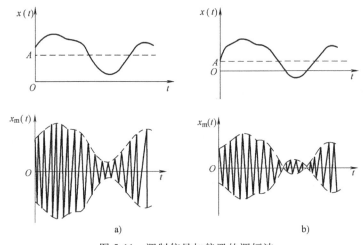

图 5-11 调制信号加偏置的调幅波
a) 偏置电压足够大　b) 偏置电压不够大

采用相敏检波时，对原信号可不必再加偏置，此时交流信号在其过零线时符号发生突变（+、-），**调幅波的相位**（与载波比较）**也相应地发生 180°的相位跳变**，这既能反映出原信号的幅值又能反映其相位极性变化，此时，若：

1) **调幅波与载波同相，则取调幅波上半部分**（调制信号 $x(t)>0$）。
2) **调幅波与载波反相，则取调幅波下半部分**（调制信号 $x(t)<0$）。

图 5-12 中 $x(t)$ 为原信号，$y(t)$ 为载波，$x_m(t)$ 为调幅波。电路设计使变压器 T_B 二次侧的输出电压大于变压器 T_A 二次侧的输出电压。若原信号 $x(t)$ 为正，调幅波 $x_m(t)$ 与载波 $y(t)$ 同相，如 Oa 段所示。当载波电压为正时 VD_1 导通，电流的流向是 E→A→VD_1→B→F→G→负载→地→E。当载波电压为负时，变压器 T_A 和 T_B 的极性同时改变，电流的流向是 E→C→VD_3→D→E→G→负载→地。若原信号 $x(t)$ 为负，调幅波 $x_m(t)$ 与载波 $y(t)$ 反相，如图中 ab 段所示。这时，当载波为正时，变压器 T_B 的极性如图中所示，变压器 T_A 的极性却与图中相反。这时 VD_2 导通，电流的流向是 F→B→VD_2→C→E→地→负载→G→5。当载波电压为负时，电流的流向是 F→D→VD_4→E→地→负载→G→F。因此在负载 R_f 上所检测的电压 u_f 就重现 $x(t)$ 的波形。

这种相敏检波是**通过桥式电路**利用二极管的单向导通作用将电路输出极性换向。这种电路相当于在 Oa 段把 $x_m(t)$ 的负部分翻上去，而在 ab 段把正部分翻下来，所检测到的信号 u_f 是经过"翻转"后信号的包络。

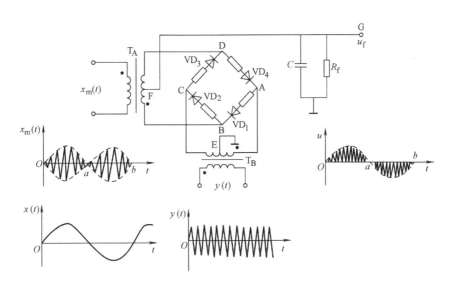

图 5-12 通过桥式电路实现相敏检波

二、调频及其解调

用调制信号去控制载波信号的频率或相位，使其随调制信号的变化而变化，这一过程称为频率调制或相位调制，简称调频或调相。由于调频和调相比较容易实现数字化，特别是调频信号在传输过程中不易受到干扰，所以在测量、通信和电子技术的许多领域中得到了越来越广泛的应用。

1. 频率调制的基本原理

调频是利用信号电压的幅值控制一个振荡器，振荡器输出的是等幅波，但其振荡频率偏移量和信号电压成正比。信号电压为正值时调频波的频率升高，负值时则降低；信号电压为零时，调频波的频率就等于中心频率，如图 5-13 所示。

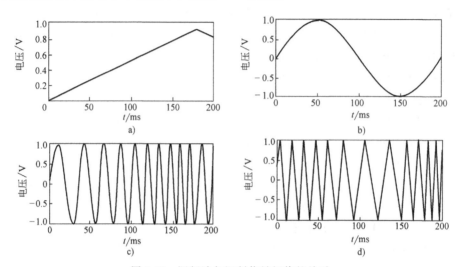

图 5-13 调频波与调制信号幅值的关系
a) 调制信号 1 b) 调制信号 2 c) 调频波 1 d) 调频波 2

调频波的瞬时频率为

$$f = f_0 \pm \Delta f \tag{5-21}$$

式中 f_0——载波频率；

Δf——频率偏移，与调制信号的幅值成正比。

设调制信号 $x(t)$ 是幅值为 X_0、频率为 f_m 的余弦波，其初相位为零，则有

$$x(t) = X_0 \cos 2\pi f_m t$$

载波信号为

$$y(t) = Y_0 \cos(2\pi f_0 t + \varphi_0), f_0 \gg f_m$$

调频时载波的幅值 Y_0 和初相位 φ_0 不变，瞬时频率 $f(t)$ 围绕着 f_0 随调制信号电压做线性的变化，因此，有

$$f(t) = f_0 + K_f X_0 \cos 2\pi f_m t = f_0 + \Delta f_f \cos 2\pi f_m t \tag{5-22}$$

式中 Δf_f——由调制信号幅值 X_0 决定的频率偏移，$\Delta f_f = K_f X_0$；

K_f——比例常数，其大小由具体的调频电路决定。

由式（5-22）可见，频率偏移与调制信号的幅值成正比，而与调制信号的频率无关，这是调频波的基本特征之一。

实现信号的调频和解调的方法有很多，这里主要介绍最常用的方法。

在测量系统中，常利用电抗元件组成调谐振荡器，以电抗元件（电感或电容）作为传感器参量，用它感受被测量的变化，作为调制信号的输入，振荡器原有的振荡信号作为载波。当有调制信号输入时，振荡器输出的即为被调制后的调频波。当电容 C 和电感 L 并联组成振荡器的谐振回路时，电路的谐振频率为

$$f = \frac{1}{2\pi\sqrt{LC}} \quad (5\text{-}23)$$

若在电路中以电容为调谐参数，对式（5-23）进行微分，有

$$\frac{\partial f}{\partial C} = -\frac{1}{2}\left(\frac{1}{2\pi}\right)(LC)^{-\frac{3}{2}}L = -\frac{1}{2}\frac{f}{C}$$

所以，在 f_0 附近有频率偏移

$$\Delta f = \frac{f_0}{2}\frac{\Delta C}{C}$$

这种把被测量的变化直接转换为振荡频率变化的电路称为直接调频式测量电路。其输出也是等幅波。

2. 调频波的解调

调频波是以频率的变化来反映被测信号的幅值变化的，因此，调频波的解调是先将调频波变换成调频调幅波，然后进行幅值检波。调频波的解调由鉴频器完成。鉴频器通常由线性变换电路与幅值检波电路组成，如图 5-14 所示。

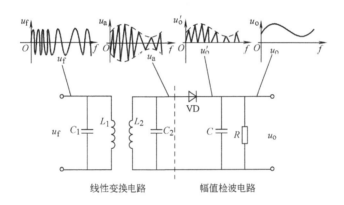

图 5-14 调频波的解调

图 5-14 中调频波 u_f 经过变压器耦合，加于 L_2、C_2 组成的谐振回路上，当等幅调频波 u_f 的频率等于回路的谐振频率 f_n 时，线圈 L_1、L_2 中的耦合电流最大，二次侧输出电压 u_a 也最大。u_f 的频率偏离 f_n，u_a 也随之下降。通常利用特性曲线的亚谐振区近似直线的一段实现频率-电压变换。将 u_a 经过二极管 VD 进行半波整流，再经过 R、C 组成的滤波器滤波，滤波器的输出电压 u_o 与调制信号成正比，相当于 u_o 复现了被测量信号 $x(t)$，至此解调完毕。

第三节 滤 波 器

滤波器是一种选频装置，可以使信号中特定的频率成分通过，同时极大地衰减其他频率成分。在测试装置中，利用滤波器的这种选频作用，可以滤除干扰噪声或进行频谱分析。

一、滤波器分类

根据不同的分类方法,滤波器可分为多种类型。

按能通过信号的频率范围分为低通滤波器、高通滤波器、带通滤波器和带阻滤波器。

按处理信号的性质分为模拟滤波器和数字滤波器两大类。

按滤波器电路中是否带有有源器件来划分,可分为无源滤波器与有源滤波器两种。

按构成滤波器的元器件类型分类,可分为 RC、LC 或晶体谐振滤波器。

数字计算机的迅速发展,使数字滤波器也有了很大发展和应用,但其基本原理出发点仍基于模拟滤波器。由于滤波器是在一定通带内传送信号,**所以希望在此通带内的幅频特性、相频特性满足不失真测量的要求;在通带外的各频率成分应在滤波以后尽可能小。**

下面介绍根据滤波器的选频作用来分类,如图 5-15 所示。

(1) 低通滤波器 $0 \sim f_2$ 频率之间为其通频带,它可以使信号中低于 f_2 的频率成分几乎不受衰减地通过,而高于 f_1 的频率成分受到极大地衰减。

(2) 高通滤波器 与低通滤波器相反,频率 $f_1 \sim \infty$ 为其通频带,它使信号中高于 f_1 的频率成分几乎不受衰减地通过,而低于 f_1 的频率成分将受到极大地衰减。

(3) 带通滤波器 它的通频带在 $f_1 \sim f_2$ 之间。它使信号中高于 f_1 并低于 f_2 的频率成分几乎不受衰减地通过,而其他成分受到极大地衰减。

(4) 带阻滤波器 与带通滤波器相反,其阻带在频率 $f_1 \sim f_2$ 之间。它使信号中高于 f_1、并低于 f_2 的频率成分受到极大地衰减,其余频率成分几乎不受衰减地通过。

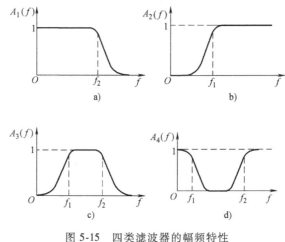

图 5-15 四类滤波器的幅频特性
a) 低通 b) 高通 c) 带通 d) 带阻

二、理想滤波器

从图 5-15 可见,四种滤波器在通带与阻带之间都存在一个过渡带,其幅频特性是一条斜线,在此频带内,信号受到不同程度的衰减。这个过渡带是滤波器所不希望的,但也是不可避免的。

理想滤波器是一个理想化的模型，在物理上是不能实现的，但是，对其深入了解对掌握滤波器的特性是十分有帮助的。

根据线性系统的不失真测试条件，理想测量系统的频率响应函数应是

$$H(f) = A_0 e^{-j2\pi f t_0}$$

式中　A_0、t_0——常数。

若滤波器的频率响应满足

$$H(f) = \begin{cases} A_0 e^{-j2\pi f t_0} & |f| < f_c \\ 0 & 其他 \end{cases}$$

则称为理想低通滤波器，f_c 为滤波器的截止频率。图 5-16a 为理想低通滤波器的幅、相频特性图，图中频域图形以双边对称形式画出，相频图中直线斜率为 $-2\pi t_0$。

这种在频域为矩形窗函数的"理想"低通滤波器的时域脉冲响应函数是 $\mathrm{sinc}\theta$ 函数。如果没有相位滞后，即 $t_0 = 0$，则

$$h(t) = 2A f_c \frac{\sin 2\pi f_c t}{2\pi f t} \tag{5-24}$$

其图形如图 5-16b 所示。$h(t)$ 具有对称图形，时间 t 的范围从 $-\infty$ 到 $+\infty$。

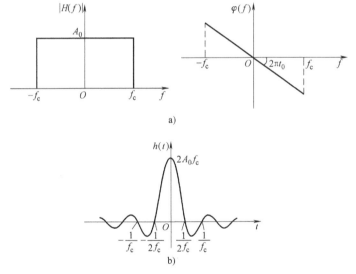

图 5-16　理想低通滤波器
a) 幅、相频特性　b) 脉冲响应函数

但是，这种滤波器对于负的 t 值，其 $h(t)$ 值不等于零，这是不合理的，也是不能实现的。因为 $h(t)$ 是理想低通滤波器对脉冲的响应，而单位脉冲在 $t=0$ 时刻才作用于系统。对于任一现实的物理系统，响应只可能出现于作用到来之后，不可能出现于作用到来之前。同样，理想的高通、带通、带阻滤波器也是不存在的。讨论理想滤波器的目的是为了进一步了解滤波器的传输特性，建立滤波器的通频带宽与达到比较稳定输出所需时间之间的关系。

设滤波器的传递函数为 $H(f)$，若给滤波器一单位阶跃输入 $u(t)$，有

$$x(t) = u(t) = \begin{cases} 1 & t \geq 0 \\ 0 & t<0 \end{cases}$$

滤波器框图如图 5-17 所示。此时滤波器的输出 $y(t)$ 为

$$y(t) = h(t) * x(t) = \int_{-\infty}^{+\infty} x(\tau) h(t-\tau) \mathrm{d}\tau \tag{5-25}$$

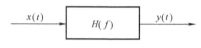

图 5-17 滤波器框图

其结果如图 5-18 所示。

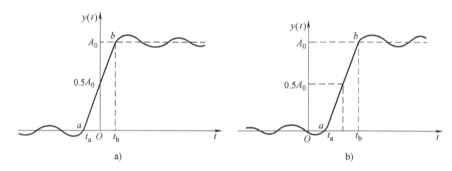

图 5-18 理想低通滤波器对单位阶跃输入的响应
a) 无相位滞后，时移 $t_0 = 0$ b) 无相位滞后，时移 $t_0 \neq 0$

从图 5-18 可见，输出响应从零值（a 点）到稳定值 A_0（b 点）需要一定的建立时间 T_e，计算积分式（5-25），有

$$T_e = t_a - t_b = \frac{0.61}{f_c} \tag{5-26}$$

式中 f_c——低通滤波器的截止频率，也称为滤波器的通频带。

由式（5-26）可见，滤波器的通频带越宽，即 f_c 越大，则 T_e 越小，即图 5-18 中图形越陡峭。如果将理论响应值的 0.1~0.9 作为计算建立时间的标准，则

$$T_e = t_b' - t_a' = \frac{0.45}{f_c} \tag{5-27}$$

因此，低通滤波器对阶跃响应的建立时间 T_e 和带宽 B（即通频带的宽度，对于低通滤波器，$B = f_c$）成反比，即

$$BT_e = 常数 \tag{5-28}$$

这一结论对其他滤波器（高通、带通、带阻）也适用。

另一方面，滤波器的带宽表示它的频率分辨力，通频带越窄则分辨力越高。因此，滤波器的高分辨能力和测量时快速响应的要求是相互矛盾的。当采用滤波器从信号中选取某一频率成分时，就需要有足够的时间。如果建立时间不够，就会产生虚假的结果，而过长的测量时间也是没有必要的。一般采用 $BT_e = 5 \sim 10$。

三、实际滤波器

1. 实际滤波器的基本参数

图 5-19 表示理想带通（虚线）与实际带通（实线）滤波器的幅频特性。实际滤波器的幅频特性曲线上没有明显的转折点，通带中的幅频特性也并非常数，因此需要用多个参数来描述实际滤波器的性能，主要参数有波动幅值、截止频率、带宽、品质因数（Q 值）、倍频程选择性、滤波器因数等。

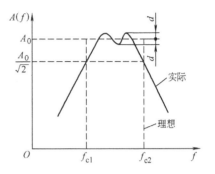

图 5-19　理想带通与实际带通滤波器的幅频特性

（1）**波动幅值**　在一定频率范围内，实际滤波器的幅频特性可能呈波纹变化，其波动幅值 d 与幅频特性的平均值 A_0 相比，越小越好，一般应远小于 -3dB，即 $d \ll A_0/\sqrt{2}$。

（2）**截止频率**　幅频特性值等于 $A_0/\sqrt{2}$ 所对应的频率称为滤波器的截止频率。以 A_0 为参考值，$A_0/\sqrt{2}$ 对应于 -3dB 点，即相对于 A_0 衰减 -3dB。若以信号的幅值二次方表示信号功率，则所对应的点正好是半功率点。

（3）**带宽 B 和品质因数 Q 值**　上下两截止频率之间的频率范围称为滤波器带宽 B，或 -3dB 带宽，单位为 Hz。带宽决定着滤波器分离信号中相邻频率成分的能力——频率分辨力，通常把中心频率 f_0 和带宽 B 之比称为滤波器的品质因数 Q。

（4）**倍频程选择性**　实际滤波器在两截止频率外侧，有一个过渡带。这个过渡带的幅频曲线倾斜程度表明了幅频特性衰减的快慢，它决定着滤波器对带宽外频率成分衰阻的能力。通常用倍频程选择性来表征。所谓倍频程选择性，是指在上截止频率 f_{c2} 与 $2f_{c2}$ 之间，或者在下截止频率 f_{c1} 与 $f_{c1}/2$ 之间幅频特性的衰减量，即频率变化一个倍频程时的衰减量，以 dB 为单位。显然，衰减越快，滤波器选择性越好。对于远离截止频率的衰减率也可以用 10 倍频程衰减量表示。

（5）**滤波器因数**（或矩形系数）λ　滤波器选择性的另一种表示方法，是用滤波器幅频特性的 -60dB 带宽与 -3dB 带宽的比值为

$$\lambda = \frac{B_{-60\text{dB}}}{B_{-3\text{dB}}} \tag{5-29}$$

来表示。理想滤波器 $\lambda = 1$，通常使用的滤波器 $1 < \lambda < 5$。有些滤波器因器件影响（例如电容漏阻等），阻带衰减量达不到 -60dB，则以标明衰减量（如 -40dB 或 -30dB）的带宽与 -3dB 带宽之比来表示其选择性。

2. RC 滤波器的基本特性

在测试系统中，常用 RC 滤波器。RC 滤波电路中，电容支路的数量决定了电路的阶数。电路简单，抗干扰性强，有较好的低频性能，并且选用标准阻容元件也容易实现。

（1）**一阶低通滤波器**　一阶 RC 低通滤波器的典型电路及其幅频、相频特性如图 5-20

所示。设滤波器的输入信号电压 u_i，输出信号电压为 u_o，电路的微分方程式为

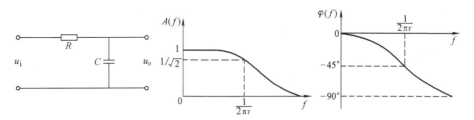

图 5-20　RC 低通滤波器及其幅频、相频特性

令 $\tau = RC$，称时间常数，对电路微分方程进行傅里叶变换，可得频率特性函数为

$$H(f) = \frac{U_o(f)}{U_i(f)} = \frac{1}{j2\pi f\tau + 1}$$

这是一个典型的一阶系统。

当 $f \ll \dfrac{1}{2\pi RC}$ 时，$A(f) = 1$，此时信号几乎不受衰减地通过，并且 $\varphi(f)$-f 关系为近似于一条通过原点的直线。因此，可以认为，在此情况下，RC 低通滤波器是一个不失真传输系统。

当 $f = \dfrac{1}{2\pi RC}$ 时，$A(f) = \dfrac{1}{2}$，即

$$f_{c2} = \frac{1}{2\pi RC} \tag{5-30}$$

式（5-30）表明，R、C 的值决定着上截止频率。因此，适当改变 R、C 的数值时，就可以改变滤波器的截止频率。当 $f \gg \dfrac{1}{2\pi RC}$ 时，输出 u_o 与输入 u_i 的积分成正比，即

$$u_o = \frac{1}{RC}\int u_i dt \tag{5-31}$$

此时 RC 低通滤波器起着积分器的作用，对高频成分的衰减率为 -20dB/10 倍频程（或 -6dB/10 倍频程）。如要加大衰减率，应提高低通滤波器的阶数。二阶低通滤波器对高频成分的衰减率为 -40dB/10 倍频程。

（2）**RC 高通滤波器**　图 5-21 所示为 RC 高通滤波器及其幅频、相频特性。设输入信号电压为 u_i，输出信号电压为 u_o，则微分方程式为

$$u_o + \frac{1}{RC}\int u_o dt = u_i$$

同理，令 $RC = \tau$，频率特性函数、幅频特性和相频特性分别为

$$H(f) = \frac{j2\pi f\tau}{1 + j2\pi f\tau}$$

$$A(f) = \frac{2\pi f\tau}{\sqrt{1 + (2\pi f\tau)^2}}$$

$$\varphi(f) = \arctan \frac{1}{2\pi f \tau}$$

当 $f = \frac{1}{2\pi\tau}$ 时，$A(f) = \frac{1}{\sqrt{2}}$，滤波器的 -3dB 截止频率为

$$f_{c1} = \frac{1}{2\pi RC} \tag{5-32}$$

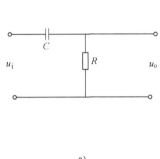
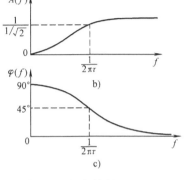

图 5-21 RC 高通滤波器及其幅频、相频特性
a) RC 高通滤波电路 b) RC 高通滤波器幅频特性 c) RC 高通滤波器相频特性

当 $f \gg \frac{1}{2\pi\tau}$ 时，$A(f) \approx 1, \varphi(f) \approx 0$。即当 f 相当大时，幅频特性接近于 1，相移趋于零，此时 RC 高通滤波器可视为不失真传输系统。

同样可以证明，当 $f \ll \frac{1}{2\pi\tau}$ 时，RC 高通滤波器的输出与输入的微分成正比，起着微分器的作用。

（3）RC 带通滤波器　带通滤波器可以看成是低通滤波器和高通滤波器串联组成。如一阶高通滤波器的频率特性函数为 $H_1(f) = \frac{\text{j}2\pi f \tau_1}{1 + \text{j}2\pi f \tau_1}$，一阶低通滤波器的频率特性函数为 $H_2(f) = \frac{\text{j}2\pi f \tau_2}{1 + \text{j}2\pi f \tau_2}$，则串联后频率特性函数为

$$H(f) = H_1(f) H_2(f)$$

幅频特性和相频特性分别为

$$A(f) = A_1(f) A_2(f) \tag{5-33}$$

$$\varphi(f) = \varphi_1(f) + \varphi_2(f) \tag{5-34}$$

该带通滤波器以原高通滤波器的截止频率为下截止频率，即

$$f_{c1} = \frac{1}{2\pi\tau_1} \tag{5-35}$$

其上截止频率为原低通滤波器的截止频率，即

$$f_{c2} = \frac{1}{2\pi\tau_2} \tag{5-36}$$

改变 τ 和 τ_2 就可改变带通滤波器的带宽。

上述介绍的 RC 滤波器均为无源滤波器，其频率特性都是无负载时的结论。当滤波器输出接负载时，由于负载与电路并联，使滤波器的时间常数发生变化，从而导致频率特性改变，即截止频率改变。这是无源滤波器的弱点：带负载能力不强。

为了提高带负载能力，一般在无源滤波器的输出端和负载之间接入高输入阻抗的运算放大器，进行负载隔离。这样就构成了有源滤波器。有源低通滤波器是测试系统中最常用的一种滤波器。

实际的带通滤波器由高、低通滤波器两级串联构成时，应消除两级间的负载效应（希望后续装置的输入阻抗高）。实际上两级间常用射极输出器或者用放大器进行隔离。

四、模拟滤波器的应用

模拟滤波器在测试系统或专用仪器仪表中是一种常用的变换装置。例如用带通滤波器作为频谱分析仪中的选频装置；用低通滤波器实现数字信号分析系统中的抗频混滤波（剔除高频干扰噪声）；用高通滤波器在声发射检测仪中剔除低频干扰噪声；用带阻滤波器作为电涡流测振仪中的陷波器等。

用于**频谱分析装置**中的带通滤波器，可根据中心频率与带宽之间的数值关系，分为两种：恒带宽带通滤波器和恒带宽比带通滤波器。

1. 恒带宽带通滤波器

这种滤波器带宽 B 不随中心频率而变化，如图 5-22a 所示，其中心频率处在任何频段上时，带宽都相同。

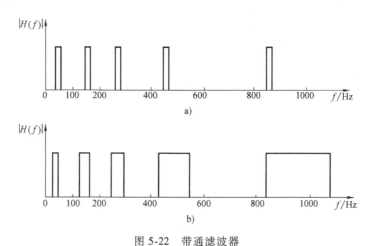

图 5-22 带通滤波器
a）恒带宽带通滤波器　b）恒带宽比带通滤波器

一般情况下，为使滤波器在任意频段都有良好的频率分辨力，可采用恒带宽带通滤波器（如收音机的选频）。所选带宽越窄，则频率分辨力越高，但这时为覆盖所要检测的整个频率范围，需要的滤波器数量就很多。因此，在很多时候，恒带宽带通滤波器不一定做成固定中心频率的，而是利用一个参考信号，使滤波器中心频率跟随参考信号的频率而变化。在做信号频谱分析的过程中，参考信号是由可做频率扫描的信号发生器供给的。这种可变中心频率的恒带宽带通滤波器被用于相关滤波和扫描跟踪滤波中。

2. 恒带宽比带通滤波器

带宽 B 与中心频率的比值是不变的，如图 5-22b 所示，其中心频率越高，带宽也越宽。

恒带宽比带通滤波器被用于倍频程频谱分析仪中，这是一种具有不同中心频率的滤波器组，为使各个带通滤波器组合起来后能覆盖整个要分析的信号频率范围，其中心频率与带宽是按一定规律配置的。

假若任一个带通滤波器的下截止频率为 f_{c1}，上截止频率为 f_{c2}，令 f_{c1} 与 f_{c2} 之间的关系为

$$f_{c1} = 2^n f_{c2}$$

式中　n——倍频程数。

若 $n=1$，称为倍频程滤波器；$n=\dfrac{1}{3}$，称为 $\dfrac{1}{3}$ 倍频程滤波器。

滤波器的中心频率 f_0 取为几何平均值，即 $f_0 = \sqrt{f_{c1}f_{c2}} = \sqrt{2^n}\, f_{c2}$

滤波器带宽为

$$B = f_{c1} - f_{c2} = (2^n - 1)f_{c2}$$

如果用滤波器的品质因数 Q 来表示，则有

$$Q = \frac{f_0}{B} = \frac{\sqrt{2^n}}{2^n - 1}$$

因此，若 $n=1$，则 $Q=1.41$；若 $n=1/3$，则 $Q=4.38$。倍频程数 n 值越小，则 Q 值越大，表明滤波器分辨力越高。根据上述关系，就可确定出常用倍频程滤波器的中心频率 f_0 和带宽 B。

为了使被分析信号的频率成分不致丢失，带通滤波器组的中心频率是倍频程关系，同时带宽又须是邻接式的，通常的做法是使前一个滤波器的 -3dB 上截止频率等于后一个相邻滤波器的 -3dB 下截止频率，这样的一组滤波器将覆盖整个频域范围。

第四节　信号的放大

传感器输出的微弱电压、电流或电荷信号，其幅值或功率不足以进行后续的转换处理或驱动指示仪、记录仪以及各种控制机构，因此需对其进行放大处理。

一、放大器的主要性能参数

1. 放大器的灵敏度（放大倍数）

$$G = \frac{u_o}{u_i}$$

式中　u_i——放大器的输入端的电压；
　　　u_o——放大器的输出端的电压。

放大器的放大倍数量纲为一，通常在 1~1000 之间甚至更高。对于衰减的装置（$u_o < u_i$），放大倍数的值小于 1。增益更多地采用对数分度，以分贝（dB）为单位。电压增益可

写成

$$G_{dB} = 20\lg \frac{u_o}{u_i} \quad (5\text{-}37)$$

尽管增大信号的幅值是放大器的主要目的，但是放大器会以多种方式影响信号。最主要的方式有频率失真、相位失真、共模干扰和电源负载等。

当放大器处理频率在一定范围之内的信号时，多数放大器并不是对所有的频率都有同样的增益值。例如，放大器在 10kHz 频率时可能有 20dB 的增益，而在 100kHz 频率时的增益却为 5dB。

2. 放大器的共模抑制比

当大小相等、极性不同的电压加在放大器两个输入端时，该电压被称为**差模电压**，当相同的电压（对地电压）加在两个输入端时，该电压被称为**共模电压**。理想的仪器放大器将对差模电压产生输出，对于共模电压没有输出。实际的放大器对于差模电压和共模电压都会产生输出。但是差模电压的响应会大得多。

差模电压和共模电压之间的关系用共模抑制比衡量，它定义为

$$K_{CMRR} = 20\lg \frac{G_{diff}}{G_{cm}} \quad (5\text{-}38)$$

式中　G_{diff}——作用于两个输入端的差模电压的增益；

G_{cm}——作用于两个输入端的共模电压的增益。

因为有用的信号通常产生差模输入，而噪声信号一般产生共模输入，所以 K_{CMRR} 值越大好。高质量的放大器的 K_{CMRR} 值常高于 100dB。

使用放大器及使用许多其他信号调理装置的时候，输入电阻和输出电阻是潜在的问题。放大器输入电压通常是由一个输入电源，例如传感器或其他信号调理装置产生的。当放大器的输出和其他装置连接时，输出电压将会改变。

如图 5-23a 所示，把电源装置等效成一个与电阻 R_s 串联的独立电压源 U_s，同样，把放大器的输入电阻等效成输入电阻 R_i，输出等效为与输出电阻 R_o 串联的受控电压源 GU_i，如图 5-23b 所示。

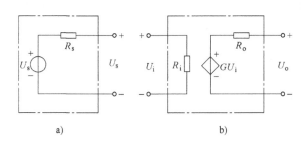

图 5-23　放大器模拟电路

a）电源　b）放大器的等效模型

如果电源没有与放大器连接，输出端电压将是 U_s。当电源和放大器连接的时候，如图 5-24 所示，U_s、R_s 和 R_i 组成一个完整的电路，电源的输出电压就不再是 U_s。

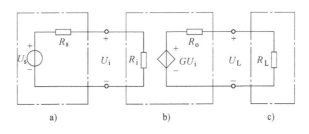

图 5-24 组合模型
a) 输入电源 b) 放大器 c) 输出负载

首先根据电源电压 U_s，求出放大器输入电压，即

$$U_i = \frac{R_i}{R_s + R_i} U_s \qquad (5\text{-}39)$$

再由输出回路，求放大器的输出电压 U_L（也是负载 R_L 的输入电压），即

$$U_L = \frac{R_L}{R_L + R_o} G U_i \qquad (5\text{-}40)$$

将式（5-39）代入式（5-40），有

$$U_L = \frac{R_L}{R_L + R_o} G \frac{R_i}{R_s + R_i} U_s \qquad (5\text{-}41)$$

在理想情况下，放大器的输出电压为

$$U_L = G U_s \qquad (5\text{-}42)$$

可见，如果 $R_i \gg R_s$ 并且 $R_o \ll R_L$，那么式（5-41）和式（5-42）将很接近。这样就没有负载效应。**因此理想的放大器（或信号调理器）的输入阻抗为无穷大，输出阻抗为零。**

二、集成运算放大器

随着集成电路技术的发展，集成运算放大器的性能不断完善，价格不断降低，完全采用分立元器件的信号放大电路已基本被淘汰。

从负载的角度来说，集成运算放大器接近于理想放大器。集成运算放大器的增益用小写的 g 表示，以示与放大器电路的增益 G 的区别。集成运算放大器的增益非常高，理想的值是无穷大。

例如，型号为 μA741C（或基本相似的 μA741）的集成运算放大器得到广泛的应用，价格极其便宜。μA741C 的输入阻抗在 2MΩ 数量级，输出阻抗约为 75Ω，增益 g 约为 2×10^5，K_{CMRR} 约为 75dB 或更高。

下面介绍使用集成运算放大器的典型放大电路。

1. 反相放大器电路

基本的反相放大器电路如图 5-25a 所示，其特点是输入信号和反馈信号均加在运放的**反相输入端**。根据理想放大器的特性，其同相输入端电压与反相输入端电压近似相等，流入集成运算放大器输入端的电流近似为零，可以得到反相放大器的电压增益为

$$G = \frac{u_o}{u_i} = \frac{R_2}{R_1} \tag{5-43}$$

式中的 G 为负值,表示输出 u_o 与输入 u_i 反相,电阻值的范围通常在 $1k\Omega \sim 1M\Omega$。

由于此时反相输入端电压趋于零(虚地),故对信号源而言,反相放大器的输入电阻近似为 R_1,而作为深度的电压负反馈,其输出电阻趋于零(一般小于 1Ω)。

2. 同相放大器电路

图 5-25b 所示为同相放大器电路,其特点是输入信号加在同相输入端,而反馈信号加在反相输入端、同样由理想放大器特性,可以分析出同相放大器的增益为

$$G = \frac{u_o}{u_i} = 1 + \frac{R_2}{R_1} \tag{5-44}$$

式中的 G 为正值,表示输出 u_o 与输入 u_i 同相。

由于流入集成运算放大器同相端的电流近似为零,故同相放大器的输入电阻趋于无穷大(一般在数百兆欧),而输出电阻仍趋于零。

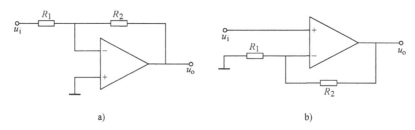

图 5-25 典型放大电路
a)反相放大器电路 b)同相放大器电路

值得注意的是,由于集成运算放大器同相端与反相端电压近似相等,即引入共模电压,因此需要高共模抑制比的集成运算放大器才能保证精度。同时在使用中需注意其输入电压幅值不能超过其共模电压输入范围。

作为同相放大器的特例,若 $R_1 \to \infty$,$R_2 \to 0$,则构成了电压跟随器,其特点是,对低频信号,其增益近似为1,同时具有极高的输入阻抗和低输出阻抗,因此,常在测试系统中用作阻抗变换器。

3. 测量放大器

在许多测试场合,传感器输出的信号不仅很微弱,而且伴随有很大的共模电压(包括干扰电压),一般对这种信号需要采用具有很高共模抑制比、高增益、低噪声、高输入阻抗的放大器实现放大,习惯上将具有这种特点的放大器称为测量放大器,又称仪表放大器。

图 5-26 所示为目前广泛应用的三集成运算放大器测量放大器电路。其中 A_1、A_2 为两个性能一致(主要指输入阻抗、共模抑制比和开环增益)的通用集成运算放大器,工作于同相放大方式,构成平衡对称的差动放大输入级;A_3 工作于差动放大方式,用来进一步抑制 A_1、A_2 的共模信号,并接成单端输出方式以适应接地负载的需要。

由电路结构分析可知,有

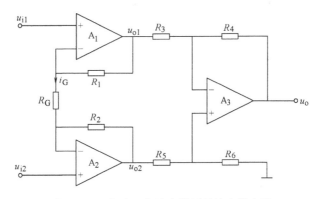

图 5-26　三集成运算放大器测量放大器电路

$$u_{o1} = \left(1 + \frac{R_1}{R_G}\right) u_{i1} - \frac{R_1}{R_G} u_{i2}$$

$$u_{o2} = \left(1 + \frac{R_2}{R_G}\right) u_{i2} - \frac{R_2}{R_G} u_{i1}$$

$$u_o = -\frac{R_4}{R_3} u_{o1} + \left(1 + \frac{R_4}{R_3}\right) \frac{R_6}{R_5 + R_6} u_{o2}$$

通常电路中 $R_1 = R_2$，$R_3 = R_5$，$R_4 = R_6$，则对差模输入电压 $u_{i1} - u_{i2}$，测量放大器的增益为

$$G = \frac{u_o}{u_{i1} - u_{i2}} = -\frac{R_4}{R_3}\left(1 + \frac{2R_1}{R_G}\right) \tag{5-45}$$

测量放大器的共模抑制比主要取决于 A_1、A_2 的对称性以及 A_3 的共模抑制比和输出级外接电阻 R_3、R_5 及 R_4、R_6 的匹配精度（±0.1%以内）。一般其共模抑制比可达 120dB 以上。

此外，测量放大器电路还具有增益调节功能，调节 R_G 可以改变增益而不影响电路的对称性。而且由于输入级采用了对称的同相放大器，输入电阻可达数百兆欧以上。

目前已开发出各种高质量的单片集成仪表放大器，通常只需外接电阻 R_G，用于设定增益，这些集成仪表放大器构成电路时外接元件少，使用灵活，能够处理几微伏到几伏的电压信号。

第五节　信号的显示和记录

测试信号只有以一定的形式被显示或记录才能使人知晓测量结果。在工程测试中，常用的记录、显示仪器很多，如电子示波器、磁带记录器、X-Y 记录仪、动圈式指示仪表、笔录仪等，这些显示记录仪用于记录显示模拟信号。另外 LED 显示器（数码管）、LCD 显示器、磁盘等用于显示记录数字信号。数字信号显示记录装置大多作为智能化测试仪的显示记录装置。模拟信号显示记录仪一般又分电流式显示记录仪和电压式显示记录仪，这取决于显示记录仪的工作原理。

电子示波器、磁带记录器、X-Y 记录仪均为电压式显示记录仪；而动圈式指示仪表、笔录仪为电流式显示记录仪。这些显示记录仪有的是一阶系统，有的是二阶系统，均有一定的使用频率范围和精度指标等。在选用时，要根据被记录的测试信号形式（电流、电压）、最高频率、精度要求等分析，选择合适的显示记录装置。现简要介绍几种常用显示记录装置。

一、笔式记录仪

笔式记录仪实际上是在指针式电表的基础上，把指针换成记录笔或在指针的尖端装设记录笔而成的，分可动线圈（动圈）式、可动铁心式和感应式几种。图5-27所示为动圈式笔式记录仪示意图，其核心是磁电式检流计，故又称为检流计式笔录仪。当信号电流输入检流计的线圈时，在磁场力的作用下，线圈产生与信号电流成正比的角度偏转，直接带动笔杆摆动，同时，弹簧产生与转角成正比的弹性回复力矩与电磁转矩平衡。

笔式记录仪结构简单，指示与记录能同时进行，但这种记录器的笔尖与记录纸间摩擦较大，可动部分质量大，需要相当大的驱动力矩，并需要抑制笔急速运动时跳动的强力阻尼装置，因此，这种记录仪灵敏度较低，只适合于记录长时间慢变化信号，以及要求指示与记录同时进行的场合。

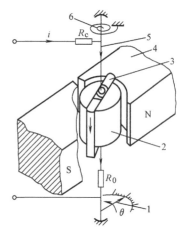

图 5-27 动圈式笔式记录仪
1—指针 2—铁心 3—线圈 4—永久磁铁
5—转轴和支撑 6—弹簧（游丝）

二、光线示波器

光线示波器是一种由光学、机械、磁、电系统综合组成的通用记录仪。它利用磁电式振动子将输入的电流信号转换成光点的横向移动，然后在等速移动的感光纸上将被测信号记录下来。图5-28所示为光线示波器工作原理图，由振动子系统、光学系统、记录纸传动系统以及电气系统组成。

振动子系统包括振动子、磁系统和恒温装置，目前光线示波器都采用共磁式动圈振动子，即许多振动子插入一个公共的磁系统中，磁系统上还有调节振动子俯仰角和水平位置转角的调节装置，以使振动子得到最佳位置。为了保证振动子的动态特性不受或少受环境温度的影响，磁系统上还装有自动控制的电热器，以保证振动子处于恒温（45±5℃）环境中。振动子由张丝、支承、反射镜、线圈、弹簧等组成，反射镜粘在张丝上，当电流流经线圈时，线圈在磁场中受到电磁转矩的作用，带着反射镜一起转动，由光源射到反射镜的光束被反射到感光纸

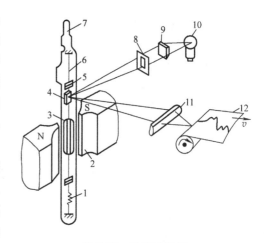

图 5-28 光线示波器
1—弹簧 2—磁极 3—线圈 4—反射镜 5—支承
6—张丝 7—振动子 8—光栏 9—圆柱透镜
10—光源 11—圆柱透镜 12—感光纸及走纸机构

上,形成光点,该光点随反射镜转动而在感光纸上产生横向偏移,于是在等速移动的感光纸上就描绘出波形,该波形表达了被测信号与时间的关系。这就是光线示波器的工作原理。

三、磁带记录器

磁带记录器是利用铁磁性材料的磁化进行记录的仪器,它具有如下特点:

输入、输出均为电信号,便于与数据处理设备及计算机连接。

存储的信息可以多次重放而不消失,也可以方便地将磁带中的信息抹掉,再进行新信息的记录。磁带可以反复使用多次。

可以记录从直流到兆赫兹频率的交流信号,信噪比高,线性好,零点漂移小,比较容易进行多线记录。

磁带记录可以快录慢放,也可以慢录快放,实现信号的时间压缩或扩展,这在数据处理中是十分有用的。

磁带记录器结构简单,便于携带,因而应用广泛。

1. 工作原理

磁带记录器的典型结构如图 5-29 所示,其主要部件为磁头和磁带,如图 5-30 所示。记录磁头和重放磁头结构大体相同,在带有磁隙的环行铁心上绕有线圈。铁心由高磁导率、低电阻、耐磨性好的软磁性材料薄片叠成。磁带是一条涂有一层磁性材料的长塑料带。磁带上的磁性材料采用硬磁材料。

记录时,输入信号先被放大,再提供给记录磁头。记录磁头线圈内的信号电流在磁头的铁心中产生磁力线,由于气隙的磁阻较大,大部分磁力线都绕过气隙,通过磁带表面层的磁性材料而闭合,从而使磁头底下的一小部分磁层磁化。随着磁带的移动,被磁化的磁层离开记录磁头,由于磁滞效应,磁带的磁化材料就产生了与磁场强度相应的剩磁。由于磁场强度与输入线圈的信号电流成正比,则剩磁亦与信号电流成正比。这就是磁带记录过程。

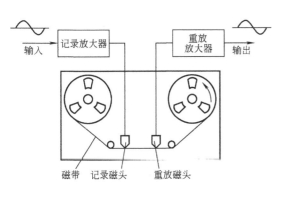

图 5-29 磁带记录器的典型结构

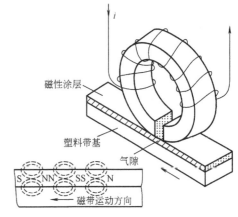

图 5-30 磁带和磁头

当记录有剩磁通的磁带经过重放磁头的磁隙时,因重放磁头铁心的磁阻很小,剩磁通穿过铁心形成回路,与磁头线圈交链耦合,而在线圈中产生感应电动势,其大小与剩磁通变化率成正比。这样，经过重放磁头，剩磁通的变化率则转换成磁头线圈的输出电压，这就是磁带信号的再现过程。

2. 信号记录

按照信号记录方式，磁带记录分数字式和模拟式两种。在模拟记录方式中，最常用的是直接记录和频率调制两种方式。数字记录也分为多种方式。

(1) **直接记录方式**（DR 方式） 直接记录方式出现最早，在语言、声音录制中用得很普遍。在测试信号记录中，在要求不高的场合中也还采用。

采用直接记录方式的磁带记录器，被记录的信号送入记录器放大后，再送入记录磁头线圈。记录磁头产生的磁场强度直接与输入信号的幅值成比例，频率也相同，故称为直接记录方式。这种方式的优点是结构简单，工作频带宽（50Hz~1MHz）。图 5-31 为直接记录方式框图。

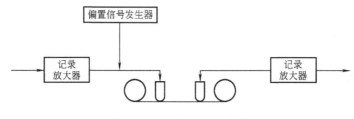

图 5-31 直接记录方式框图

由于直接记录方式下限频率（50Hz）太高，应用范围受到一定的限制。为了使磁带记录器可用频率范围的下限扩大到 0Hz，同时为了消除磁带铁磁材料磁化曲线非线性的影响，常采用交流偏磁技术，即采用调制式磁带记录器。调制式磁带记录器是在记录磁头上加入一个高频偏置（即图 5-31 中偏置信号发生器），其频率是磁带记录器可用频率范围上限的 5~10 倍，幅值为磁化曲线线性区的中点，这样可以避开磁化曲线的非线性区。但是，这种记录器可记录信号的频带较窄，为 0~80Hz。

(2) **频率调制记录方式**（FM 方式） 频率调制方式是目前工程测量用磁带记录器中采用最广的方式，其基本原理见"频率调制与解调"。把信号变成调频波后，调频波是恒幅的，其频率的偏移正比于输入信号的幅值。这种调频波很容易转换为仅具有"0"和"1"两值的信号，或者转换为疏密不等的脉冲信号，所以不受剩磁曲线非线性的影响，对信号的跌落也不敏感。重放时，重放磁头只要检测出磁带上的频率信息，经过解调、低通滤波后即可输出记录信号。

频率调制记录方式具有精度高、抗干扰性能好的特点。但该记录方式由于受到工作频率上限的限制，其工作频带一般为 0~100kHz 左右，适宜记录低频信号。

(3) **数字记录方式** 数字记录方式也称脉冲码调制方式（PCM 方式）。这种方式是由于数字计算机的广泛应用而发展起来的。

数字式记录是把被记录信号放大后，经过 A/D 转换为二进制代码，并由磁带记录这些脉冲。重放时将放出的脉冲码经 D/A 转换再复原为模拟信号而恢复被记录波形，也可将脉冲码直接输到数字信号处理装置中去进行后续处理和分析。

数字记录方式的优点是准确可靠，记录带速的不稳定对记录精度基本没有影响，同时，记录、重放的电子电路简单。其缺点是在进行模拟信号记录时需 A/D 转换,记录密度也只有 FM 记录方式的 1/10。

四、LED 显示器

LED 即发光二极管,它是一种由某些特殊性能的半导体材料制作成的 PN 结,由于掺杂浓度很高,当正向偏置时,会产生大量的电子-空穴复合,把多余的能量释放变为光能。LED 显示器具有工作电压低、体积小、寿命长、响应速度快(小于 $1\mu s$)、颜色丰富(红、黄、绿等)等特点,是智能仪器最常使用的显示器。

施加正向电压,并使其电流在 5~20mA 时,LED 就会发光。LED 的正向工作压降一般在 1.2~2.6V,发光强度基本上与正向电流成正比,故电路应串联适当的限流电阻。LED 很适于脉冲工作状态,在平均电流相同的情况下,脉冲工作状态比直流工作状态产生的亮度增强 20% 左右。

LED 显示器有单个、七段和点阵式等几种类型。

(1)**单个 LED 显示器** 单个 LED 显示器常用于仪器的状态显示。图 5-32 所示为单个 LED 显示器的接口电路。仪器内微处理器由数据总线 $D_0 \sim D_7$,得到待显示的代码,送至输出接口。当其输出端 Q_0 为低电平时,LED 显示器正向导通并发亮,反之则熄灭。74LS374 作为输出口最多能同时驱动八个 LED 显示器,表示仪器的八个状态信息。

(2)**七段 LED 显示器** 七段 LED 显示器由数个 LED 组成一个阵列,并封装于一个标准的外壳中。为适用于不同的驱动电路,它有共阳极和共阴极两种结构,如图 5-33 所示。用七段 LED 显示器可组成 0~9 的数字和多种字母,为了适应各种装置的需要,这种显示器中还提供有一个小数点的显示功能,所以实际共有八段。

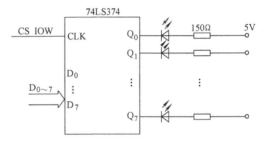

图 5-32 单个 LED 显示器的接口电路

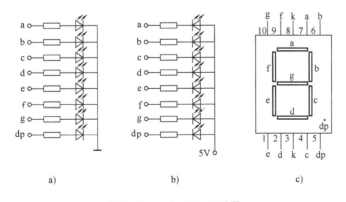

图 5-33 七段 LED 显示器
a)共阴极 b)共阳极 c)引脚图

为了显示某个数或字符，就要点亮对应的段，这就需要译码。译码有硬件译码和软件译码之分。硬件译码是由七段译码/驱动器完成。BCD码转换为对应的七段字型码（简称段码）工作。与硬件译码相比，软件译码显示电路省去硬件译码器，其BCD码转换为对应段码的工作由软件来完成。采用软件译码不仅可使硬件电路简化，而且其译码逻辑可随编程设定，不受硬件译码逻辑的限制。所以智能仪器使用较多的是软件译码方式。

(3) **点阵式LED显示器**　七段LED显示器只能显示数字和部分字符，并且字符显示的形状与印刷体相差较大，识别比较困难。点阵式LED显示器是以点阵格式进行显示的，因而显示的符号比较逼真，还可显示图形。这是点阵式显示器优越之处。点阵式显示器电路不足之处是接口电路及控制程序较复杂。

五、液晶显示器（LCD）

液晶显示是一种极低功耗的显示器件。在袖珍式仪表或低功耗应用系统中使用广泛。

1. 液晶显示器的基本结构和工作原理

液晶显示器的结构如图5-34所示。

在上下玻璃电极之间封入向列型液晶材料，液晶分子平行排列，上、下扭曲90°，外部的入射光线通过上偏振片后形成偏振光，该偏振光通过平行排列的液晶材料后被旋转90°，再通过与上偏振片垂直的下偏振片，被反射板反射回来，呈透明状态。当上下电极加上一定的电压后，电极部分的液晶分子转成垂直排列，失去旋光性，从上偏振片入射的偏振光不被旋转，光无法通过下偏振片返回，因而呈黑色。基于这个原理，根据需要将电极做成各种文字、数字、图形，就可以获得各种状态显示。

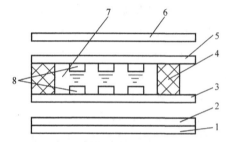

图5-34　液晶显示器的基本结构
1—反射板　2—下偏振片　3—下电极基板
4—封接剂　5—上电极基板　6—上偏振片
7—液晶材料　8—电极

2. LCD的驱动方式

液晶显示器的驱动方式由电极引线的选择方式确定。因此，在选好液晶显示器之后，用户即无法改变驱动方式。

液晶显示器的驱动方式一般有静态驱动和时分割驱动两种。

(1) **静态驱动方式**　静态驱动电路及波形如图5-35所示。图中LCD表示某个液晶显示字段，当此字段上两个电极的电压相位相同时，两电极的相对电压为零，该字段不显示；当此字段上两个电极的电压相位相反时，两电极的相对电压为两倍幅值方波电压，该字段呈黑色显示。

图5-36a、b所示为七段液晶显示器的电极配置和驱动电路，七段译码器完成从BCD码到七段段选的译码，其真值表及数字显示如图5-36c所示。

(2) **动态扫描驱动方式**　当显示字段增多时，为减少引出线和驱动电路数，需要采用分时动态扫描驱动方式。该方式通常采用电压平均化法，其占空比有1/2、1/8、1/11、1/16、1/32、1/64等，偏置电压比有1/2、1/3、1/4、1/5、1/7、1/9等。

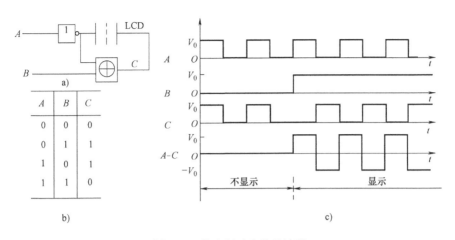

图 5-35 静态驱动电路及波形
a) 驱动电路 b) 真值表 c) 驱动波形

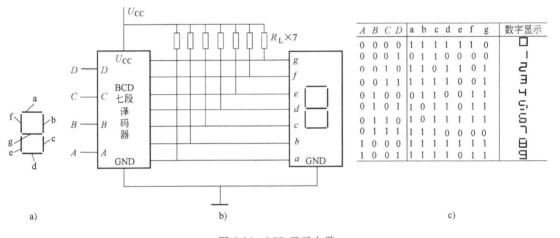

图 5-36 LCD 显示电路
a) 电极配置 b) 驱动电路 c) 译码及数字显示

以计算器显示屏常用的 1/3 偏置法为例说明如下，图 5-37 为八位计算器 LCD 电极引线及 1/3 偏置时分割驱动波形。

六、图像显示器

图像显示器的主要部分是阴极射线管，阴极射线管的基本结构如图 5-38 所示。阴极发出的电子由阳极加速。在阴极和阳极之间的电极称为栅极或调制极，改变调制极的电位可调整电子束，经过调整的电子束再通过聚焦系统（该系统可以是电磁的，也可以是静电的）、y 偏转系统和 x 偏转系统，然后射到荧光屏的内表面上。荧光屏内表面涂有磷质材料。磷质材料在电子的撞击下能发出可见光。在电子束停止发射的时刻，由磷发出的光不是立刻中断而是渐渐地消失，人们称这一现象为磷光延迟，延迟时间称为磷的时间常数，磷的时间常数可从 $1\mu s$ 至 $1s$，甚至更长。

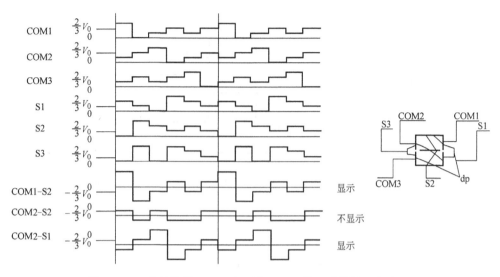

图 5-37 八位计算器 LCD 电极引线及 1/3 偏置时分割驱动波形

在非记忆显示中,每当磷光衰减到一定水平,必须对磷质材料进行重新激励,以保持闪烁最小的静态图像。不过也有一些记忆显示的,会让显示保持在荧光屏上而不需要再激励。

输给显示器的测量数据为 ASCII 标准信息交换码,ASCII 码先转换为一系列脉冲的形式再送给调制极,用以激励点图案。显示在计算机的控制下进行,

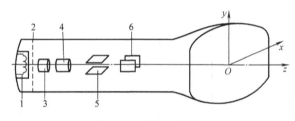

图 5-38 阴极射线管
1—阴极 2—栅极 3—阳极 4—聚焦系统
5—y 偏转系统 6—x 偏转系统

观察者(操作者)可通过键盘输入信息和指令。现代阴极射线管显示器都制成彩色的,不仅可以显示数字、字母,还可显示图形。

思考题及习题

一、选择题

1. 在测试系统中,( )最重要。
   A. 传感器　　B. 放大器　　C. 电桥　　D. 显示和记录仪器
2. 将电阻、电容、电感等参数的变化变为电压或电流输出的一种测量电路为( )。
   A. 电桥　　B. 运算放大器　　C. 调制与解调电路　　D. 滤波器
3. ( )后续不能接电桥装置。
   A. 电阻应变式传感器　　　　B. 电涡流式电感传感器
   C. 电容式传感器　　　　　　D. 霍尔式传感器
4. 调幅过程相当于在时域中将低频调制信号与高频载波信号( )。
   A. 相乘　　B. 相除　　C. 相加　　D. 卷积

5. 调幅时，对于载波频率 f_c 和调制信号中的最高频率 f_m 之间的关系要求是（   ）。
   A. $f_c>2f_m$ B. $f_c<2f_m$ C. $f_c>f_m$ D. $f_c<f_m$

6. 在电桥测量电路中，由于电桥接法不同，输出的电压灵敏度也不同，（   ）可以获得最大的输出。
   A. 单臂电桥   B. 差动半桥   C. 补偿电桥   D. 全桥

7. （   ）适用范围广一些。
   A. 同步解调   B. 包络检波   C. 相敏检波   D. 鉴频

8. （   ）的输入电阻不等于零，因而在与传感器配合使用时，需要注意阻抗匹配问题。
   A. 电压跟随器   B. 反相放大器   C. 同相放大器   D. 测量放大器

9. 只使在 $f_{c1} \sim f_{c2}$ 之间的频率信号通过，应采用（   ）滤波器。
   A. 带阻   B. 带通   C. 高通   D. 低通

10. 调幅就是使高频载波的（   ）随调制信号而变化。
    A. 幅值   B. 频率   C. 相位   D. 最大值

11. 如果隔振台对低频激励起不了明显的隔振作用，但对高频激励却有很好的隔振作用，那么，隔振台属于（   ）。
    A. 高通滤波器   B. 低通滤波器   C. 带通滤波器   D. 带阻滤波器

12. 在动态测试中，电桥的输出量通常采用（   ）。
    A. 电阻量   B. 电压量   C. 电流量   D. 电感量

13. 直流电桥同一桥臂增加应变片数时，电桥灵敏度将（   ）。
    A. 增大   B. 减少   C. 不变   D. 变化不定

二、填空题

1. 电桥是将传感器输出的_____的变化转换成_____的变化的装置。

2. 调幅就是使载波的_____随调制信号而变化的过程，调频就是使载波的_____随调制信号而变化的过程。

3. 在测量过程中不可避免会引入噪声，一般噪声是_____频信号，所以传感器的输出要采用_____滤波器滤掉噪声信号。

4. 电桥是将_____等参数的变化转换为_____输出的一种测量电路。

5. 将电桥接成差动方式可以提高_____，改善_____，进行补偿。

6. 为了补偿温度变化给应变测量带来的误差，工作应变片与温度补偿应变片应接在_____桥臂上。

7. 调幅信号由载波的_____携带信号信息，而调频信号则由载波的_____携带信号信息。

三、解答题

1. 在传感器测量电路中，直流电桥与交流电桥有什么不同，如何考虑二者的应用场合？用电阻应变片组成的半桥、全桥电路与惠斯通电桥相比有哪些改善？

2. 应用应变片进行测量为什么要进行温度补偿？常采用的温度补偿方法有哪几种？

3. 为什么应变式传感器大多采用交流不平衡电桥作为测量电路？该电桥为什么又都采

用半桥和全桥两种方式？

4. 电容式和电感式传感器常用的测量电路是什么？

5. 电荷放大器是哪种传感器的测量电路？有什么特点？

6. 交流电桥可作为哪些传感器的测量电路？

7. 什么是调制和解调，调制和解调的作用是什么？

8. 常用的调幅电路有哪些？相应的解调电路是什么？

9. 常用的调频电路有哪些？相应的解调电路是什么？

10. 带通滤波器可否由高通滤波器、低通滤波器直接串联构成？请说明理由。

11. 常见的信号记录装置各有什么特点，如何选用。

12. 现计划在等截面的悬臂梁上粘贴4个完全相同的电阻应变片组成差动全桥电路。

(1) 4个应变片应怎样粘贴在悬臂梁上？

(2) 画出相应的电桥电路图。

13. 一个量程为10kN的应变式测力传感器，其弹性元件为薄壁圆筒轴向受力，外直径20mm，内直径18mm，在其表面粘贴8个应变片，4个沿轴向粘贴，4个沿周向粘贴，应变片的电阻值均为120Ω，灵敏度为2.0，泊松比为0.3，材料弹性模量为2.1×10^{11}Pa，要求：

(1) 绘出弹性元件贴片位置及全桥电路；

(2) 计算传感器在满量程时，各应变片电阻变化；

(3) 当电桥的供电电压为10V时，计算传感器的输出电压。

14. 用悬臂梁测力，4片电阻应变片标称阻值均为120Ω，应变片灵敏度系数$K=2$。

(1) 全桥测量如何贴片和组桥？（用图说明）

(2) 如悬臂梁应变$\varepsilon=0.01$，电桥电压$E=30$V，求全桥的输出电压U_o。

15. 如图5-39所示是一个悬臂梁，现今用电阻应变片测量作用力F。若考虑电阻应变片的温度补偿，请画图表示应变片粘贴的位置和测量电路的接法，指出补偿方法及原理，并指出为保证补偿效果应注意的问题。

16. 4片相同的金属丝应变片（$K=2$），贴在实心圆柱形测力弹性元件上，如图5-40所示。已知力、圆柱截面面半径、杨氏模量和泊松比。请完成以下内容：

(1) 画出应变片在圆柱上粘贴位置及相应测量桥路原理图；

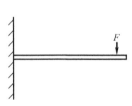
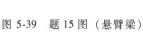
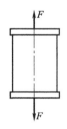

图5-39 题15图（悬臂梁）　　图5-40 题16图（测力弹性元件）

(2) 求各应变片的应变电阻相对变化量；

(3) 若电桥电压$U=6$V，求桥路输出电压；

(4) 此种测量方式能否补偿环境温度对测量的影响？说明原因。

第六章

测量误差分析

在测量与实验所得数据和被测量的真值之间，不可避免地存在着差异，这在数值上即表现为误差。随着科学技术的日益发展和人们认识水平的不断提高，虽可将误差控制得越来越小，但完全消除它是不可能的。误差存在的必然性和普遍性，已为大量实践所证明，为了充分认识并减小或消除误差，必须对测量过程和科学实验中始终存在着的误差进行研究。

第一节 误差的基本概念

一、误差的定义及表示法

所谓误差就是测得值与被测量的真值之间的差，用公式可表示为

$$误差 = 测得值 - 真值 \tag{6-1}$$

测量误差可以用绝对误差表示，也可以用相对误差表示。

1. 绝对误差

绝对误差就是某量的测得值和真值之差，通常简称为误差。可表示为

$$绝对误差 = 测得值 - 真值 \tag{6-2}$$

由式（6-2）可知，绝对误差可能是正值，也可能是负值。

在观测一个量时，该量本身所具有的真实大小就是所谓的真值。量的真值是一个理想的概念，除了在某些特定情况下，一般是不知道的。在实际测量中，真值常用被测量的实际值来代替，而实际值的定义是满足规定精确度的用来代替真值使用的量值。例如在检定工作中，将高一等级精度的标准所测得的量值称为实际值。再如用二等标准活塞压力计测量某压力，测得值为 9000.2N/cm^2；如果该压力用高一等级的精确方法测得值为 9000.5N/cm^2，则后者可视为实际值，这时二等标准活塞压力计的测量误差为 -0.3N/cm^2。

2. 相对误差

相对误差是绝对误差与被测量的真值之比值。由于测得值与真值接近，故也可近似用绝对误差与测得值之比值作为相对误差，即

$$相对误差 = \frac{绝对误差}{真值} \approx \frac{绝对误差}{测得值} \tag{6-3}$$

因绝对误差可能为正值或负值，所以相对误差也可能为正值或负值。

相对误差是无名数，通常以百分数（%）来表示。

二、误差分类

按照误差的特点与性质，可将误差分为系统误差、随机误差（也称偶然误差）和粗大误差三类。

1. 系统误差

系统误差是在同一条件下，多次测量同一量值时，绝对值和符号保持不变，或在条件改变时，按一定规律变化的误差。譬如标准量值的不准确、仪器刻度的不准确而引起的误差。

2. 随机误差

随机误差是在同一测量条件下，多次测量同一量值时，绝对值和符号以不可预知的方式变化着的误差。如仪器仪表中传动部件的间隙和摩擦、连接件的弹性形变等引起的示值不稳定所造成的误差。

3. 粗大误差

粗大误差是超出在规定条件下预期的误差，或称"疏失误差"。此误差值较大，明显歪曲测量结果。如测量时对错了标志、读错或记错了数、使用有缺陷的仪器以及在测量时因操作不细心而引起的过失性误差等。

第二节 随 机 误 差

一、随机误差的产生原因

当对同一量值进行等精确度的多次重复测量时，得到一系列不同的测量值（常称为测量列），每个测量值都含有误差，这些误差的出现又没有确定的规律。也就是说前一个误差出现后，不能预知下一个误差的大小和方向，但就误差的总体而言，却具有统计规律性。由很多暂时未能掌握或不便掌握的微小因素所构成的误差就是随机误差，这些因素主要有以下几方面：

（1）**测量装置方面的因素**　如零部件配合的不稳定性、零部件的变形、零件表面油膜不均匀、摩擦等。

（2）**环境方面的因素**　如温度的微小波动、湿度与气压的微量变化、光照强度变化、灰尘以及电磁场变化等。

（3）**人员方面的因素**　如瞄准、读数的不稳定等。

二、随机误差的正态分布

如果测量列中不包含系统误差和粗大误差，那么该测量列中的随机误差一般具有以下几个特征：

（1）**误差的对称性**　即绝对值相等的正误差与负误差出现的次数几乎相等。

（2）**误差的单峰性**　即绝对值小的误差比绝对值大的误差出现的次数多。

（3）**误差的有界性**　即在一定的测量条件下，随机误差的绝对值不会超过一定界限。

(4) 误差的抵偿性 即随着测量次数的增加，随机误差的算术平均值趋向于零。

由第一特征可以推导出最后一个特征。因为绝对值相等的正误差和负误差之和可以互相抵消。当测量次数有限时，随机误差的算术平均值是一个有限小的量，而对于测量次数无限增大时，它趋向于零。

服从正态分布的随机误差均具有以上四个特征。由于多数随机误差都服从正态分布，所以在误差理论中，正态分布占有十分重要的地位。

设被测量的真值为 l_0，一系列测得值为 l_i，则测量列中的随机误差 δ_i 为

$$\delta_i = l_i - l_0 \tag{6-4}$$

式中 $i = 1, 2, \cdots, n$。

正态分布的分布密度 $f(\delta)$ 与分布函数 $F(\delta)$ 为

$$f(\delta) = \frac{1}{\sigma\sqrt{2\pi}} e^{-\delta^2/(2\sigma^2)} \tag{6-5}$$

$$F(\delta) = \frac{1}{\sigma\sqrt{2\pi}} \int_{-\infty}^{\delta} e^{-\delta^2/(2\sigma^2)} d\delta \tag{6-6}$$

式中 σ——标准差（或均方根误差）。

它的数学期望为

$$E = \int_{-\infty}^{\infty} \delta f(\delta) d\delta = 0 \tag{6-7}$$

它的方差为

$$\sigma^2 = \int_{-\infty}^{\infty} \delta^2 f(\delta) d\delta \tag{6-8}$$

三、算术平均值

由于存在随机误差，当对某一量进行一系列等精确度测量时，其测得值各不相同，应以全部测得值的算术平均值作为测量结果。

算术平均值就是在系列测量中，被测量的 n 个测得值的代数和除以 n 而得的值。

设 $l_1, l_2, \cdots, l_n$ 为 n 次测量所得的值，则算术平均值 $\bar{\chi}$ 为

$$\bar{\chi} = \frac{l_1 + l_2 + \cdots + l_n}{n} = \frac{\sum_{i=1}^{n} l_i}{n} \tag{6-9}$$

算术平均值与被测量的真值最为接近，由大数定律可知，如果测量次数无限增加，则算术平均值 $\bar{\chi}$ 必然趋近于真值 l_0。

由式（6-4）求和得

$$\delta_1 + \delta_2 + \cdots + \delta_n = (l_1 + l_2 + \cdots + l_n) - nl_0 \tag{6-10}$$

$$\sum_{i=1}^{n} \delta_i = \sum_{i=1}^{n} l_i - nl_0 \tag{6-11}$$

$$nl_0 = \sum_{i=1}^{n} l_i - \sum_{i=1}^{n} \delta_i \tag{6-12}$$

根据正态分布随机误差的第四特征可知：当 $n\to\infty$ 时，有 $\sum_{i=1}^{n}\delta_i \to 0$，因此

$$\bar{\chi} = \frac{\sum_{i=1}^{n} l_i}{n} \to l_0 \tag{6-13}$$

由此可见，若能够对某一量进行无限多次测量，就可得到不受随机误差影响的测量值。但由于实际上是有限次测量，所以只能将算术平均值近似地作为被测量的真值。

第三节 系统误差

一、系统误差的分类

在相同测试条件下，多次测量同一被测量时，测量误差的大小和符号保持不变或按一定的函数规律变化，并服从确定的分布规律的误差称为系统误差。

系统误差主要是由测量设备的缺陷、测量环境变化、测量时使用的方法不完善、所依据的理论不严密或采用了某些近似公式等造成的。

根据需要，系统误差可以有多种不同的分类方法。

(1) 根据系统误差的变化分类 根据系统误差变化与否，可将系统误差分为恒值系统误差与变值系统误差。

1) 恒值系统误差。不随实验条件变化而保持恒定的系统误差称为恒值系统误差，如仪表的零点偏移、刻度不准而产生的测量误差。

2) 变值系统误差。随着实验条件的变化而变化的系统误差称为变值系统误差，如测量电路中各种元器件的参数随温度而变化所产生的测量误差。

(2) 根据误差产生的原因分类 根据误差产生的原因，可将系统误差分为以下五类。

1) 工具误差。工具误差是由于测量所用工具（仪器、量具等）本身不完善而产生的误差，也称为仪器误差。

2) 装置误差。装置误差是由于测量设备和电路的安装、布置及调整不得当而产生的误差。譬如测试设备没有调整到水平、垂直、平行等理想状态，以及测试设备未能对中、方向不准等所产生的误差。

3) 环境误差。环境误差是由于外界环境（温度、湿度、电磁场等）的影响而产生的误差。各类仪器仪表都有在一定条件下的性能参数或者精度指标，也就是所谓的基本精度。而使用时若环境条件不满足使用要求，其误差会增加，即所谓的附加误差。

4) 方法误差。方法误差是由于测量方法本身所形成的误差，或者由于测量所依据的理论本身不完善等原因而产生的误差，也称理论误差。

5) 人员误差。人员误差主要包括人员视差、观测误差、估读误差和读数误差等。

(3) 根据误差的变化规律分类 根据误差的变化规律，可将系统误差分为常值性的、累进性的、周期性的以及按复杂规律变化的系统误差。

上述是从不同的角度对误差进行分类，对于每一种具体的误差，由于其产生的原因、自

身的规律以及人们对其掌握的程度都各不相同,因此对其分析研究以及消除和补偿方法也不尽相同。

由于系统误差具有一定的规律性,所以它是可以预测的,也是可以消除的。

二、系统误差分析

系统误差是一种恒定不变的或按一定规律变化的误差,它可能是一个常数,也可能是时间的函数。

1. 系统误差的特点

(1) **确定性** 系统误差是固定不变的,或是一个确定性的,即非随机性质的时间函数,它的出现符合确定的函数规律。

(2) **重现性** 在测量条件完全相同时,经过重复测量,系统误差可以重复出现。

(3) **可修正性** 系统误差具有重现性,因此它也有可修正性。

为了分析方便,可以按出现的规律把系统误差分为四类。

1) 固定不变的系统误差。在重复测量中,测量结果的符号和大小都固定不变误差称为固定不变的系统误差。

2) 线性变化的系统误差。线性变化的系统误差是随测量次数或测量时间的增加而变化的系统误差,这种误差主要是由于误差积累而产生的,常常与测量时间成线性关系。如蓄电池的电压或电流随使用时间的增加而缓慢降低,从而导致误差。

3) 周期性变化的系统误差。在测量过程中,误差的大小和符号均按一定周期发生变化的误差称为周期性变化的系统误差。

4) 变化规律复杂的系统误差。变化规律复杂的系统误差就是变化规律无法用简单的函数关系式表达的系统误差。

2. 系统误差的判别

系统误差的存在,会严重影响测量的结果。在测试工作过程中,首先要判别是否存在系统误差,然后再设法消除。

(1) **实验对比法** 这种方法适用于发现固定不变的系统误差。它是通过改变产生系统误差的某一条件,进行其他条件相同的测量,以便发现误差。譬如,一台存在固定系统误差的仪表,即使进行多次测量,也不能发现误差,只有用更高一级精度的测试仪表进行同样的测试,它的系统误差才能检验出来。

(2) **偏差观察法** 这种方法主要适用于发现有变化规律的系统误差。严格地讲,误差是指观测值与真值之差,而偏差是指观测值与平均值之差。但习惯上将两者名称混用而不加区别。通过对被测对象进行多次测量后,即可得到每次测量的偏差,通过对偏差列大小和符号的变化分析,即可以判断每次测量结果是否存在系统误差。

如图 6-1 所示,该图是以观察次数为横坐标、测量偏差为纵坐标的多次测量结果图。

如图 6-1b 所示,如果偏差数值有规律地递增或递减,并在测量开始或结束时误差符号相反,则可以认为存在线性的系统误差;如图 6-1c 所示,如果偏差数值有规律地由正变负,再由负变正,并且循环交替重复变化,则可能存在周期性变化的系统误差;如果偏差大致上正负相同,并且无明显变化规律,则可认为测量结果不存在系统误差,如

图 6-1a 所示。

（3）**偏差之和相减法** 当测量次数较多时，将测量结果前一半的偏差之和，减去后一半的偏差之和。如果其差值明显不为零，则可认为在测量结果中存在着变化的系统误差；如果其差值接近于零，说明不存在变化的系统误差。

3. 系统误差的削弱与消除

消除系统误差最基本的方法是在测量前就去掉产生误差的根源，这就要求测量人员详细检查测量过程中可能产生系统误差的环节，把它们调整到最佳状态。在测量过程中，若上述措施无效，为便于削弱或消除系统误差，就要采取适当的测量方法和读数方法。

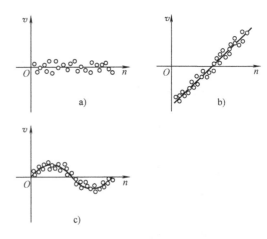

图 6-1 偏差典型变化规律
a）无系统误差 b）线性系统误差
c）周期性系统误差

（1）**固定不变的系统误差消除法**

1）代替法。先对被测量进行测量得 l_1，然后在相同的条件下，用一个大小适当并已知的标准量 l_0 代替被测量进行测量得 l_2。如果系统误差是固定不变的，则 l_1 和 l_2 的误差也是不变的。

首先求误差值：误差值 $=l_0-l_2$，那么，实际值 = 测量值±误差值。

2）交换法。在测量时将引起系统误差的某些条件相互交换，如被测物的位置，而保持其他条件不变，使系统误差的产生因素对测量结果起相反的作用。为消除系统误差，取两次测量的平均值作为测量结果。例如，用等臂天平称重时，在天平的左右称盘上交换被测物与砝码，称量两次，取平均值，则可消除由于天平两臂不等而引起的固定系统误差。

（2）**线性系统误差消除法** 对称测量法是消除线性系统误差的较好方法，亦称等距读数法。线性变化的系统误差是指误差数值随测量时间或测量次数成线性规律变化。

（3）**周期性变化的系统误差消除法** 可用半周期读数法消除周期性变化的系统误差。设误差是周期性变化的，因此经过半个周期，误差就变号，利用此特点，每相隔半个周期进行一次测量，取两次读数的平均值作为测量值，则可消除周期性误差。所以在测量之前，需要准确确定误差的周期，否则消除效果会变差。

第四节 粗大误差与异常数据的取舍

粗大误差的数值比较大，带有粗大误差的测得值明显偏离其真值，一旦发现含有粗大误差的异常数据，应将其从测量结果中剔除。

一、粗大误差的产生原因

产生粗大误差的原因有许多，大致归纳为：

（1）**测量人员的主观原因**　这是粗大误差产生的主要原因，是由于测量者错误地读数和错误地记录造成的。

（2）**客观外界条件的原因**　由于测量条件意外地改变，如外界振动等，引起仪器示值或被测对象位置的改变而产生的粗大误差。

二、防止与消除粗大误差的方法

除了设法从测量结果中发现和鉴别粗大误差并加以剔除外，更重要的是要加强测量者的工作责任心和以严格的科学态度对待测量工作。此外，还要保证测量条件的稳定，或者应避免在外界条件发生激烈变化时进行测量。若能达到以上要求，一般情况下是可以防止粗大误差产生的。

为了及时发现与防止测得值中含有粗大误差，在某些情况下，可采用不等精度测量和互相之间进行校核的方法。譬如，可由两位测量者对某一被测值进行测量、读数和记录；或者用两种不同仪器或两种不同方法进行测量。如测量薄壁圆筒内径，可通过直接测量内径或测量外径和壁厚，再经过计算求得内径，两者互相校验。

三、判别粗大误差的准则

在判别某个测得值是否含有粗大误差时，要特别慎重，应作充分的分析和研究，并根据判别准则予以确定。现将通常用来判别粗大误差的准则简介如下。

1. 3σ 准则（莱以特准则）

最常用也是最简单的判别粗大误差的准则是 3σ 准则，它是以测量次数充分大为前提。但通常测量次数皆较少，所以 3σ 准则只是一个近似的准则。

对于某一测量列，如果各测得值只含有随机误差，则根据随机误差的正态分布规律，其残余误差落在 $\pm 3\sigma$ 以外的概率约为 0.3%，也就是说在 370 次测量中只有一次其残余误差 $|v_i|>3\sigma$。如果在测量列中，发现有大于 3σ 的残余误差的测得值，即

$$|v_i|>3\sigma \qquad (6-14)$$

则可以认为它含有粗大误差，应予剔除。

2. 罗曼诺夫斯基准则

罗曼诺夫斯基准则又称 t 分布检验准则。当测量次数较少时，判断粗大误差按 t 分布的实际误差分布范围较为合理。该准则的特点是首先剔除一个可疑的测得值，然后按 t 分布检验被剔除的测量值是否含有粗大误差。

设对某被测量多次等精度独立测量，得

$$x_1, x_2, \cdots, x_n$$

如果认为测得值 x_j 为可疑数据，将其剔除后计算平均值为（计算时不包括 x_j）

$$\bar{x} = \frac{1}{n-1}\sum_{\substack{i=1\\i\neq j}}^{n} x_i \qquad (6-15)$$

求得测量列的标准差（计算时不包括 $v_j = x_j - \bar{x}$ ）

$$\sigma = \sqrt{\frac{\sum_{i=1}^{n} v_i^2}{n-2}} \tag{6-16}$$

根据测量次数 n 和选取的显著度 α，即可由表 6-1 查得 t 分布的检验系数 $K(n, \alpha)$。若 $|x_j - \bar{x}| > K\sigma$，则认为测量值 x_j 含有粗大误差，应剔除；否则认为 x_j 不含有粗大误差，应保留。

3. 格罗布斯准则

设对某被测量作多次等精度独立测量，得

$$x_1, x_2, \cdots, x_n$$

当 x_i 服从正态分布时，计算得

$$\bar{x} = \frac{1}{n} \sum x$$

$$v_i = x_i - \bar{x}$$

$$\sigma = \sqrt{\frac{v^2}{n-1}}$$

为了检验 x_i（$i = 1, 2, \cdots, n$）中是否存在粗大误差，将 x_i 按大小顺序排列成顺序统计量 $x_{(i)}$，而

$$x_{(1)} \leqslant x_{(2)} \leqslant \cdots \leqslant x_{(n)}$$

格罗布斯准则导出了 $g_{(n)} = \dfrac{x_{(n)} - \bar{x}}{\sigma}$ 及 $g_{(1)} = \dfrac{\bar{x} - x_{(1)}}{\sigma}$ 的分布，取定显著度 α（一般为 0.05 或 0.01），可得表 6-2 所列的临界值 $g_0(n, \alpha)$，而

$$P\left(\frac{x_{(n)} - \bar{x}}{\sigma} \geqslant g_0(n, \alpha)\right) = \alpha \tag{6-17}$$

表 6-1　K 值

α	0.05	0.01	α	0.05	0.01	α	0.05	0.01
n	K		n	K		n	K	
4	4.97	11.46	13	2.29	3.23	22	2.14	2.91
5	3.56	6.53	14	2.26	3.17	23	2.13	2.90
6	3.04	5.04	15	2.24	3.12	24	2.12	2.88
7	2.78	4.36	16	2.22	3.08	25	2.11	2.86
8	2.62	3.96	17	2.20	3.04	26	2.10	2.85
9	2.51	3.71	18	2.18	3.01	27	2.10	2.84
10	2.43	3.54	19	2.17	3.00	28	2.09	2.83
11	2.37	3.41	20	2.16	2.95	29	2.09	2.82
12	2.33	3.31	21	2.15	2.93	30	2.08	2.81

表 6-2　$g_0(n,\alpha)$ 临界值

n	α		n	α	
	0.05	0.01		0.05	0.01
	$g_0(n,\alpha)$			$g_0(n,\alpha)$	
3	1.15	1.16	17	2.48	2.78
4	1.46	1.49	18	2.50	2.82
5	1.67	1.75	19	2.53	2.85
6	1.82	1.94	20	2.56	2.88
7	1.94	2.10	21	2.58	2.91
8	2.03	2.22	22	2.60	2.94
9	2.11	2.32	23	2.62	2.96
10	2.18	2.41	24	2.64	2.99
11	2.23	2.48	25	2.66	3.01
12	2.28	2.55	30	2.74	3.10
13	2.33	2.61	35	2.81	3.18
14	2.37	2.66	40	2.87	3.24
15	2.41	2.70	50	2.96	3.34
16	2.44	2.75	100	3.17	3.59

$$P\left(\frac{\chi_{(n)}-\overline{\chi}}{\sigma}\geq g_0(n,\alpha)\right)=\alpha \quad (6-18)$$

如果认为 $\chi_{(1)}$ 可疑，则有

$$g_{(1)}=\frac{\overline{\chi}-\chi_{(1)}}{\sigma}$$

如果认为 $\chi_{(n)}$ 可疑，则有

$$g_{(1)}=\frac{\chi_{(n)}-\overline{\chi}}{\sigma}$$

当 $g_{(i)}\geq g_0(n,\alpha)$ 时，判别该测得值含有粗大误差，应当剔除。

第五节　测量结果的误差分析

衡量测量准确度高低的重要参数就是测量结果的误差，它是评价测量结果参考价值的主要依据，所以，在给出测量结果的同时一般应给出测量结果的误差范围。

一、直接测量结果的误差估计

对于以量程的百分数表示准确度等级的仪器仪表的测量结果，测量误差为

$$\Delta A = \pm \alpha A_m \% \quad (6-19)$$

$$\gamma_A = \pm \frac{A_m}{A_x}\alpha\% \quad (6-20)$$

式中　ΔA、γ_A——测量结果 A_x 的绝对误差和相对误差；

α、A_m——仪器仪表的准确度等级和量程。

若已知仪器仪表的基本误差或允许误差的测量结果,测量误差为

$$\Delta A = \Delta \tag{6-21}$$

$$\gamma_A = \frac{\Delta}{A_x} \times 100\% \tag{6-22}$$

式中 Δ——仪器仪表的基本误差或允许误差。

若进行了多次测量,则还应考虑随机误差的影响。如果多次测量的标准偏差的估计值为 σ,则测量误差为

$$\Delta A = \pm (\alpha A_m\% + K\sigma) \tag{6-23}$$

$$\Delta A = \pm (|\Delta| + K\sigma) \tag{6-24}$$

式中 K——置信因子。

二、间接测量结果的误差估计

1. 误差合成的一般公式

设测量结果 y 是 n 个独立变量 A_1,A_2,…,A_n 的函数,即

$$y = f(A_1, A_2, \cdots, A_n)$$

假设各独立变量所产生的绝对误差分量为 ΔF_i,相对误差分量为 γF_i,则由这些误差分量综合影响而产生的函数总误差等于各误差分量的代数和,即

$$\Delta y = \sum \Delta F_i \tag{6-25}$$

$$\gamma_y = \sum \gamma F_i \tag{6-26}$$

式中 Δy、γ_y——函数的绝对总误差和相对总误差;

$\Delta F_i = C_\Delta \Delta A_i$,其中 C_Δ 为绝对误差传递系数,ΔA_i 为独立变量 A_i 的绝对误差;

$\gamma F_i = C_\gamma \gamma_{Ai}$,其中 C_γ 为相对误差传递系数,γ_{Ai} 为独立变量 A_i 的相对误差。

式(6-25)和式(6-26)是一切误差合成理论的基础,因此被称为误差合成的一般公式。

2. 误差传递系数的确定

从误差合成的一般公式可以看出,只要误差传递系数 C_Δ 和 C_γ 已知,函数总误差就可由局部误差 ΔA_i 和 γ_{Ai} 方便地求出。因此确定误差传递系数是误差合成的关键。确定传递系数的常用方法有微分确定法、数值计算确定法和实验确定法。

(1)微分确定法 利用函数各自变量的微分(导数)确定误差传递系数的方法称为微分确定法。它适合于确切知道函数的关系式,且函数 y 是各独立变量的显函数的场合。微分确定法是一种最常用的误差传递系数确定方法。

设函数 y 是 n 个独立变量 A_1,A_2,…,A_n 的函数,即

$$y = f(A_1, A_2, \cdots, A_n)$$

独立变量 A_i 的绝对误差为

$$\Delta A_i = A_i - A_{0i} \quad (i = 1, 2, \cdots, n)$$

若 y_0 是函数 y 的实际值,则函数总误差 Δy 可表示为

$$\Delta y = y - y_0 \tag{6-27}$$
$$y_0 = f(A_{01}, A_{02}, \cdots, A_{0n}) \tag{6-28}$$

当函数 y 在 y_0 的邻域内连续可导，则函数 y 在 y_0 的邻域内可展开为泰勒级数，并略去高阶项，则有

$$y = y_0 + \frac{\partial f}{\partial A_1}\Delta A_1 + \frac{\partial f}{\partial A_2}\Delta A_2 + \cdots + \frac{\partial f}{\partial A_n}\Delta A_n$$

所以

$$\Delta y = \frac{\partial f}{\partial A_1}\Delta A_1 + \frac{\partial f}{\partial A_2}\Delta A_2 + \cdots + \frac{\partial f}{\partial A_n}\Delta A_n$$
$$= \sum_{i=1}^{n} \frac{\partial f}{\partial A_i}\Delta A_i$$
$$= \sum_{i=1}^{n} \Delta F_i \tag{6-29}$$

式中 ΔF_i——函数的绝对误差分量，$\Delta F_i = \frac{\partial f}{\partial A_i}\Delta A_i$。

与 $\Delta F_i = C_\Delta \Delta A_i$ 相比较可得

$$C_{\Delta i} = \frac{\partial f}{\partial A_i} \tag{6-30}$$

式（6-30）表明变量 A_i 对函数 y 的绝对误差传递系数等于 y 对 A_i 的一阶偏导数。

根据相对误差的定义，函数 y 的相对误差为

$$\gamma_y = \frac{\Delta y}{y} = \frac{1}{y}\sum_{i=1}^{n}\frac{\partial f}{\partial A_i}\Delta A_i = \sum_{i=1}^{n}\frac{1}{y}\frac{\partial f}{\partial A_i}\Delta A_i = \sum_{i=1}^{n}\frac{\partial \ln f}{\partial A_i}\Delta A_i = \sum_{i=1}^{n}\gamma F_i \tag{6-31}$$

式中 $\ln f$——函数 y 的自然对数；

γF_i——函数 y 的相对误差分量，$\gamma F_i = \frac{\partial \ln f}{\partial A_i}\Delta A_i$。

与 $\gamma F_i = C_{\gamma i}\gamma_{Ai}$ 相比较可得

$$C_{\gamma i} = A_i \frac{\partial \ln f}{\partial A_i} \tag{6-32}$$
$$\gamma_{Ai} = \Delta A_i / A_i$$

式中 γ_{Ai}——变量 A_i 的相对误差。

式（6-32）表明，变量 A_i 对函数 y 的相对误差传递系数，等于函数 y 的对数对 A_i 的一阶偏导数乘以 A_i。

（2）**数值计算确定法** 利用计算机的数值计算来确定误差传递系数的方法就是数值计算确定法。它适合于函数关系复杂、不易求导的场合，特别是多变量的隐函数，如多元线性方程组，计算尤为方便。

设函数 y 是 n 个独立变量 $A_1, A_2, \cdots, A_n$ 的函数即

$$F(y, A_1, A_2, \cdots, A_n) = 0$$

则有

$$y = F^{-1}(A_1, A_2, \cdots, A_n)$$

式中 F^{-1}——y 的反函数，可由计算机编程求解。

在给定的计算点 $A_{10}, A_{20}, \cdots, A_{i0}, \cdots, A_{n0}$，函数（计算）值为 y_0，即
$$y_0 = F^{-1}(A_{10}, A_{20}, \cdots, A_{i0}, \cdots, A_{n0})$$
若研究变量 A_i 的误差传递系数，给 A_{i0} 一个增量 ΔA_{ij}，此时函数值计为 Y_{0j}，即
$$Y_{0j} = F^{-1}(A_{10}, A_{20}, \cdots, A_{i0}, +\Delta A_{ij}, \cdots, A_{n0})$$
则函数 y 的绝对误差分量为
$$\Delta F_i = \Delta y_{ij} = y_{0j} - y_0 \tag{6-33}$$
考虑到 $\Delta F_i = C_{\Delta ij} \Delta A_{ij}$，于是有
$$C_{\Delta ij} = \frac{\Delta y_{ij}}{\Delta A_{ij}} \tag{6-34}$$
同理可得
$$C_{\gamma ij} = \frac{\gamma_{yij}}{\gamma_{Aij}} = \frac{\Delta y_{ij}/y_0}{\Delta A_{ij}/A_{i0}} \tag{6-35}$$

（3）**实验确定法** 若能对某被测量的各种误差因素进行定量控制，则可用实验测定的方法来确定该被测量的各种误差因素的误差传递系数。

实验确定法的具体步骤如下：

在第 i 个误差原因 Q_i 变化而其他误差原因保持不变时，测量被测量 y 的增量 Δy 和误差原因 Q_i 的变化量 ΔQ_i，获得测量列
$$|\Delta y_{ij}, \Delta Q_{ij}|$$
其中，ΔQ_{ij} 为第 i 个误差原因的第 j 次增量；Δy_{ij} 为由 ΔQ_{ij} 引起的被测量 y 的增量。

利用最小二乘法原理，可得回归直线
$$\Delta y_i = C_{\Delta i} \Delta Q_i + \Delta y_0 \tag{6-36}$$
式中　$C_{\Delta i}$——误差原因 Q_i 的传递系数的实验估计值；

Δy_0——由 ΔQ_i 引起的被测量 y 的增量。

这里应当指出：以上推导中未涉及被测量 y 和误差源之间的函数关系，也就是说，不必知道它们的函数关系，即可确定误差传递系数，这一点非常重要，也是前两种方法无法比拟的。它不仅可以确定与被测量有必然联系（函数关系）的变量的误差传递系数，而且还可以确定与被测量无必然联系的测量条件和测量环境的误差传递系数。

思考题及习题

一、选择题

1. （　　）具有重现性。
   A. 绝对误差　　B. 随机误差　　C. 粗大误差　　D. 系统误差

2. （　　）可以来当作一系列测量值的真实值。
   A. 有效值　　B. 算术平均值　　C. 中间值　　D. 最小值

3. 随机误差不可能是由（　　）引起的。
   A. 测量装置方面　　B. 环境方面　　C. 人员方法　　D. 数据写错

4. （　　）总是无法减少或消除的，但具有统计规律。

A. 随机误差　　　B. 粗大误差　　　C. 系统误差　　　D. 相对误差

5. 测量误差中（　　）一般通过真正仔细地测试是可以避免的。

A. 粗大误差　　　B. 随机误差　　　C. 系统误差　　　D. 绝对误差

6. 理想的测试装置应该具有（　　）。

A. 单值的、不确定的输入输出关系　　B. 单值的、确定的输入输出关系
C. 多值的、不确定的输入输出关系　　D. 多值的、确定的输入输出关系

7. 用方程法求解回归直线时，误差最小的方法是（　　）。

A. 图解法　　　B. 最小二乘法　　　C. 分值法　　　D. 端点连线法

8. 平常所说的电压 220V，是指信号的（　　）。

A. 绝对均值　　　B. 有效值　　　C. 峰值　　　D. 平均功率

二、填空题

1. 由于_____误差的存在，在对某物理量进行测量时，每次测得的值各不相同，应以全部测得的值的_____作为测量结果。

2. _____误差总是无法减少或消除的，但_____误差具有一定规律，是可以消除的。

3. 测量结果一般可用_____、_____和经验公式三种方式来表达。

4. 随机误差服从_____分布，该误差_____消除。

三、解答题

1. 什么是误差，相对误差和绝对误差如何定义？
2. 简要说明误差的来源。
3. 简要说明系统误差的分类，如何消除？
4. 简要说明随机误差的分布，如何消除？
5. 简要说明粗大误差的来源，如何消除？
6. 间接测量的结果应如何分析误差？

第七章

静态、动态测试数据处理

第一节 静态测试数据处理

一、试验数据处理方法

如何对测量获得的一系列数据进行深入的分析，以便得到各参数之间的关系，甚至用数学解析方法，导出各参量之间的函数关系，这就是数据处理的任务。

为完成对测量数据的处理工作，通常采用的方法有三种，即表格法、图示法和经验公式法。

1. 表格法

表格法就是用表格来表示函数的方法，在工程技术上应用较多。经过测量，获得的一系列测量数据都是首先列成表格，然后再进行其他的处理。

表格法的特点是简单方便，但如果进行深入的分析，表格就不能胜任了。首先，表格法不能给出所有的函数关系（尽管进行了多次测量）；其次，从表格中不易看出函数的变化规律，而只能大致看出函数是递增的、递减的或是周期性变化的。

2. 图示法

图示法是根据试验结果画出的尽可能反映真实情况的曲线。用图形表示测量数据的方法是最普通的一种方法，不仅应用于自然科学和工程技术中，而且也经常用图形来说明在社会科学领域中某些因素之间的相互关系。

通过作图，可以非常直观地看出函数的变化规律，如函数是递增还是递减，是否有周期性变化规律，是否存在最大值与最小值等。缺点是从图形上也只能得出函数变化关系而不能进行数学分析。

如果在作图过程中对某些问题处理不当，则会造成一些假象而得出错误结论。所以，如何用图形法正确地表达试验数据、曲线是否反映出函数关系，必须对坐标选择、分度和数据描点等问题进行认真考虑。

工程上多采用笛卡儿坐标。在数据变化具有指数特征时，用对数坐标可压缩图幅。

如果将测量数据绘制在笛卡儿坐标系中，将各测量数据点描绘成曲线时，应该使曲线通过尽可能多的数据点，曲线以外的数据点应尽量接近曲线，使曲线两侧的数据点大致相等，最后绘出一条平滑的曲线。在一般情况下，根据试验数据即可在坐标线上标出数据点。若考虑到试验的误差，则应采用空心圆、三角形、矩形、正方形、十字形以及叉号等表示不同的数据，其中心代表算术平均值，半径或边长代表测量误差。

3. 经验公式法

在科学实验和生产实践中，经常要从一组实验数据出发，寻求函数 $y=f(x)$ 的一个近似表达式 $y=\phi(x)$，这个近似表达式就称为经验公式。

经验公式一般由拟合得到，没有完整的理论推导过程。

利用回归分析的方法确定经验公式的函数类型及其参数就是经验公式表达法。测量数据时不仅可用图形表示出函数之间的关系，而且可用与图形对应的一个公式来表示所有的测量数据。当然这个公式不可能完全准确地表达全部数据，所以，常把与曲线对应的公式称为经验公式。经验公式法的优点不仅紧凑扼要，而且可以对公式进行必要的数学运算，以研究各自变量与函数之间的关系。

需要解决的问题就是根据一系列测量数据如何建立公式、建立什么形式的公式。

二、回归分析与曲线拟合

回归分析是根据最小二乘法原理确定经验公式的数理统计方法。处理两个变量之间的关系称为一元回归分析，处理多个变量之间的关系称为多元回归分析。

通过回归分析寻求经验公式，步骤一般为①确定经验公式的函数类型；②确定函数中的各参数值；③对该经验公式的精度作出评价。

如果两个变量 x 和 y 之间存在一定的关系，并已经获得 x 和 y 的一系列对应的测量数据时，通过数学处理的方法得出这两个变量之间的关系式，这个过程就是工程测试中的拟合问题，也是回归分析的内容之一，所得关系式称为经验公式，或称拟合方程。

若两变量之间的关系是线性的，就称为直线拟合或一元线性回归。如果变量之间的关系是非线性的，则称为曲线拟合或一元非线性回归。

1. 一元线性回归

一元线性回归是工程上和科研中常见的直线拟合问题，设两变量之间的关系为 $y=f(x)$，并有一系列测量数据为 x_i、y_i（$i=1,2,\cdots,n$）（n 为试验数据个数），如果上述测量数据相互间基本是线性的关系，则可用一个线性方程来表示，即

$$y = a + bx \tag{7-1}$$

该直线方程就称为上述测量数据的一元线性回归方程。

下面介绍利用最小二乘法对测量数据进行一元线性回归。

最小二乘法的基本含义是：在具有等精度的多次测量中，求最可信值时，是当各测量值的偏差二次方和为最小时所求得的值。

根据上述原理，用最小二乘法对测量数据进行线性拟合时，是把所有测量数据点都标在坐标图上，用最小二乘法拟合的直线，其各数据点与拟合直线之间的偏差二次方和为最小。用数学表达式可写为

$$\sum_{i=1}^{n} \nu_i^2 = \min \tag{7-2}$$

式中 ν_i——第 i 数据点与拟合直线之间的偏差。

对线性方程 $y=a+bx$，按上式，根据所有测量数据可得

$$\sum_{i=1}^{n} [y_i - (a + bx_i)]^2 = \min \tag{7-3}$$

求解线性回归系数 a、b 为

$$a = \bar{y} - b\bar{x} \tag{7-4}$$

$$b = \frac{l_{xy}}{l_{xx}} \tag{7-5}$$

式中 $\bar{x} = \frac{1}{n}\sum_{i=1}^{n} x_i$;

$\bar{y} = \frac{1}{n}\sum_{i=1}^{n} y_i$;

$l_{xx} = \sum_{i=1}^{n}(x_i - \bar{x})^2 = \sum_{i=1}^{n} x_i^2 - \frac{1}{n}\left(\sum_{i=1}^{n} x_i\right)^2$;

$l_{xy} = \sum_{i=1}^{n}(x_i - \bar{x})(y_i - \bar{y}) = \sum_{i=1}^{n} x_i y_i - \frac{1}{n}\left(\sum_{i=1}^{n} x_i \sum_{i=1}^{n} y_i\right)$。

将 a、b 代入式（7-1），即可得最小二乘法拟合的一元线性回归直线方程。

在实际问题中，有时所得到的观察数据在整个试验中所处的地位是不平等的，有的数据比较重要，有的数据比较次要。在用这些数据来求回归方程时就不能把它们平等看待。这时求回归系数的最小二乘法估计法，不是最通常的残差二次方和最小，而是最残差二次方的加权和最小。

2. 一元非线性回归

如果两个变量之间不符合线性关系，一般分两步求得所需的回归方程，即：①选取合适的函数类型；②求解相关函数中的回归系数和常数项。

一元非线性回归分析是试验数据处理中的曲线拟合问题。用最小二乘法直接求解非线性回归方程比较复杂，通常是通过变量转换把回归曲线转换成直线，然后用一元线性回归方法求解，或者直接用回归多项式来描述两变量之间的关系。

（1）化曲线为直线的回归 该过程按以下步骤完成化曲线为直线的回归分析：

1）描绘曲线。将测量数据以自变量为横坐标、以函数为纵坐标描绘在坐标纸上，并把数据点描绘成测量曲线。

2）通过对所描绘的曲线进行分析，确定公式的基本形式。

若数据点描绘的基本上是直线，则可用一元线性回归方法确定直线方程。

若数据点描绘的是曲线，则要根据曲线的特点判断曲线属于何种类型。判断时可参考现成的数学曲线形状加以选择。图 7-1 所示为几种常用的数学曲线。对选取的曲线则按一元非线性回归方法处理。

若测量曲线很难判断属何种类型，则可按多项式回归处理。

3）曲线直化。若测量数据描绘的曲线被确定为上述某种类型的曲线，则可先将该曲线方程变换为直线方程，然后按一元线性回归方法处理。

通过坐标变换，对图 7-1 中的曲线很容易转化为直线。

若是双曲线 $1/y = a + bx$，令 $Y = 1/y$，$X = 1/x$，$A = a$，$B = b$，则曲线就变成直线，所得线

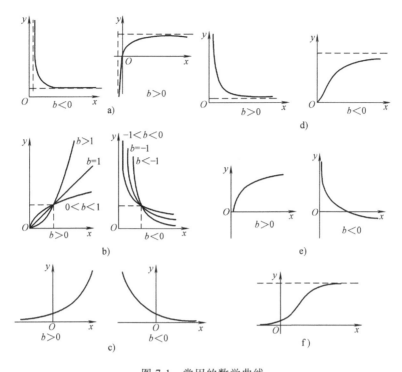

图 7-1 常用的数学曲线

a) 双曲线　b) 幂函数　c)、d) 指数曲线　e) 对数曲线　f) S 形曲线

性方程为 $Y=A+BX$。

若是幂函数指数曲线 $y=ax^b$，令 $Y=\lg y$，$X=\lg x$，$A=\lg a$，$B=b$ 则曲线就变成直线，所得线性方程为 $Y=A+BX$。

若是对数函数 $y=a+b\lg x$，令 $Y=y$，$X=\lg x$，$A=a$，$B=b$，则曲线就变成直线，所得线性方程为 $Y=A+BX$。

若是指数曲线 $y=ax^b$，令 $Y=\lg y$，$X=x$，$A=\lg a$，$B=b$，则曲线就变成直线，所得线性方程为 $Y=A+BX$。

4) 确定公式中的常量。根据最小二乘法等方法及一系列测量数据可确定方程中的常量。

5) 通过变量反变换，将求出的线性关系还原为非线性关系，即得到所要求的拟合曲线。检验所确定的公式的准确性，简单的方法就是用测量数据中自变量值代入公式计算出函数值，对比与实验测量值是否一致。在可能的情况下，最好用不同类型的方程进行拟合并比较其精度，然后择优选用。

（2）一元多项式回归　研究一个因变量与一个或多个自变量间多项式的回归分析方法，称为多项式回归（Polynomial Regression）。如果自变量只有一个时，称为一元多项式回归；如果自变量有多个时，称为多元多项式回归。

在一元回归分析中，如果因变量 y 与自变量 x 的关系为非线性的，但是又找不到适当的函数曲线来拟合，则可以采用一元多项式回归。

设多项式为

$$y = a_0 + a_1 x + a_2 x^2 + \cdots + a_m x^n$$

对试验数据进行多项式回归，先要确定多项式次数，然后再求出系数值。

1）多项式次数的确定。一般采用差分法确定多项式的次数。设自变量的取值是等间距的，即

$$\Delta x = a_0 + a_1 x + a_2 x^2 + \cdots + a_m x^m$$

计算出因变量 y 与相邻值之间的差值，称为一阶差值 Δy，二阶差值 $\Delta^2 y$，及二阶以上的差值 $\Delta^3 y$，…，$\Delta^n y$，即

$$\Delta y_1 = y_2 - y_1, \quad \Delta y_2 = y_3 - y_2, \quad \cdots, \quad \Delta y_{m-1} = y_m - y_{m-1}$$

$$\Delta^2 y_1 = \Delta y_2 - \Delta y_1, \quad \Delta^2 y_2 = \Delta y_3 - \Delta y_2, \quad \cdots, \quad \Delta^2 y_{m-2} = \Delta y_{m-1} - \Delta y_{m-2}$$

$$\vdots$$

$$\Delta^n y_1 = \Delta^{n-1} y_2 - \Delta^{n-1} y_1, \quad \Delta^n y_2 = \Delta^{n-1} y_3 - \Delta^{n-1} y_2, \quad \cdots$$

当某阶差值之间的最大差值 $[\delta(\Delta^n y)]_{max}$ 不大于 y 的测量误差 δ_y 累积起来的该阶差值的误差时，该阶数就是多项式的次数，即

$$[\delta(\Delta^n y)]_{max} \leq 2^n |\delta_y| \tag{7-6}$$

此时差值的阶数 n 即为多项式的次数 m。

2）多项式系数的确定。常采用最小二乘法确定多项式的系数，也就是实际测量值与回归多项式计算值的残差的二次方和为最小，由此可得 a_0，a_1，a_2，…，a_m 的数值，即

$$\begin{cases} a_0 = D_0/D \\ a_1 = D_1/D \\ \quad \vdots \\ a_m = D_m/D \end{cases} \tag{7-7}$$

式中

$$D = \begin{vmatrix} n & \sum x_i & \sum x_i^2 & \cdots & \sum x_i^m \\ \sum x_i & \sum x_i^2 & \sum x_i^3 & \cdots & \sum x_i^{m+1} \\ \sum x_i^2 & \sum x_i^3 & \sum x_i^4 & \cdots & \sum x_i^{m+2} \\ \vdots & \vdots & \vdots & & \vdots \\ \sum x_i^m & \sum x_i^{m+1} & \sum x_i^{m+2} & \cdots & \sum x_i^{2m} \end{vmatrix} \quad (i=1,2,\cdots,n);$$

$$D_0 = \begin{vmatrix} \sum y_i & \sum x_i & \sum x_i^2 & \cdots & \sum x_i^m \\ \sum x_i y_i & \sum x_i^2 & \sum x_i^3 & \cdots & \sum x_i^{m+1} \\ \sum x_i^2 y_i & \sum x_i^3 & \sum x_i^4 & \cdots & \sum x_i^{m+2} \\ \vdots & \vdots & \vdots & & \vdots \\ \sum x_i^m y_i & \sum x_i^{m+1} & \sum x_i^{m+2} & \cdots & \sum x_i^{2m} \end{vmatrix} \quad (i=1,2,\cdots,n);$$

$$D_1 = \begin{vmatrix} n & \sum y_i & \sum x_i^2 & \cdots & \sum x_i^m \\ \sum x_i & \sum x_i y_i & \sum x_i^3 & \cdots & \sum x_i^{m+1} \\ \sum x_i^2 & \sum x_i^2 y_i & \sum x_i^4 & \cdots & \sum x_i^{m+2} \\ \vdots & \vdots & \vdots & & \vdots \\ \sum x_i^m & \sum x_i^m y_i & \sum x_i^{m+2} & \cdots & \sum x_i^{2m} \end{vmatrix} \quad (i=1,2,\cdots,n);$$

$$D_m = \begin{vmatrix} n & \sum x_i & \sum x_i^2 & \cdots & \sum y_i \\ \sum x_i & \sum x_i^2 & \sum x_i^3 & \cdots & \sum x_i y_i \\ \sum x_i^2 & \sum x_i^3 & \sum x_i^4 & \cdots & \sum x_i^2 y_i \\ \vdots & \vdots & \vdots & & \vdots \\ \sum x_i^m & \sum x_i^{m+1} & \sum x_i^{m+2} & \cdots & \sum x_i^m y_i \end{vmatrix} \quad (i=1,2,\cdots,n)。$$

例 7-1 为了分析 X 射线的杀菌作用，用 200kV 的 X 射线来照射细菌，每次照射 6min，用平板计数法估计尚存活的细菌数。照射次数记为 t，照射后的细菌数为 y，二者的关系见表 7-1。

试求：

(1) 给出 y 与 t 的二次回归模型。

(2) 在同一坐标系内画出原始数据与拟合结果的散点图。

(3) 预测 $t=16$ 时残留的细菌数。

(4) 根据问题的实际意义，选择多项式函数是否合适？

表 7-1　X 射线照射次数与残留细菌数

t	1	2	3	4	5	6	7	8	9	10	11	12	13	14	15
y	352	211	197	160	142	106	104	60	56	38	36	32	21	19	15

解　Matlab 程序如下：

```
t=1:15;
  y=[352 211 197 160 142 106 104 60 56 38 36 32 21 19 15];
p=polyfit(t,y,2)%进行二次多项式回归
y1=polyval(p,t);%模型估计与画图
plot(t,y,'-*',t,y1,'-o');%在同一坐标系中画出两个图形
  legend('原始数据','二次函数')
xlabel('t(照射次数)')%横坐标名
  ylabel('y(残留细菌数)')%纵坐标名
t0=16;
yc1=polyconf(p,t0)%预测 t0=16 时残留的细菌数,方法 1
yc2=polyval(p,t0)%预测 t0=16 时残留的细菌数,方法 2
```

m 文件运行结果如下：
p =
　　1.9897 -51.1394   347.8967
yc1 =
　　39.0396
yc2 =
　　39.0396

（1）二次回归模型为
$$Y = 1.9897t^2 - 51.1394t + 347.8967$$
（2）原始数据与拟合结果的散点图如图 7-2 所示。
（3）预测 $t_0 = 16$ 时残留的细菌数为 39.0396。

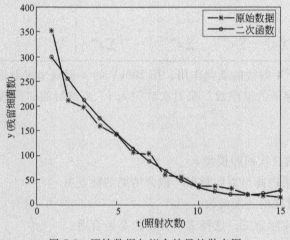

图 7-2　原始数据与拟合效果的散点图

（4）原始数据与拟合结果的散点图如图 7-2 所示，从图形可知拟合效果较好。照射 16 次后，用二次函数计算出细菌残留数为 39.0396，显然与实际不符。由实际问题的意义可知，尽管二次多项式拟合效果较好，但是用于预测并不理想。因此如何根据原始数据散点图的规律，选择适当的回归曲线是非常重要的。

第二节　动态测试数据处理

一、动态测试数据处理概述

1. 动态测试

在生产实际和科学研究中所遇到的精密测试对象是各种物理量。测试技术按照被测物理量是否随时间而变化，可分为静态测试和动态测试两大类。静态测试的被测量是静止不变的，仪器的输入量为常量。与静态测试相反，动态测试的被测量是随时间或空间而变化的，仪器的输入量及测试结果（数据或信号）也是随时间而变化的。

在工程技术中，随着科学技术的发展，测量位移、振动、速度、加速度、应力应变、压力等参量，以及测量光学、声学、热力学、电学中各种参量时，越来越重视动态测试及其数据处理。因为在动态测试数据中，包含着大量有关被测物理量及所用测量器具以及外界环境加入的干扰等方面的信息。很多反映客观事物规律的有用信息，就能通过正确分析和处理动态测试数据而得到。所以在误差理论与数据处理这门学科中，动态测试数据处理占有越来越重要的地位。学习和掌握动态测试数据处理的基本知识和理论是十分必要的。

2. 动态测试数据的分类

任何表示物理现象或过程的数据，都可以分为确定性的和随机性的两大类。

确定性数据是能够用明确的数学关系式描述的数据。例如刚体的振动位移可用数学关系式来描述。但是在工程实践中也有许多不能用明确的数学关系式来表达的动态测试数据，这种数据称为随机或非确定性的数据。如随机振动、环境噪声等。虽然这些数据可以检测出来，也可以得到随时间变化的记录数据，但是不能预测未来任何瞬时的精确值，而只能用概率统计的特征量来描述。

可以用数据的幅值随时间变化的表达式、图形或数据表来表示动态测试数据的特征，这就是数据的时域描述。时域描述比较简单直观（例如示波器上的波形图），但它不能反映数据的频率结构。因此，常对数据进行频谱分析，研究其频率成分及各频率成分的强度，这就是数据的频域描述。

（1）**确定性数据** 根据确定性数据的时间历程记录是否有规律地重复出现，或根据它是否能展开为傅里叶级数，可以将确定性数据划分为周期数据和非周期数据两类。周期数据又可分为正弦周期数据和复杂周期数据。非周期数据又可分为准周期数据和瞬态数据，如图 7-3 所示。

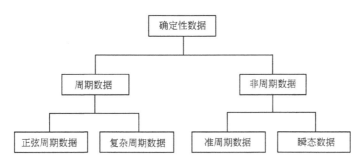

图 7-3 确定性数据

（2）**随机性数据** 随机性数据与确定性数据不同，它是不能用明确的数学表达式来描述的。在一个动态试验中，在合理的试验误差范围内，如果不能预计未来时刻的测试结果数据，则可认为此动态试验数据是随机性数据。随机性数据只能用概率统计的特征量来描述。

根据随机性数据的统计特征量是否随时间变化，随机性数据可以分为平稳过程和非平稳过程两大类。平稳过程又可进一步分为各态历经的和非各态历经的，如图 7-4 所示。

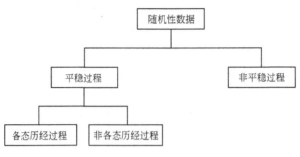

图 7-4 随机性数据

3. 数据分析

试验数据的类型不同，分析方法也不同。对于确定性数据，可以求数学函数式或经验公式来表达；对于随机性数据，一般可以从以下三个方面进行描述：

1) 时域描述——自相关函数、互相关函数。
2) 幅域描述——均值、均方值、方差以及概率密度函数等。
3) 频域描述——自功率谱密度函数、互功率谱密度函数等。

二、试验数据的时域分析

1. 相关系数

相关在测试信号的分析中是一个非常重要的概念。所谓"相关"，是指变量之间的线性关系。对于确定性信号来说，能用函数关系来描述两个变量，两者一一对应并为确定的数值。在两个随机变量之间就不具有这样确定的关系，但是若这两个变量之间具有某种内涵的物理联系，则通过大量统计就能发现它们之间还是存在着某种虽不精确却具有相应的表征其特性的近似关系。两个随机变量 x 和 y 组成的数据点的分布情况如图 7-5 所示。变量 x 和 y 在图 7-5a 中有较好的线性关系；在图 7-5b 中 x 和 y 虽无确定关系，但从总体上看，两变量间具有某种程度的相关关系；图 7-5c 中各点分布很散乱，可以说变量 x 和 y 之间是无关的。

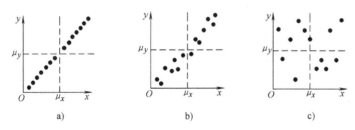

图 7-5 变量 x 与 y 的相关性

常用相关系数 ρ_{xy} 来表示变量 x 和 y 之间的相关程度，即

$$\rho_{xy} = \frac{\sigma_{xy}}{\sigma_x \sigma_y} = \frac{E[(x-\mu_x)(y-\mu_y)]}{\sqrt{E[(x-\mu_x)]^2 E[(y-\mu_y)]^2}} \tag{7-8}$$

式中 σ_{xy}——随机变量 x、y 的协方差；

μ_x、μ_y——随机变量 x、y 的均值；

σ_x、σ_y——随机变量 x、y 的标准差。

根据柯西-许瓦兹不等式可知：当 $\rho_{xy} = 1$ 时，x、y 两变量是理想的线性相关；当 $\rho_{xy} = -1$ 时，也是理想的线性相关，只是直线的斜率为负；当 $\rho_{xy} = 0$ 时，表示 x、y 两变量之间完全无关。

2. 自相关分析

$x(t)$ 为各态历经随机信号，$x(t+\tau)$ 为 $x(t)$ 时移 τ 后的样本，如图 7-6 所示。可以用相关系数来表示两个样本的相关程度。如果把相关系数 $\rho_{x(t)x(t+\tau)}$ 简写为 $\rho_x(\tau)$，则有

$$\rho_x(\tau) = \frac{\lim_{T \to \infty} \frac{1}{T} \int_0^T [x(t) - \mu_x][x(t+\tau) - \mu_x] dt}{\sigma_x^2}$$

$$= \frac{\lim_{T \to \infty} \frac{1}{T} \int_0^T x(t)x(t+\tau) dt - \mu_x^2}{\sigma_x^2} \tag{7-9}$$

如果用 $R_x(\tau)$ 表示自相关函数，其定义为

$$R_x(\tau) = \lim_{T \to \infty} \frac{1}{T} \int_0^T x(t)x(t+\tau) dt \tag{7-10}$$

$$\rho_x(\tau) = \frac{R_x(\tau) - \mu_x^2}{\sigma_x^2} \tag{7-11}$$

3. 互相关分析

对于各态历经随机过程，两个随机信号 $x(t)$ 和 $y(t)$ 的互相关函数 $R_{xy}(\tau)$ 定义为

$$R_{xy}(\tau) = \lim_{T \to \infty} \frac{1}{T} \int_0^T x(t)y(t+\tau) dt$$

时移为 τ 的相关系数是

$$\rho_{xy}(\tau) = \frac{\lim_{T \to \infty} \frac{1}{T} \int_0^T [x(t) - \mu_x][y(t+\tau) - \mu_x] dt}{\sigma_x \sigma_y}$$

$$= \frac{\lim_{T \to \infty} \frac{1}{T} \int_0^T x(t)y(t+\tau) dt - \mu_x \mu_y}{\sigma_x \sigma_y}$$

$$= \frac{R_{xy}(\tau) - \mu_x \mu_y}{\sigma_x \sigma_y} \tag{7-12}$$

可以通过模拟处理和数字处理来完成相关函数的处理和估计。数字处理计算相关函数有直接方法和计算功率谱密度进行傅里叶变换得到的方法。

三、试验数据的幅值域分析

用于描述各态历经随机信号的主要统计参数通常有：均值、方差、均方值、概率密度函数、相关函数、功率谱密度函数等。

1. 均值、均方值、均方根值和方差

反映信号静态分量的各态历经随机信号 $x(t)$ 的平均值 μ_x，即常值分量，表示为

$$\mu_x = \lim_{T \to \infty} \frac{1}{T} \int_0^T x(t) \, dt \tag{7-13}$$

式中 T——样本长度（即观测时间）。

反映信号能量或强度的各态历经信号均方值 ψ_x^2，表示为

$$\psi_x^2 = \lim_{T \to \infty} \frac{1}{T} \int_0^T x^2(t) \, dt \tag{7-14}$$

均方根值 x_{rms} 是 ψ_x^2 正的二次方根，即

$$x_{\text{rms}} = \sqrt{\psi_x^2} \tag{7-15}$$

方差 σ_x^2 是描述随机信号的动态分量，反映 $x(t)$ 偏离均值的波动情况，表示为

$$\sigma_x^2 = \lim_{T \to \infty} \frac{1}{T} \int_0^T [x(t) - \mu_x]^2 \, dt = \psi_x^2 - \mu_x^2 \tag{7-16}$$

方差的正的二次方根是标准差 σ_x，即

$$\sigma_x = \sqrt{\sigma_x^2} = \sqrt{\psi_x^2 - \mu_x^2} \tag{7-17}$$

2. 概率密度函数

随机数据的概率密度函数，表示瞬时幅值落在某指定范围内的概率，它随所取范围的幅值而变化，所以是幅值的函数。图 7-6 所示为一随机信号 $x(t)$ 的时间历程，幅值落在 $(x, x+\Delta x)$ 区间内，总时间为 $T_x = \sum_{i=1}^{k} \Delta t_i$，当观测时间 T 趋于无穷大时，比例 T_x/T 就是事件 $[x < x(t) \leq x+\Delta x]$ 的概率，记为

$$P[x < x(t) \leq x + \Delta x] = \lim_{T \to \infty} (T_x/T)$$

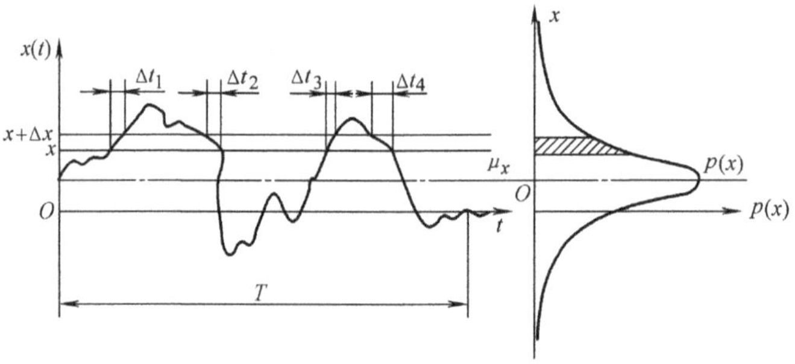

图 7-6 随机信号的概率密度函数

概率密度函数定义为

$$p(x) = \lim_{\Delta x \to 0} \frac{P[x < x(t) \leq x + \Delta x]}{\Delta x} = \lim_{\Delta x \to 0} \frac{1}{\Delta x} \left[\lim_{T \to \infty} \left(\frac{T_x}{T} \right) \right] = \lim_{\substack{\Delta x \to 0 \\ T \to \infty}} \left(\frac{1}{T \Delta x} \sum_{i=1}^{k} \Delta t_i \right) \tag{7-18}$$

由式（7-18）可以看出，概率相对于幅值的变化率就是概率密度函数。因此，可以从对概率密度函数积分而得到概率，即

$$P(x) = \int_{x_1}^{x_2} p(x)\mathrm{d}x \tag{7-19}$$

而 $P(x<x_1)$、$P(x>x_1)$ 分别为幅值小于 x_1 和大于 x_1 的概率。式（7-19）也表明概率密度函数是概率分布函数的导数。概率密度函数 $p(x)$ 恒为实值非负函数，它给出随机信号沿幅域分布的统计规律。不同的概率密度函数图形代表不同的随机信号，可以借此判别信号的性质。

对于各态历经的随机过程，可以根据观测样本估计其概率密度函数。如果 $\{x_t; t=1,\cdots,N\}$ 为观测样本序列，图 7-7 是其时域图形，按该图所示方法作平行于时间轴的等间距平行线，间距为 Δx。统计落入区间 $(x_i, x_i+\Delta x)$ 中的数据点数，并记为 N_i，则有

$$p\{x \in (x_i, x_i + \Delta x)\} = \lim_{N \to \infty} \frac{N_i}{N} \tag{7-20}$$

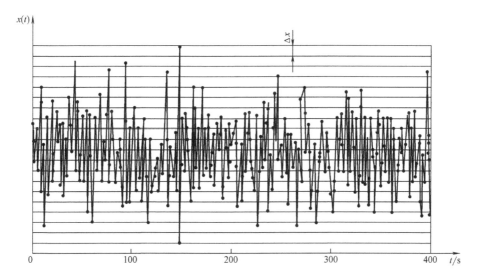

图 7-7　随机序列概率密度函数的近似估计方法

当 $\Delta x \to 0$ 时，由式（7-20）可得到概率密度函数的估计。由于实际应用中观测样本长度总是有限的，所以在对序列的取值区间进行平行线分割时不能使 $\Delta x \to 0$，此时常采用一个经验公式确定区间的数目 K，即

$$K = 1.87(N-1)^{0.4} \tag{7-21}$$

概率密度函数提供了动态测量数据在幅域分布的信息。试验数据的时间历程不同具有的概率密度函数图形也不同，借此可以识别试验数据的基本类型。

四、试验数据的频域分析与处理

1. 周期性数据的频谱分析——谐波分析法

根据傅里叶级数理论，在满足狄利克雷条件（分段连续和分段光滑）下，任何周期为 T 的时间历程 $x(t)$ 都可展开成傅里叶级数。这种把周期性数据展开成傅里叶级数的方法称为

谐波分析法。

离散性、谐波性和收敛性是周期性数据频谱具有的三个特点。根据周期性数据频谱的收敛性，在误差允许的范围内，可以忽略高次谐波分量。

2. 非周期性数据的频谱分析——傅里叶积分变换法

瞬变数据的时间历程 $x(t)$ 满足傅里叶积分存在条件，即满足狄利克雷条件和在无限区间上函数绝对可积的条件，则有

$$x(t) \underset{\text{IFT}}{\overset{\text{FT}}{\Leftrightarrow}} X(f) \tag{7-22}$$

在实际应用中 $X(f)$ 是通过 $x(t)$ 的离散的快速傅里叶变换（DFFT）来获得的。

3. 随机性数据的频谱分析——功率谱分析法

通常采用功率谱分析法分析随机性数据的时间历程。

(1) 自功率谱密度函数 设 $x(t)$ 是各态历经随机过程的一个样本，其均值 $\mu_x = 0$，且其中没有周期性分量，$x(t)$ 的自功率谱密度函数（简称自谱或自功率谱）$S_x(f)$ 定义为

$$S_x(f) = \int_{-\infty}^{+\infty} R_x(\tau) e^{-j2\pi f \tau} d\tau$$

$$R_x(\tau) = \int_{-\infty}^{+\infty} S_x(f) e^{-j2\pi f \tau} df$$

$$R_x(\tau) \underset{\text{IFT}}{\overset{\text{FT}}{\Leftrightarrow}} S_x(f) \tag{7-23}$$

在 $(0, \infty)$ 频率范围内定义的功率谱称为单边自功率谱密度函数，记作 $G_x(f)$，即

$$G_x(f) = \begin{cases} 2S_x(f) & 0 \leq f < \infty \\ 0 & \text{其他} \end{cases}$$

(2) 互功率谱密度函数 如果互相关函数 $R_{xy}(\tau)$ 满足傅里叶积分变换条件，则定义 $S_{xy}(f)$ 为信号 $x(t)$ 和 $y(t)$ 的互功率谱密度函数（简称互谱或互功率谱），即

$$S_{xy}(f) = \int_{-\infty}^{+\infty} R_{xy}(\tau) e^{-j2\pi f \tau} d\tau \tag{7-24}$$

$$R_{xy}(\tau) = \int_{-\infty}^{+\infty} S_{xy}(f) e^{-j2\pi f \tau} df \tag{7-25}$$

同理可得

$$S_{yx}(f) = \int_{-\infty}^{+\infty} R_{yx}(\tau) e^{-j2\pi f \tau} d\tau \tag{7-26}$$

$$R_{yx}(\tau) = \int_{-\infty}^{+\infty} S_{yx}(f) e^{-j2\pi f \tau} df \tag{7-27}$$

(3) 相干函数 为了判断输出 $y(t)$ 中，有多少成分是来自输入 $x(t)$，有多少成分来自噪声，就要用到相干分析。由相干分析可知常相干函数（或常凝聚函数）$K_{xy}^2(f)$ 为

$$K_{xy}^2(f) = \frac{|S_{xy}(f)|^2}{S_x(f) S_y(f)} \tag{7-28}$$

当 $K_{xy}^2(f) = 1$ 时，表示系统中没有噪声干扰，且是线性系统，$y(t)$ 完全来自输入

$x(t)$；若 $K_{xy}^2(f) = 0$，说明 $x(t)$ 与 $y(t)$ 是统计独立的，也就是 $y(t)$ 完全来自噪声。若常相干函数大于零小于 1，则有三种可能：

1）测量中有噪声干扰。

2）联系 $x(t)$ 和 $y(t)$ 的系统是非线性的。

3）$y(t)$ 是输入 $x(t)$ 和其他输入的综合输出。

一般认为，当 $K_{xy}^2(f) \geqslant 0.8$ 时，则输出与输入是相干的或凝聚的。

思考题及习题

1. 简要叙述试验数据的处理方法。
2. 分析对比试验数据处理的三种方法。
3. 试对已知的一组试验数据进行回归分析。
4. 简述动态测试数据的分类。
5. 简要说明试验数据的时域、幅域、频域的分析方法。

第八章

微机在测试技术中的应用

在测试系统中应用微机（包括微处理器、单片机、个人计算机等），不仅能解决传统的车辆类仪器仪表不能或不易解决的测试问题，而且能简化电路，增加功能，提高精度和可靠性，降低成本和售价，加快新产品的开发速度，实现人脑的部分功能。

随着科学技术和生产力的发展，车辆检测系统的组成越来越复杂，对许多参数的检测精度及可靠性要求愈来愈高。一方面，要求车辆测试系统具有更高的速度、精度、可靠性和自动化水平，以便尽量减少人力和提高工作效率；另一方面，要求车辆测试系统具有更大的灵活性和适应性，并向多功能化、自动化、网络化、智能化方向发展。另外，随着虚拟仪器与系统的迅速发展，采用虚拟仿真测试系统替代实际测试系统，可以缩短研制周期和降低成本。总之，微型计算机技术的发展及其在测试系统中的应用，为实现上述要求创造了条件。

第一节 微机测试系统

一、微机测试系统简介

微机测试技术是一门综合性技术，它是计算机技术、通信技术、网络技术和自动化技术的综合运用。所谓微机测试系统，就是采用微机取代常规的显示和调节仪表作为数据采集和控制过程的处理核心，利用传感器或变送器将监控对象中的物理参量（例如温度、流量、压力、位移、速度等）转换为电信号，再将这些电信号经输入装置转换为计算机可识别的数字量，并且在显示装置中以数字、曲线或图形的方式显示出来，从而使操作人员能够直观、迅速地了解被测试对象的变化过程。同时微机还可以将采集的数据存储起来，随时进行分析、统计和显示，并可生成各种报表。

1. 微机测试系统的典型结构

如图8-1所示，微机测试系统由下列各子系统组成：
1）微机基本子系统（包括CPU、RAM、ROM或EPROM、EEPROM等）。
2）数据采集子系统及接口。
3）数据通信子系统及接口。
4）数据分配子系统及接口。
5）基本I/O子系统及接口。

被检测的各种参数由传感器变换成易于后续处理的电信号。如果传感器输出信号太弱或信号质量不高，则应经过前端预处理电路进行放大、滤波等处理，然后经过数据采集子系统转换成数字量通过接口送入微机子系统，经过微机运算、变换处理后，由数据分配子系统和

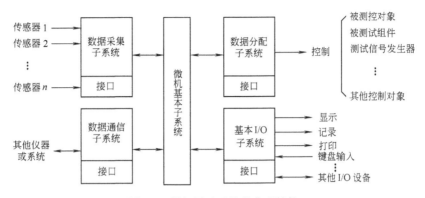

图 8-1 微机测试系统的典型结构

接口输出到执行机构,以实现要求的自动控制;或由基本 I/O 子系统输出显示、记录、打印或绘制各种图表、曲线等,并可完成状态参数的设置和人机交互。此外,其他仪器仪表或系统也可以通过通信子系统及接口完成相互之间的信息交换和互连。

2. 微机测试系统各子系统的基本功能

(1) **微机基本子系统** 这是整个系统的核心,可对整个车辆检测系统起监督、管理、控制作用。例如,进行复杂的信号处理,控制决策,产生特殊的测试信号,控制整个车辆检测过程等。此外,利用微机强大的信息处理能力和高速运算能力,可以实现命令识别、逻辑判断、非线性误差修正等功能。

(2) **数据采集子系统及接口** 它们用于和传感器、检测元件、变送器连接,实现参数采集、选路控制、零点校正、量程自动切换等功能。在各式各样的车辆自动检测系统中,数据采集是必不可少的,被测对象的有关参数由数据采集子系统收集、整理后,经它的接口传送到微机子系统处理。

(3) **基本 I/O 子系统及接口** 它们用于实现人机对话、输入或改变系统参数、改变系统工作状态,输出检测结果、动态显示测控过程,实现以多种形式输出、显示、记录、报警等功能。

(4) **数据通信子系统及接口** 它们用于实现本系统与其他仪器仪表、系统的通信与互连,依靠通信子系统可根据实际需求,灵活构造不同规模、不同用途的微机测控系统,如分布式测控系统、集散型测控系统等。通信接口的结构及设计方法,与采用的总线技术、总线规范有关。

(5) **数据分配子系统及接口** 它们实现对被测控对象、被测试组件、测试信号发生器,甚至于系统本身和检测操作过程的自动控制。

接口根据实际需要以各种形式大量存在于系统中,接口的作用是完成它所连接的设备之间的信号转换(如进行信号功率匹配、阻抗匹配、电平转换和匹配)和交换、信号(如控制命令、状态/数据信号、寻址信号等)传输、信号拾取,对信息进行必要的缓冲或锁存,增强微机自检系统的功能。

3. 微机测试系统的特点

1) 微机测试系统结构简单,技术上容易实现,能够满足中、小规模数据采集的要求。

2) 微机测试系统对环境的要求一般不是很高，能够在比较恶劣的环境下工作。

3) 微机测试系统能够进行实时检测，按优先级进行采集和输出调节。

4) 微机测试系统具有较强的输入/输出能力，可与检测仪表和控制装置相连接，完成各种测量控制任务。

5) 微机测试系统大多以 Windows 系统作为工作平台，系统软件、应用软件丰富，可提供良好的人机界面，特别是组态软件更为用户提供了方便。

二、单通道数据采集系统

在微机测试系统中，所测量的对象往往是一些连续变化的模拟量，例如温度、流量、压力、位移、速度等。输入的模拟量必须先经过 A/D 转换后才能被微机所接受。

单通道数据采集系统一般由传感器、程控放大器（A）、抗混淆滤波器（AF）、多路开关（MUX）采样/保持器（S/H）、A/D 转换器、接口（I/O）等组成，如图 8-2 所示。

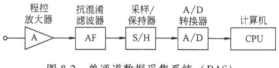

图 8-2 单通道数据采集系统（DAS）

1. 传感器

单通道数据采集系统的传感器一般为模拟类传感器。传感器输出类型要求为电压类型，若输出信号不是电压类型，则要经过信号转换电路转换为电压信号后输出，如电阻式传感器、电容式传感器、电感式传感器，一般采用电桥将其转化为电压信号。

2. 抗混淆滤波器

一般采用低通滤波器滤掉高频的一些噪声，防止后续采样时发生频率混淆。

3. 采样/保持电路（S/H）

在 A/D 转换期间，应保持 A/D 转换器的输入信号值不变，以免 A/D 转换的输出发生差错，这种保持 A/D 转换器转换期间输入信号不变的电路，称为采样/保持电路，如图 8-3 所示。

信号的采样相当于用一个开关电路对模拟信号进行处理，设开关为 $g(t)$，令它每隔 T_s 的时间完成一次开关动作，并设其接通时间非常短，当模拟信号 $x(t)$ 加到该电路的输入端时，信号的输出是离散的，其间隔为 T_s，幅值为每一次接通时信号 $x(t)$ 的瞬时值，写成 $x_s(k)$，对这样的 $x(t)$ 所对应的一系列离散值 $x_s(k)$，通常称为离散数据，如图 8-4 所示。

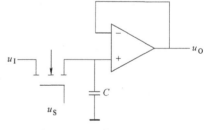

图 8-3 采样/保持电路

在进行离散化过程中，为了使离散化以后的数据 $x_s(k)$ 能够尽量真实地代替原始模拟信号 $x(t)$，采样时间间隔 T_s 的选择要遵循采用定理。

采样定理：对一个具有有限频带宽度（$0 \sim f_c$）的连续信号进行采样时，采样频率 f_s 至少应为被采信号中最高频率成分频率 f_m 的 2 倍，即

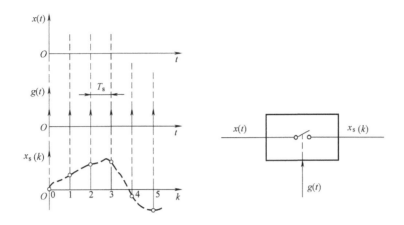

图 8-4 数据的采样

$$f_s \geq 2f_c \tag{8-1}$$

采样频率为

$$f_s = 1/T_s$$

不满足采样定理时将会发生频率混叠，使信号的频谱发生变化而产生失真，如图 8-5 所示。

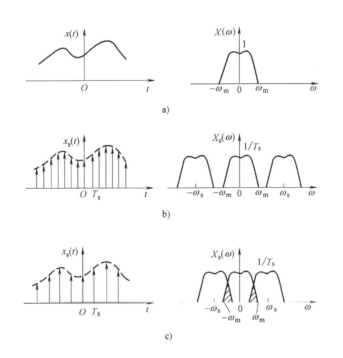

图 8-5 不满足采样定理时采样发生频率混叠

为避免混叠，通常是在采样装置之前设置一个抗混叠滤波器（低通），滤掉高频成分，使信号成为限带信号。

在后续 A/D 转换期间，保持电路输出"定格"在采样开始瞬间采样器的输入电压值上，以减小量化误差。

信号的保持是通过图 8-3 所示保持电路中电容器 C 来实现的。开关闭合时对电容器 C 进行充电；开关断开时，电容器 C 进行放电，但是由于后续运算放大器的输入电阻很大，电容器 C 近似为断路，从而将电压稳定下来。

4. A/D 转换器

A/D 转换器是计算机测试系统中的重要环节，它直接关系到测量的准确度、分辨率和转换速度。

A/D 转换的作用是将时间连续、幅值也连续的模拟量转换为时间离散、幅值也离散的数字信号，因此，A/D 转换一般要经过采样、保持、量化及编码 4 个过程。

量化是用有限个幅度值近似原来连续变化的幅度值，把模拟信号的连续值变为有限数量的有一定间隔的离散值。例如，可将 0~5.12V 之间无限个幅值变为 256（2^8）个有限的幅值，部分示例如图 8-6 所示。其中，$x(0)$ 的实际电压值在 0.2~0.4V 之间，现在量化为 0.02V；$x(1)$ 量化为 0V。

编码是按照一定的规律，把量化后的值用二进制数字表示，然后转换成二值或多值的数字信号流。其中，$X(0)$ 量化为 0.02V，编码以后为 0000 0001。

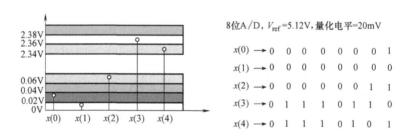

图 8-6 量化和编码

A/D 转换器的主要技术指标：

（1）分辨率 A/D 转换器的分辨率以输出二进制（或十进制）数的位数来表示。它表明了 A/D 转换器对输入信号的分辨能力。

在最大输入电压一定时，输出位数越多，分辨率越高。例如 A/D 转换器输出为 8 位二进制数，输入信号最大值为 5V，那么这个转换器应能区分出输入信号的最小电压为 19.53mV。

（2）转换误差 转换误差通常是以输出误差的最大值形式给出。它表示 A/D 转换器实际输出的数字量和理论上的输出数字量之间的差别。例如，给出相对误差不大于 ±LSB/2，这就表明实际输出的数字量和理论上应得到的输出数字量之间的误差小于最低位的半个字。

（3）转换时间 转换时间是指 A/D 转换器从转换控制信号到来开始，到输出端得到稳定的数字信号所经过的时间。

不同类型的转换器转换速度相差甚远。其中并行比较 A/D 转换器的转换速度最高，8 位二进制输出的单片集成 A/D 转换器转换时间可达到 50ns 以内，逐次比较型 A/D 转换器次之,它们多数转换时间在 $10\sim50\mu s$ 以内。间接 A/D 转换器的速度最慢,如双积分 A/D 转换器的转换时间大都在几十毫秒至几百毫秒之间。

相同类型的转换器,二进制位数越多,分辨率越高,转换时间越长。比如相同类型的 16 位 A/D 转换器比 8 位 A/D 转换器转换时间长,但是分辨率高,转换误差小。

在实际应用中,应从系统数据总的位数、精度要求、输入模拟信号的范围以及输入信号极性等方面综合考虑 A/D 转换器的选用。

三、多通道数据采集系统

按多路开关（MUX）所处位置的不同,多路输入通道可有三种结构形式。

（1）**多通道独立并行型** 如图 8-7a 所示,无多路开关,这种结构形式通常用于高速系统,允许通道同时进行转换。它是多个 DAS 的组合,可以对各通道数据描述同时实时给出,具有灵活性强、高速、高精度的特点。

（2）**多通道同步型** 如图 8-7b 所示,每个通道都有自己的采样/保持器（S/H）,并受同一触发信号控制,这样可以做到在同一时刻内将采集信号暂存在各自的保持电容上,以后由计算机指令逐一进行 A/D 转换。这种结构可允许对各通道之间的相互关系（如互相关、互功率谱等）进行分析。

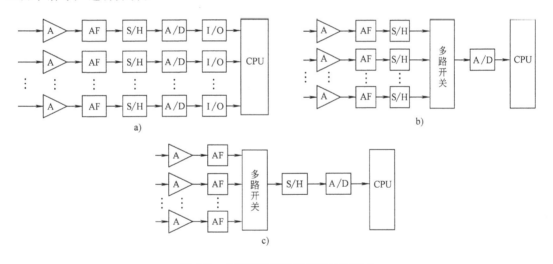

图 8-7 多通道数据采集系统结构形式
a）多通道独立并行型　b）多通道同步型　c）多通道一般型

（3）**多通道一般型** 如图 8-7c 所示,它通过多路开关（MUX）将各路模拟信号轮流送给公共的采样/保持器（S/H）及 A/D 转换器进行数模转换,节省硬件资源,但实时性差。

四、模拟量的输出通道

与模拟量输入通道相同,模拟量输出通道也有单通道和多通道之分。模拟量多通道输出的结构分为两种。

（1）**每路通道有独自的 D/A 转换器** 这样形式的优点是各路信号可同时进行 D/A 转

换、速度快、工作可靠，且一路 D/A 的故障不会影响其他通道，易于实现控制，如图 8-8a 所示。付出的代价则是采用了多片 D/A 转换器。

（2）多路通道共享 D/A 转换器　利用多路开关轮流接通各个通道，对相应的输出通道进行刷新，如图 8-8b 所示。优点是节省了 D/A 转换器，简化了电路结构。而缺点是工作速度慢，一般用于输出通道不多、对速度要求不太高的场合。由于输出量要靠采样/保持器（S/H）维持，因此对采样/保持器的保持时间与采样时间之比有要求，且每路通道要有足够的接通时间，并进行定时刷新以保持有稳定的模拟量输出。

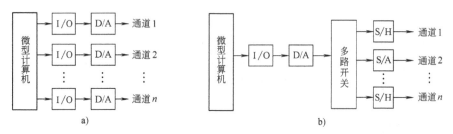

图 8-8　模拟量输出通道结构

五、数据采集板的几种数据传输方法

数据采集系统是微机测试系统的最基本组成部分，其数据传输方式有以下几种。

（1）串口数据采集卡　采用外置形式，通过 RS-232 接口与微机连接，由于微机的限制，其最高数据传输率不超过 115KB/s，同时传输的距离也不会超过 15m，且微机上的串口数目也很有限。采样系统与微机接口速度的瓶颈作用会导致一部分数据的丢失，从而会失去连续采样的意义。

（2）PCI/ISA 数据采集卡　采用内置形式，将高速、高精度连续采样系统控制和数据通道部分做成板卡的形式，占用微机的一个 ISA/PCI 总线扩展槽，通过 ISA/PCI 总线的高速数据传输率实现微机与采样系统的大容量数据交换。但是，这种内置式形式很容易受到微机机箱内高频干扰的影响，从而会降低系统的采样精度和稳定性，且微机主板上的 ISA/PCI 总线扩展槽数目也很有限，多功能卡及专用的接口卡，很大程度上就是为了解决多种设备连接到主机及提高传输速率而出现的解决方案。

（3）USB 接口数据采集卡　采用外置形式，多个 USB 接口的数据采集卡可同时接在一个 USB 接口上，不会占用微机上的串行口和主板上的 ISA/PCI 总线扩展槽，不仅能够提高系统的采样精度和稳定性，还能增强系统的灵活性。USB 具有的许多优良特性也为解决上述几个问题提供了极佳的解决方案。如果能够将整个系统做成外置式形式，不仅能够提高系统的采样精度和稳定性，而且还能增强系统的灵活性，同时还有利于系统的维护。

第二节　通用串行总线（USB）

通用串行总线（Universal Aerial Bus，USB）是一些国际大公司，如 Inter、Microsoft 等为了解决日益增加的微型计算机外设与有限的主板插槽和端口之间的矛盾而制定的一种串行通信的标准。现在生产的微型计算机几乎都配备了 USB 接口，Microsoft 的 Windows 2000、Windows XP 以及 Mac OS、Linux 等流行操作系统都增加了对 USB 的支持。

USB 可以取代当前微机上的串口和并口（如键盘 PSZ 口、打印机用的 9 针或 25 针的并口、鼠标用的 9 针或 25 针的串口），并把这些不同的接口统一起来，使用一个 4 针插头作为标准插头。通过这个标准插头，采用菊花链形式可以把所有的外设连接起来，而不会损失带宽。USB 需要主机硬件、操作系统和外设三个方面的支持才能工作。

一、USB 简介

1. USB 基本结构简介

USB 系统主要由主机控制器（Host Controller）、USB 的互连和 USB 的设备（Peripherals Node）组成系统的拓扑结构。如图 8-9 所示，USB 总线连接了 USB 设备与 USB 主控制器。USB 的物理连接是星形层状结构。整个总线系统的顶端有根集线器（Root Hub），它的下游端口将连接下一层的 USB 设备或者集线器（Hub）；而每一个下层集线器又可以连接再下一层的集线器或者 USB 设备，以此类推。由此可以说，整个总线的布局是采用树形的层状结构。而从逻辑角度来看，USB 设备的连接采用星形结构，根集线器可以作为星形结构的中心。USB 协议规定，最多支持 7 层的设备连接。

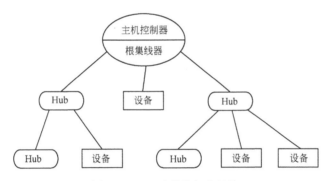

图 8-9　USB 总线的拓扑结构

（1）**USB 的主机**　在任何 USB 系统中，只有一个主机。主计算机系统的 USB 接口称为主机控制器。主机控制器可由硬件、固件和软件综合实现，通过它，主机可与外围 USB 设备进行通信。根集线器是集成在主机系统中的，用以提供一个或更多的接入端口。主机可以提供如下功能：

1）检测 USB 设备的连接与断开。
2）管理主机与设备之间的标准控制流。
3）管理主机与设备之间的数据流。
4）收集状态极一些活动的统计数字。
5）控制主机控制器与 USB 设备的电器接口，包括提供有限的能源。

（2）**USB 的设备**　USB 设备有 USB 集线器和功能单元。USB 集线器向 USB 提供更多的连接点，功能单元为系统提供具体功能，如 ISDN 的连接设备、鼠标或显示器等。功能设备能发送数据到主机，也可以接受来自主机的数据和控制信息，每个功能设备必须有自己的配置信息，描述自身的功能和资源要求。在一个功能设备被启动前，主机必须对它进行配置。USB 设备提供的 USB 标准接口的主要依据是：

1）对 USB 协议的运用。

2）对标准 USB 操作的反馈，如设置和复位。

3）标准性能的描述性信息。

(3) USB 的互连 USB 的互连是指 USB 设备与主机之间进行连接和通信的方式。主要包括以下几个方面：

1）总线的拓扑结构：USB 设备与主机之间的各种连接方式。

2）内部层次关系：根据性能叠置，USB 的任务被分配到系统的每一个层次。

3）数据流模式：描述数据在系统中通过 USB 从产生方到使用方的流动方式。

4）USB 的调度：USB 提供一个共享的连接，对可以使用的连接进行调度，以支持同步数据传输，并且避免优先级判别的开销。

(4) USB 的电源 USB 的电源主要包括电源分配和电源管理两方面特性。电源分配是指 USB 设备如何通过 USB 分配得到主计算机提供的能源；电源管理则是指通过电源管理系统，USB 的系统软件和设备如何与主机协调工作。

主机可以对直接相连的 USB 设备提供电源，供其使用，并且每个 USB 设备都可以有自己的电源。那些完全依靠电缆提供电源的设备称为"总线电缆"设备。相反，那些自带电源的设备称为"自供电"设备。而且集线器也可以由与之相连的 USB 设备提供电源。

USB 主机与 USB 系统有相互独立的电源管理系统。USB 的系统软件可以与主机的电源管理系统结合，共同处理各种电源事件，如挂起、唤醒等，并且有特色的是：USB 设备应用特有的电源管理特性，可让系统软件控制其电源管理。

2. USB 的特点

USB 的主要特点可归纳为以下几点。

(1) 用户的易用性

1）USB 为连接电缆和连接头提供了单一模型。

2）可以采用总线供电。

3）系统自我检测外围设备，自动地进行设备驱动、配置。

4）可以动态连接和重新配置外设。

(2) 广泛的应用性

1）适用不同的设备，传输速率从几千比特率到几十兆比特率。

2）支持同步、异步两种传输模式。

3）通过使用 Hub 扩展，可同时支持 127 个物理设备。

4）在主机和设备之间可以传输多种数据和信息流。

(3) 使用的灵活性

1）USB 共有四种传输模式，即控制传输、同步传输、中断传输和批量传输，以适应不同设备的需要。

2）通过指定数据缓冲区大小和执行时间，支持各种数据传输率，并对缓冲区进行流量控制。

(4) 自身的健壮性
1) 在协议中使用出错处理和差错恢复机制。
2) 支持设备热拔插能力。
3) 可以对有缺陷的设备进行识别。
(5) 利于微机的使用性
1) 协议具有易实现性和完整性。
2) 遵从微机的即插即用的体系结构。
3) 具有和现用操作系统良好的衔接。
(6) 成本低廉
1) 提供低成本的 1.5MB/s 的低速通道。
2) 廉价的电缆和连接头。
3) 促进了低成本外设的发展。

二、USB 协议总览

1. USB 数据流的模式

虽然 USB 的系统布局采用一种星形层状结构，但从逻辑的角度来看，设备的连接是一种完全的星形结构，如图 8-10 所示。系统只支持一个控制器，即计算机。所有的设备之间的交易行为由计算机进行启动或者中转。

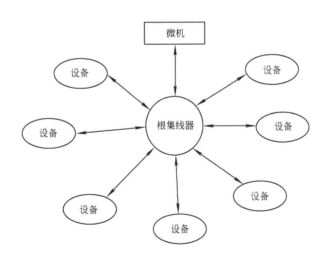

图 8-10　USB 总线逻辑结构图

整个 USB 的总线信道支持 12MB/s 的传输，支持连接 127 个设备。具体传输采用令牌机制，由计算机负责发出令牌包，启动交易的执行。在 USB 令牌包中采用 7 位地址为外围设备进行寻址，因此可以最多支持 128 个设备。地址 0 为初始设备的默认地址，用来指定所有刚刚连接的设备。整个 USB 信道被认为是一个大的管线，根据连接的设备又可以将这个大的管线分为多个小的管线，每一个小的管线都可以完成微机和设备的连接。

图 8-11 展示了 USB 通信模型之间基本的信息流与互连关系。主机与设备都被划分成不同的层次。主机在整个 USB 系统中是唯一的，它包括三个层次，USB 总线接口、USB 系统、USB 客户。从互联的角度看，USB 设备和 USB 主机都提供类似的 USB 总线接口，如串行接口引擎（Serial Interface Engine）。设备上对应的接口也是基于不同层次实现的。在主机与设备间的所有通信最终都是通过 USB 的电缆进行，然而，在上层的水平层之间存在逻辑的主机——设备信息流。主机上客户软件和设备功能部件间的通信是基于实际应用需求及设备所能提供的能力。客户软件与功能部件之间的透明通信的要求，决定主机和设备下层部件的功能以及它们的界面（Interface）。

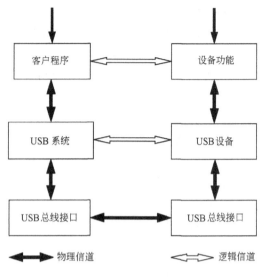

图 8-11 USB 系统信道图

在令牌包中除了包含设备地址外，还包括设备的端点编号。每个 USB 设备支持 32 个 I/O 端点，其中 16 个输入端点和 16 个输出端点。计算机通过令牌包的类型来明确端点的 I/O 类型。IN 令牌包指定访问设备的输出端点，而 OUT 令牌包指定访问设备的输入端点。设备的端点可以认为是系统中相互通信的最基本的单元。

2. USB 传输类型

USB 定义了四种传输类型，分别介绍如下。

（1）控制传输 控制传输是由主机软件发起的请求或者回应的传送，是可靠的、非周期性的通信。控制传输允许访问一个设备的不同部分，通常用于命令交易和状态交易。

USB 设备必须实现默认控制通道，并将它实现成一个消息通道。这个通道由 USB 系统软件使用。USB 设备的命令信息、设置信息、状态信息和控制信息由该通道传送。由于控制传输使用的是消息通道上的双向信息流，一个控制通道被确认之后，这个通道就使用了具有某个端点号的两个端点，一个为输入，另一个为输出。

每个设备第一次连接到主机时，控制传输就可以用来交换信息，设定设备的地址或者读取设备的描述符与要求。由于控制传输非常重要，所以 USB 必须确保传输正确、可靠、没有任何错误发生。如果这个错误无法恢复，就需要重新传送。

一般控制传输由以下事务组成：

1) 建立联系，把请求信息从主机传到它的应用设备。
2) 0 个或多个数据传送事务，按照事务指示的方向传输数据。
3) 状态信息回转，将状态信息从应用设备传到主机。但端点成功地完成被要求的操作时，回传的状态信息为 "success"。

（2）同步传输 同步传输是在主机与设备之间的周期性、连续的通信。这种类型保留了将时间概念包含于数据中的能力，一般用于传输与时间相关的信息。

对于同步传输的通道，USB 并不对数据格式做出要求。同步传输通道是一种流通道，是单方向的。在对端点的描述中指明了与它相连通道的数据流的方向。如果要实现设备的同步双向流通，就需要两个同步传输通道：一个为流入，一个为流出。同步传输的最大包容量为 1023B，换算为传输速率为 8.184MB/s。

在 USB 的环境下，同步传输具有以下几点能力：
1）在固定的延迟情况下，仍能传送数据。
2）只要数据提供及时，就能保证同步传输通道上的恒定数据传送速度。
3）如果数据错误而造成传送失败，不重新传送数据。

（3）中断传输 中断传输是为这样的设备设计的，它们只传送或接受少量数据，而且并不经常进行传送，但它们有一个确定的服务周期。USB 对中断通道上的数据流格式无要求。

中断通道是一种流通道，所以是单向的。端点描述信息指明了通道的数据流方向。USB 不支持硬件的中断，所以 USB 控制器必须要以周期方式轮询，并非常规的中断形式。轮询的周期非常重要，如果太低，数据可能会流失掉，如果太高又会占去总线太多的带宽。对于全速设备而言，端点可设定为 1~2555ms 之间的轮询间隔，因此全速设备的最快轮询速度为 1kHz。对于低速设备而言，仅能设定轮询间隔为 10~255ms。在轮询过程中，如果发生失败，则可以在下一个轮询期间重新传送一次。

中断传输具有以下特性：
1）中断通道的最大服务期必须得到保证。
2）由于错误而引起的重发在下一个服务期进行。

（4）大量传输（批传输） 大量传输是在主机和设备之间的非周期性（不确定时间）的大量、可靠的数据通信。可以传送任何带宽的传输数据，并且当这些数据没有可用带宽时，可以容忍等待。如果 USB 有较多的空闲带宽，则大量传输发生也相对频繁；如果空闲带宽较小，可能有很长时间没有大量传输发生。

大量传输具有以下特性：
1）大量传输可获得带宽访问总线。
2）如果总线出现错误，数据传送失败，大量传输可以进行重发。
3）保证大量传输的数据一定被传送，不保证传送的带宽和延迟。

如果只对某一设备执行中断传输、同步传输或者大量传输，那么需要先执行控制传输，以了解设备的特性和设定的地址。如果微机连接了多种不同的设备，那么这四种类型的传输将分布在 1ms 的帧内。根据微机采用的主机控制器的不同，各种形式的传输放置的顺序也不同。图 8-12 描述了通用式主机控制器和开放式主机控制器的带宽分配形式。

在通用式主机控制器中，周期性传输（中断传输和同步传输）在前面，后面是控制传输和大量传输。控制传输至少分配 10% 的总线带宽，周期性传输最多分配 90% 的总线带宽。大量传输（批传输）将根据整个总线的剩余带宽，随时动态地调整传输速率。

在开放式主机控制器中，首先传输的是控制传输和大量传输，其次是中断传输和同步传输。同样，至少 10% 的总线带宽预留给控制传输，周期性传输最多分配 90% 的总线带宽。另外剩余的带宽分配给大量传输。

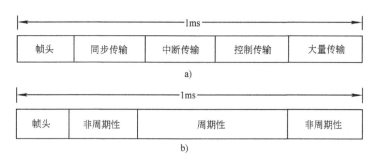

图 8-12 带宽分配形式
a) 通用式主机控制器的传输排序 b) 开放式主机控制器的传输排序

第三节 虚拟仪器与系统

一、虚拟仪器概述

虚拟仪器（Virtua Iinstrument，VI）是指以计算机（主要是微机）为核心，将计算机与测量系统融合于一体，用计算机软件代替传统仪器的某些硬件的功能，用计算机的显示器代替传统仪器物理面板的测量仪器。虚拟仪器通过键盘、鼠标代替实际的仪器面板或按钮，操作人员通过友好的图形化用户界面以及图形化编程语言来控制仪器的启动、运行、结束，完成对被测信号的数据采集、信号分析、谱图显示、数据存储、数据回放及控制输出等功能。"虚拟"可以从两方面来理解：其一，传统仪器中的部分硬件被软件所代替，但功能依然存在；其二，改变软件即可改变仪器功能，从而用同一套硬件系统可实现多种传统仪器的功能。因此，虚拟仪器能最大限度地满足各种测量系统的需要，可以很方便地通过修改软件来修改或增减仪器的功能，从而真正体现了"软件就是仪器"这一新概念。

1. 虚拟仪器的内部功能

虚拟仪器的组成与传统测量仪器一样，内部功能可划分为：信号采集与控制、数据分析处理及测量结果显示三个部分。

（1）信号采集与控制功能　虚拟仪器是由计算机和仪器硬件组成的硬件平台，实现对信号的采集、测量、转换与控制。硬件平台由以下两部分组成：

1）计算机。可以是笔记本计算机、PC 或工作站。

2）仪器硬件。可以是必要的外围接口电路和插入式数据采集板（含信号调理电路、A/D 转换器、数字 I/O、定时器、D/A 转换器等），或者是带标准总线接口的仪器，如 GPIB 仪器、VXI 仪器、RS232 仪器、USB 仪器等。

（2）数据分析处理功能　虚拟仪器充分利用了计算机的存储、运算功能，并通过软件实现对输入信号数据的分析处理。处理内容包括进行数字信号处理、数字滤波、统计处理、数值计算与分析等。虚拟仪器比传统仪器以及以微处理器为核心的智能仪器有更强大的数据分析处理功能。

（3）测量结果的表达　虚拟仪器充分利用计算机资源（如内存、显示器等），使其对测量结果数据的表达与输出具有多种方式，这也是传统仪器远不能及的。虚拟仪器可以实现以下功能：

1）通过总线网络进行数据传输。
2）通过磁盘、光盘硬拷贝输出。
3）通过文件存于硬盘内存中。
4）计算机屏幕显示或图形用户接口。

2. 虚拟仪器系统的构成

虚拟仪器系统是由计算机、应用软件和仪器硬件三大要素构成的。计算机与仪器硬件又称为 VI（虚拟仪器）通用仪器硬件平台。虚拟仪器系统具有以下多种构成方式，如图 8-13 所示。

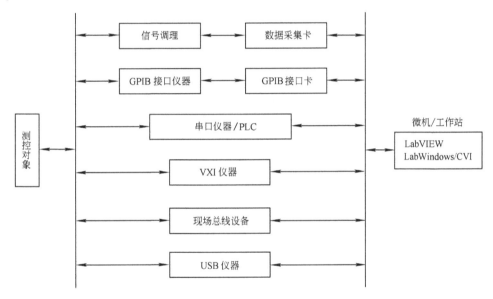

图 8-13　虚拟仪器的几种构成方式

（1）PC-D/LQ 系统　以数据采集板、信号调理电路及计算机为仪器硬件平台组成的测试系统。

（2）GPIB 系统　以 GPIB 标准总线仪器和计算机硬件平台为基础，即由一台微机、一块 GPIB 接口板卡和若干台 GPIB 仪器通过标准 GPIB 电缆连接而成的测试系统。

（3）VXI 系统　以 VXI 标准总线仪器与计算机为硬件平台组成的测试系统。

（4）通用串行系统　以串口标准总线仪器（如可编程逻辑控制器）与计算机为硬件平台组成的测试系统。

（5）USB 系统　以 USB 标准总线仪器与计算机为硬件平台组成的测试系统。

（6）现场总线系统　以现场总线仪器与计算机为硬件平台组成的测试系统。

（7）组合系统　由上述几种典型构成方式任意组合的测试系统。

虚拟仪器技术中的关键技术是数据采集和分析处理软件。分析处理软件将用不同的方法获取数据，归并成相同的数据组来实现不同类型的仪器。例如，通过标定和数据点的显示，虚拟仪器可作为一台简易的存储示波器;对捕获的数据进行快速傅里叶变换,则又可成为一台频谱分析仪。

3. 虚拟仪器的特点

虚拟仪器与传统仪器相比,具有如下技术特点:

1)虚拟仪器融合了计算机强大的硬件资源,突破了传统仪器在数据处理、显示、存储等方面的限制,大大增强了仪器的功能。高性能处理器、高分辨率显示器、大容量硬盘等已经成为虚拟仪器的标准配置。

2)虚拟仪器利用了计算机丰富的软件资源。一方面,实现了部分仪器硬件的软件化,节省了物资资源,增加了系统灵活性;另一方面,通过软件技术和数值算法,实时、直接地对测试数据进行了各种分析与处理;另外,通过图形用户界面(GUI)技术,真正做到了界面友好、人机交互。

3)基于计算机总线和模块化总线,传统仪器硬件实现了模块化、系列化,大大缩小了系统尺寸,可方便地构建模块化仪器。

4)基于计算机网络技术和接口技术,VI系统具有方便、灵活的互联能力(Connectivity),广泛支持诸如USB等各种总线标准。因此,利用VI技术可方便地构建自动微机测试系统(Automatics Test System,ATS),实现测量、控制过程的网络化。

5)基于计算机的开放式标准体系结构,虚拟仪器的硬件、软件都具有开放性、模块化、可重复使用及互换性等特点。因此,用户可根据自己的需要,选用不同厂家的产品,使仪器系统的开发更为灵活,效率更高,缩短了系统组建时间。

虚拟仪器与传统仪器的特点比较见表8-1。

表8-1 虚拟仪器与传统仪器的特点比较

虚 拟 仪 器	传 统 仪 器
开发和维护费用低	开发和维护费用高
技术更新周期短(0.5~1年)	技术更新周期长(5~10年)
软件是关键	硬件是关键
价格低	价格昂贵
开放灵活与计算机同步,可重复使用和重新配置	固定
可用网络联络周边各仪器	只可连有限的设备
自动、智能化、远距离传输	功能单一,操作不便

二、虚拟仪器软件开发平台

软件技术是虚拟仪器的核心技术。常用的仪器用开发软件有LabVIEW、LabWindows/CVI、VEE等。这些软件已相当完善,而且还在升级、提高。以LabVIEW为例,它是基于图形化编程语言G的开发环境,用于如GPIB、VXI、PXI、PCI仪器及数据采集卡等硬件的系统构成,而且具有很强的分析处理能力。

1. LabVIEW

LabVIEW是一种程序开发环境,由美国国家仪器(NI)公司研制开发,类似于C和

BASIC 开发环境，但是 LabVIEW 与其他计算机语言的显著区别是：其他计算机语言都是采用基于文本的语言产生代码，而 LabVIEW 使用的是图形化编辑语言 G 编写程序，产生的程序是框图的形式。

LabVIEW 提供很多外观与传统仪器（如示波器、万用表，见图 8-14a）类似的控件，可用来方便地创建用户界面。用户界面在 LabVIEW 中被称为前面板。使用图标和连线，可以通过编程对前面板上的对象进行控制。这就是图形化源代码，又称 G 代码。LabVIEW 的图形化源代码类似于流程图，因此又被称作程序框图代码。为了方便编程，LabVIEW 提供了丰富的函数供调用，如图 8-14b 所示。

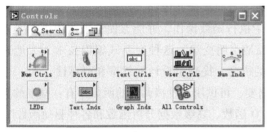
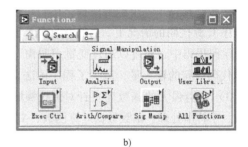

图 8-14　LabVIEW 的模块
a）控件（Controls）选板　b）函数（Functions）选板

图 8-15 所示是基于 LabVIEW 的虚拟信号发生器的界面和程序。

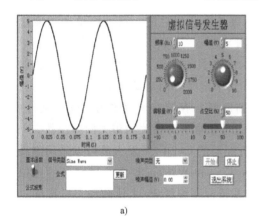
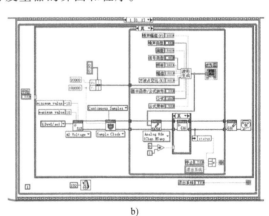

图 8-15　虚拟信号发生器
a）虚拟信号发生器的界面设计　b）虚拟信号发生器的程序设计

2. LabWindows/CVI

LabWindows/CVI（C for Virtual Instrumentation）是面向仪器与测控过程的交互式 C/C++ 开发平台，它是一个用 C 语言构建仪器系统的交互式软件开发环境，可用模块化方式对 C 语言进行编辑、编译、连接和调试。LabWindows/CVI 软件把 C 语言同虚拟仪器的软件工具库结合起来，包含了 GPIB、USB 总线、数据采集和分析库。LabWindows/CVI 软件提供了很多厂家生产的多达 300 多种仪器的驱动程序。LabWindows/CVI 软件的重要特征是，在 Windows 和 Sun 平台上简化了图形用户接口的设计，同时在构建和控制 LabWindows/CVI 软件用户接口之外，只创建了一个层次，使用户能容易地生成各种应用程序。LabWindows/CVI 为熟悉 C 语言的开发者建立虚拟仪器、检测系统、数据采集系统、过程监控系统等提供了极其便利的语言环境和软件开发环境。

(1) LabWindows/CVI 的特点 LabWindows/CVI 具有以下特点：

1）集成开发平台。LabWindows/CVI 将源代码编程、32 位标准 ANSIC 编译、连接、调试以及标准 ANSIC 库等集成在一个交互式开发平台中，因此，用户可以快捷地编写、调试和修改应用程序，并形成可执行文件。

2）交互式编程方法。LabWindows/CVI 编程技术采用事件驱动方式和回调函数方式。对每一函数都提供了一个函数面板，用户可以通过函数面板交互地输入函数的每个参数。在脱离主程序 C 源代码的情况下，可直接在函数面板中执行函数操作，并能方便地把函数语句嵌入到 C 程序源代码中，还可以通过变量声明窗口交互地声明变量。这种交互式编程技术大大地减少了源代码语句的输入量，减少了程序语法出错的机会，提高了设计的效率和可靠性。

3）功能强大的函数库。针对测控领域的需要，可供用户直接调用的函数库有：基本的数字函数、字符串处理、函数数据运算函数、文件 I/O 函数、高级数据分析函数和各种驱动函数库。

高级数据分析库函数，包括信号处理函数、滤波器设计、线性代数、概率论和数理统计、曲线拟合等函数，涵盖了几乎所有仪器设计中所用到的函数。

各种驱动函数库，如 VXI、GPIB、USB、数据采集板等硬件控制用子程序（驱动函数库），600 多个源码仪器驱动程序（函数库）、动态数据交换（DDE）和 TCP/IP 网络函数库等。因此，编程人员不必亲自编制如信号分析处理的相关、曲线拟合、FFT 等程序。同时，编程人员也不必花费精力去熟悉 GPIB、VXI、USB 等各种通信总线，通过简单调用库函数就能驱动相应总线的各种仪器硬件和数据采集卡（板）。

4）设计简单直观的图形用户界面。LabWindows/CVI 具有人机交互式界面编辑器，能运用可视化交互技术实现"所见即所得"。通过弹出式菜单定义界面对象与 C 程序代码的通信属性和自身属性，设计好的人机交互界面（虚拟仪器面板）存储在后缀名为 .uir 的文件中。CVI 自动生成源代码文件的后缀名为 .h，并声明界面对象常量及相关的相关回调函数。

5）完善的兼容性。借助于 LabWindows/CVI，有经验的 C/C++开发人员可以采用熟悉的 C 编程环境，如 Visual C++、Borland C++、Symantec C++和 Watcom C 等开发自己的虚拟仪器系统。此外，LabWindows/CVI 可以将仪器库函数及子程序编译成 32 位的动态链接库，以便用于任何 32 位的 C/C++环境及 LabVIEW 或 Visual Basic 中。

6）多种灵活的程序调试手段。提供变量显示窗口可以观察程序变量和表达式值的变化情况，还可以提供单步执行、断点执行、过程跟踪、参数检查、运行时内存检查等多种调试手段。

7）网络功能。支持 TCP/IP、动态数据交换（DDE）等网络功能。

使用 LabWindows/CVI 软件，用户可以随意设计自己的测试程序，使其运行在能够满足自己需要的平台上。用户使用交互式接口、内置的 I/O 库、特殊工具、高级分析等功能，可以大大地减小构造虚拟仪器所需编制程序的工作量。

(2) 使用 LabWindows/CVI 设计虚拟仪器的步骤与方法 在 LabWindows/CVI 虚拟仪器开发平台上，利用其丰富的函数库和强大的接口功能，可方便地设计出符合用户要求的程序。使用 LabWindows/CVI 编程的基本步骤如下。

1) 制定程序的基本框架。根据测试任务确定程序的基本框架、仪器面板及程序中所需的函数。

2) 打开 CVI 软件，进入工程文件窗口。选择菜单"File→New→Project(＊.prj)"项，打开一个空的待建工程文件。

3) 创建用户界面。选择菜单"File→New→User→Interface(＊.uir)"项，进入用户界面编辑窗口，创建用户界面文件（＊.uir 文件），设置控件属性和回调函数名称。

4) 程序源代码的编写。在创建好用户界面后保存用户界面时，计算机自动生成头文件（＊.h 文件）。利用计算机自动生成源程序（＊.c 文件）代码框架，并在框架中添加函数代码段，来完成源程序（＊.c 文件）的编写。

5) 创建工程文件并运行。将用户界面文件（＊.uir 文件）、源程序（＊.c 文件）和头文件（＊.h 文件）添加到工程文件中，用 CVI Build 菜单中的 Build Project 功能完成工程文件的创建，然后编译、运行、调试工程文件。

三、汽车动力学参数测试仪的设计

汽车动力学参数主要包括汽车的纵向加速度、侧向加速度、横摆角速度、车倾角、转向盘转角等参数，这些参数对于研究汽车的操纵稳定性至关重要。此类参数可以通过陀螺仪传递到微机中。汽车动力学参数测量仪利用计算机加 PXI-6070E 数据采集卡来构建硬件系统。PXI-6070E 为一个 12 位多功能数据采集卡，它具有 16 路单端或 8 路差分输入通道，最高采样率为 1.25MSa/s。利用 LabWindows/CVI 软件设计虚拟仪器来采集汽车动力学参数，其设计过程简述如下。

在 LabWindows/CVI 中先建立一个工程文件（Vehicle-test.prj），然后建立用户界面文件（Vehicle-test.uir）。在汽车动力学参数测试仪的数据采集界面设计中，设定有数据采集设备选择、数据采集通道设置、数据采集频率和点数、读取方式、文件记录路径和格式选择等多组输入控件和用于显示实时数据波形的图形输出控件。这一过程先在软面板编辑窗口中完成，然后按设计思路确定各个属性，利用开发系统辅助生成程序的主体结构，编写相应的 C 源程序（Vehicle-test.c）。由于要采集车辆动力学参数并显示相应的波形，因此直接调用了数据采集库函数中的数据采集函数、文件处理函数库中的文件保存和调用函数以及图形操作库函数中的图形显示函数。利用 LabWindows/CVI 软件的库函数可以简化程序设计，使用户不必自己编制可调用的子程序，其子程序功能通过调用相应的库函数原码模块实现。程序完成后即可运行，编译成可执行文件后还可脱离开发平台单独运行。车辆动力学参数测试仪的主程序流程如图 8-16 所示，数据

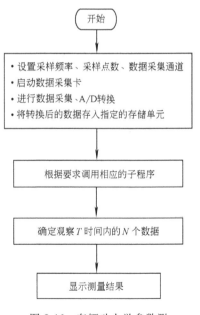

图 8-16 车辆动力学参数测试仪的主程序流程

采集时车辆动力学参数测试仪的运行结果如图 8-17 所示。

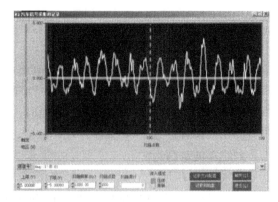

图 8-17　车辆动力学参数测试仪的数据采集界面

思考题及习题

1. 简述微机测试系统的典型结构及其各子系统的基本功能。
2. 简述微机测试系统的特点。
3. 模拟量的多路输入通道的常用结构形式有哪些？说明其各自特点和使用的场合。
4. 什么是 USB 总线？试述 USB 的基本结构。
5. USB 有几种传输类型？每种类型各有什么特点？
6. 简述通用式主机控制器的带宽分配形式。
7. 什么是虚拟仪器？虚拟仪器有什么特点？虚拟仪器的内部功能是如何划分的？
8. 简述虚拟仪器的结构与组成方式。
9. 简述软件开发平台 LabWindows/CVI 的特点。
10. 软件在虚拟仪器中有什么作用？

第九章

测试技术在汽车上的应用

第一节 概述

随着汽车性能的不断提高,汽车测试技术也有了很大的发展,室内台架试验能以较高的精度测试汽车的整车及总成和零部件,并能消除不需研究的某些因素,容易控制试验条件。如今,在台架试验中已经广泛采用微机测试系统。例如室内台架试验,广泛应用计算机控制,随机负荷加载以及自动分析记录的数据采集系统。因此,室内台架试验可以模拟实际使用工况,建立与实际道路试验条件相应的关系,以代替一部分道路试验,这样不仅提高了试验精度,而且缩短了试验周期。微机测控技术还广泛应用于整车试验,测出各项技术性能指标,如动力性、经济性、平顺性、制动性及通过性等;同时还应用在机构及总成试验及零部件试验中,如发动机功率、变速器效率、悬架装置的特性和它们的结构强度、疲劳寿命、耐久性等,以及研究材料的选用是否合适。

第二节 发动机缸内压力的测试

发动机的测试参数主要有功率、转矩、转速、油耗、曲轴位置、缸内压力、进排气压力、进排气温度、冷却液温度、润滑油温度、进气流量、节气门位置、气体排放及颗粒物浓度等。发动机缸内压力的测量属于动态压力测量,是发动机重要的测试项目之一,它是指气缸中工质的动态压力 p 随曲轴转角 ϕ (或气缸容积 V)变化而变化的测量,也就是 p-ϕ 或 p-V 示功图的测量。以此为基础可以确定进气终点压力、压缩终点压力、燃烧最高压力、排气压力等,并可分析计算缸内温度、压力升高率、燃烧放热率、动力性能等重要参数。

一、测量设备要求

由于发动机缸内压力测试的特殊性,对测量设备的要求如下:
1)测出的动态压力曲线应精确反映压力的变化,信号幅值无畸变,无相位差。
2)测量仪器与发动机的连接尽可能不影响原有参数,工作状况不发生变化。
3)测量仪器的动态特性好,灵敏度高,温度和振动对工作稳定性的影响小。
4)测量和记录多路信号。

二、测量系统组成

发动机缸内压力测试系统如图 9-1 所示,包括被测发动机、缸内压力传感器、电荷放大器、曲轴位置传感器、燃烧分析仪。其中被测发动机为测试对象，需安装在发动机专用的测试台架上，保证发动机稳定运转且可以测量发动机相关运行参数；缸内压力传感器为动态压力传感器，且一般采用压电式压力传感器，需安装在发动机气缸盖上并与缸内工质直接接触；电荷放大器用来将压电式压力传感器的电荷信号转换为燃烧分析仪能够识别的电压信号；曲轴位置传感器安装在被测发动机的曲轴或凸轮轴的一端，随曲轴或凸轮轴同步转动，同时发出转角信号和基准信号，并提供给燃烧分析仪作为外部时钟和外部触发；燃烧分析仪是一种典型的虚拟仪器，它利用计算机、采集卡和相应的采集程序实现缸内压力数据采集和数据分析。

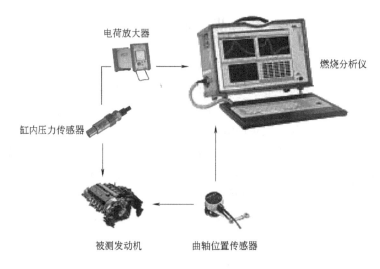

图 9-1　发动机缸内压力测试系统

1. 被测发动机台架

被测发动机台架，即发动机试验台，其简图如图 9-2 所示，基本组成如下：

（1）**测功机及控制系统**　电涡流测功机用来给发动机加负载，模拟汽车实际行驶时的道路阻力和负载。测控系统对发动机形成稳定的运转工况，并通过直接测量发动机的稳态转速和转矩得出发动机的功率。

（2）**燃料供给与测量**　发动机正常工作需要消耗燃油，在发动机台架上没有整车上的油箱装置，一般采用燃料消耗量测量仪来提供燃料给发动机并测量发动机的燃料消耗量。

（3）**进、排气系统**　进气系统包括空气流量计和空气滤清器。进气系统能供应发动机完全燃烧时所需的新鲜空气量，同时能测量空气流量；排气系统由排气消声器和催化转化器组成，应保持发动机规定的排气背压，并将废气排放到特定的烟道里。

（4）**冷却液温控系统**　正常试验中冷却液的温度保持在一定温度范围，为达到这个要求，发动机台架有专门的冷却液系统，其中包括冷却水箱、加温器、散热器、温度计和温度控制器。

（5）**润滑油温度控制系统**　由于润滑油的作用是润滑运动件、保护发动机不受腐蚀、密封活塞环，所以试验中要严格控制润滑油的温度，以提供适当的黏度和压力。发动机工作时，润滑油温度上升很快，因此需将过热的润滑油送入机油散热器中，待降温后再进入发动机，以保证发动机的正常工作。

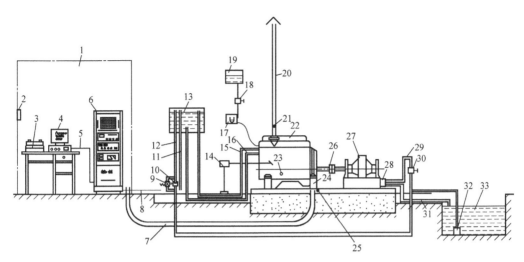

图 9-2 发动机试验台

1—测试室 2—潜水泵控制 3—打印机 4—计算机 5—传口连接电缆 6—发动机测控柜 7—管道 8—传输电缆 9—电磁阀 10、18、30—阀门 11—溢水管 12—加水管 13—散热器 14—节气门执行器 15—出水管 16—进水管 17—燃料消耗量测量仪 19—燃油罐 20—排气管 21—排气温度传感器 22—发动机 23—润滑油温度传感器 24—可调支撑 25—底座 26—联轴器 27—电涡流测功机 28—出水口 29—电涡流测功机进水管 31—电涡流测功机出水管 32—水泵 33—储水池

(6) 发动机支架 发动机通过联轴器与测功机相连,由支架支撑发动机并固定在底座上,支架一般需要 3~4 个。支架与发动机之间有弹性减振块。发动机与测功机连接后,要进行找正工作,以保证旋转轴的同心度。

2. 缸内压力传感器

缸内压力传感器目前大多为石英晶体压电式传感器,对于汽油机和柴油机分别有不同样式的缸内压力传感器。

(1) 汽油机缸内压力传感器 汽油机的缸内压力传感器一般做成火花塞式,即与火花塞集成为一体,通过偏移火花塞电极,将直径为几毫米的压电式缸内压力传感器装在火花塞中,构成测量火花塞。其结构是在火花塞内部镶嵌一块石英晶体,可以保证发动机正常点火的同时进行缸内压力测量,是专业的发动机缸内压力测量设备,如图 9-3 所示。其测量原理是在发动机运行过程中石英晶体随着缸内燃烧压力的升高而被压缩,受到压缩的石英晶体产生一定量的电荷,所产生的电荷量与所受压力呈线性关系,通过对电荷量的测量便可确定缸

图 9-3 各种型号的汽油机缸内压力传感器

内压力的大小。

（2）柴油机缸内压力传感器　柴油机缸内压力传感器与汽油机的测试原理相同，但结构上存在一点差异。由于柴油机没有点火系统，所以柴油机缸内压力传感器都是独立的，如图9-4所示。一般在应用时需要在发动机气缸盖上打孔并设计传感器外套，确保传感器既能与气缸内工质直接接触完成测量任务，又能实现密封。

图9-4　柴油机缸内压力传感器

3. 电荷放大器

电荷放大器是内燃机缸内压力采集系统中必备的信号转换工具，其作用是将缸内压力传感器输出的电荷信号转化为电压信号，电荷量与电压值成正比关。电荷放大器及其原理如图9-5所示，它具有以下特点：

1）等效电路：压电式传感器电容电阻（C_a、R_a），电缆电容和绝缘电阻（C_c、R_c），放大器输入电容和电阻（C_i、R_i），放大器反馈电容 C_f。

2）电荷放大器的输出电压与电荷量成正比，与反馈电容成反比，不受电缆电容的影响，计算式可以表示为：$U_o = -Q/C_f$。

3）使用电荷放大器时，灵敏度不受电缆长度的影响。

 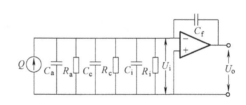

图9-5　电荷放大器及其原理

4. 曲轴位置传感器

发动机缸内压力采集不能简单地以时间作为采集时钟，而应以发动机的曲轴转角作为采集时钟，因此必须用到曲轴位置传感器。曲轴位置传感器为压力数据采集提供外部时钟和外部触发，它是缸内压力采集系统中的一个重要组成部分。曲轴位置传感器有光电式和磁电式两种，通常光电式应用于缸内压力测量，而磁电式用于发动机电子控制系统。本节只对光电式曲轴位置传感器做简要介绍。

光电式曲轴位置传感器及结构如图9-6所示，它由光源、光栅盘、光电器件以及信号放大整形电路组成，并产生两路脉冲信号，分别是转角信号和基准信号。光电式曲轴位置传感器的工作原理是：发光二极管（LED）发出一束平行光，平行光栅和码盘的透光缝重叠时，光线透过；码盘另一侧有光电器件，接收透过的光；平行光栅与输入轴固连在一起，随输入轴旋转，随着平行光栅的转动，光电器件输出正弦信号，经整形电路调理成方波。

5. 燃烧分析仪

燃烧分析仪是基于虚拟仪器（Virtual Instrmentation，VI）技术在 Windows 环境下开发的

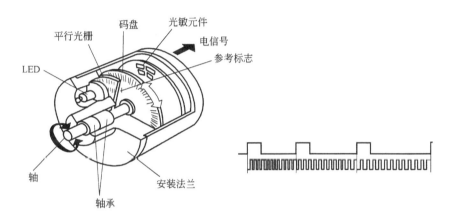

图 9-6　光电式曲轴位置传感器及结构

仪器，能够实时采集和图形化显示发动机缸内压力变化历程，同时还可对瞬时放热率、压力升高率、累积放热率和缸内温度等参数进行分析处理并以图形的方式实时显示于系统界面中，以便在试验过程中能够准确地掌握发动机燃烧状态。此外，该系统还具备燃烧数据离线处理功能，以便在试验结束后对发动机燃烧过程进行详细分析，提取各种燃烧过程的特征参数，如最大爆发压力、最大压力升高率、燃烧持续期、IMEP、PMEP、燃烧始点、燃烧终点、循环变动指数、缸内最高平均温度和指示热效率等。

燃烧分析仪主要由硬件和软件两部分组成，其硬件包括计算机和数据采集卡，软件包括采集卡驱动软件和数据采集软件。数据采集卡是硬件系统的关键部件，可将传感器等输出的电压或者电流等模拟信号通过 A/D 转换器转变成数字信号，输入到工控机中进行分析处理。它决定了采集系统的采样频率、分辨率、A/D 转换精度和采样通道数等。数据采集卡主要有外触发外时钟采样、内时钟采样和单步采样三种工作方式。由于发动机缸内燃烧数据采集必须与缸内燃烧时刻（曲轴转角）同步，因此发动机缸内燃烧数据采集通常采用外触发外时钟采样方式。

三、测量结果误差分析

在缸内压力测试系统中一般存在测压通道误差、上止点位置误差和温度引起的误差。

1. 测压通道误差

测压通道误差为燃烧室与传感器之间的通道内,气体状态变化造成系统的非线性引起的通道效应误差。压力通道和容积腔形成典型的振荡腔,通过通道内的弹性气体进行压力传递。通道的频率特性影响测量系统的频率特性,造成被测信号幅值的变化和相位滞后。通道的存在通常会引起腔振,在测量中会发现示功图膨胀线上有明显的锯齿波。消除测压通道误差的方法主要是将传感器与燃烧室壁面齐平,这样可消除通道效应,却增加了热冲击的影响。通常情况下折中安装,为了保护传感器,保留一小段通道,确保此误差在传感器满量程的 0.2%~0.5% 之内。

2. 上止点位置误差

上止点相位对研究内燃机工作过程和进行有关参数的计算有重要的影响,若上止点位置有偏差,就可使平均指示压力和平均转矩产生约的误差。由于种种原因,内燃机在工作时的上止点相位与静态上止点相位存在差异,因此需要对上止点相位重新进行确定,确定上止点相位的方法很多,常见有以下几种方法:

(1) **静态上止点定位法** 这种方法是以内燃机飞轮上的静态上止点标记为基准,用盘车方法使多缸机以第一缸为主,到达气缸最上部后再下行,用千分表按等行程中点法仔细找出活塞最高点,即为上止点,如磁电法、闪光停像法等。

(2) **动态上止点测量法** 这种方法是采用适当的传感器对动态上止点直接进行测量。广泛采用的是电容式传感器,利用电容变化进行动态上止点测量,原理是当活塞顶运动到上止点时电容量将最大。因此利用电容测量装置即可得到活塞上止点信号。

(3) **纯压缩线法** 纯压缩线法又叫倒拖法。这种方法是测量不供油时的气缸压缩线对多缸机可用停缸法制取,对单缸机用电动机拖动,在靠近曲线上端找到最大压力点即为上止点。但实际上由于缸内气体的泄漏和热交换等问题,该上止点也存在着误差,这要根据上止点修正值来进一步减少误差。

以上三种方法中,静态上止点定位法精度较低,动态上止点测量法精度最高,但需要附加测量装置,且测量结果受环境影响较大。纯压缩线法几乎不需要附加装置,且精度较高,是动态情况下获取上止点的较适用、可靠的方法,尤其是在野外测量的情况下,可以减少由于电路或转速引起的误差。值得注意的是,这几种方法都需要必要的热力学修正。

3. 温度引起误差

发动机气缸压力测量时,传感器要承受高压的同时,还要承受高温,所以温度对传感器的影响是不可避免的,传感器一般需要做隔热处理。最初缸内压力传感器在头部加冷却水道,但这样会限制传感器的微型化,目前普遍采用的是放大器电路做温度的补偿处理,包括传感器接触高温气体时带来的误差以及电路工作时间长带来的误差。另外,在使用前先对测试系统进行预热,预热时间越长,温度对测量电路的影响就会变小。

第三节 汽车振动的测试

汽车振动是影响汽车性能的重要因素,这种振动会严重地影响汽车行驶的平顺性和操纵稳定性以及汽车零部件的疲劳寿命。另外,严重的振动还会影响汽车的行驶速度和产生噪声,因此汽车振动的测试具有十分重要的意义。下面就以悬架性能测控分析系统为例来介绍汽车振动的测试。

进行汽车悬架性能试验研究的关键是建立一套由振动试验台、测控装置及数据处理装置组成的悬架性能测控分析系统。目前,用在室内道路模拟试验中的道路振动模拟试验台有电动式和电控液压伺服式两种。电动式振动台由于其低频振动频率较高而不能很好地满足汽车悬架性能试验。性能较好的是电控液压伺服试验台,这种试验台系统能够自动模拟非常复杂的载荷谱,使试验结果更接近于实际情况。但这种试验台成本高,结构复杂,需要专门制造,目前国内几乎都是引进国外的此类产品。此外,价格比较便宜的机械式悬架性能试验台,可测试悬架的某些特性(主要是悬架的振动衰减特性),其类型主要有测力式悬架性能试验台和测位移式悬架性能试验台,其结构如图9-7所示。图中 m 为非悬置质量,K 为刚度,C 为阻尼。

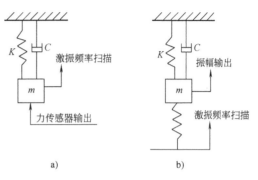

图 9-7 机械式悬架性能试验台原理
a)测力式 b)测位移式

机械式悬架性能试验台的激振装置,通常是由带有转动惯量的电动机和产生振动的机械机构构成。其基本检测过程是:电动机带动振动机构达到稳态后断电,激振台的振动机构在转动惯量的带动下产生一个从高频到低频的频率扫描过程(23~0Hz)。在这个过程中,当激振频率与悬架固有频率重合时,便会发生共振,通过位移或力的信号测出共振频率,并得出位移或力的大小变化,给出振动衰减过程中振动幅值包络线的形状,以便与标准的形状进行比较,从而发现悬架性能存在的问题,进而判断悬架性能的好坏。

汽车在试验台上激振过程中达到共振时的频率的大小,直接反映悬架刚度的大小,也间接反映了悬架的隔振特性。一般频率为12~13Hz的是低刚度悬架,15~16Hz的是中等刚度的悬架,18~19Hz的为高刚度悬架。

上述试验台的振动频率和幅值均不可调,不能更好地满足使用要求。为解决这个问题,开发了下面介绍的频率和幅值可调的机械式试验台。

一、试验台的构成和工作原理

1. 试验台的构成

试验台由激振台、计算机检测控制系统、计算机试验数据处理系统和附属设备四个部分组成。试验台模型简图如图9-7a所示,结构简图如图9-8所示。

2. 试验台的工作原理

电动机通电旋转,使激振台振动,试验台的振动频率、扫频时间和振动幅值由计算机进行控制,通过对左右轮振动频率的不同组合来模拟实际的路面输入,从而使测试系统满足汽车悬架特性测试的要求。

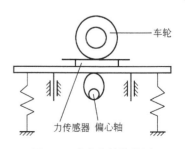

图 9-8 试验台结构简图

(1) 频率调节 试验台采用的是感应式电动机,通过变频调速改变它的转速,使振动台产生不同频率的振动。由异步电动机的转速公式

$$n = n_1(1-s) = 60f_1(1-s)/p \tag{9-1}$$

式中　p——电动机极对数;

　　　s——转差率;

　　　f_1——电源频率(Hz)。

可知,调速的途径有三种,即改变极对数、改变电源频率 f_1 以及改变转差率 s。在这三种调速方法中,变频调速调速平滑,可连续调节,调速范围又大,可达 12∶1。根据频率可任意控制的需要,所以采用计算机来控制变频调速器以达到控制电动机的转速。对所选变频器而言,正常工作需要的信号有四个：起动、正反转、频率大小以及变频器模式选择信号。计算机输出变频器的某些控制信号,必须通过 D/A 转换器转换为模拟量才会对变频器起作用。方案工作流程如图 9-9 所示。

图 9-9　频率控制系统方案流程

(2) 振动幅值调节 试验台的振动是通过电动机带动偏心凸轮来实现的。振幅是通过机械式振幅调节机构来实现的,其结构简图如图 9-10 所示。通过驱动器件改变试验台与激振源的接触位置,从而改变试验台的振幅。在本测试系统中采用步进电动机驱动丝杠转动,来实现改变试验台与激振源的接触位置。

工作原理如下：设 1 点的位移为 x_1,2 点产生的位移为 x_2,根据力学知识可得

$$\frac{x_2}{x_1} = \frac{n_2}{n_1} \quad 即 \quad x_2 = \frac{n_2}{n_1}x_1 \tag{9-2}$$

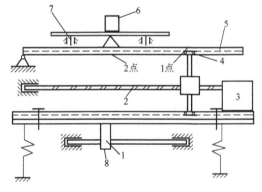

图 9-10　振幅调节机构简图
1—凸轮　2—丝杠　3—步进电动机　4—滚轮
5—凹槽　6—车轮　7—直线轴承　8—激振源

式中　n_1、n_2——丝杠的转速。

激振源振动,带动 1 点振动,该点产生的位移 x_1 等于试验台激振器的振动幅值,是定值,不随位置的改变而变化。步进电动机带动丝杠转动改变 1 点的位置,使 n_1 发生变化,根据式(9-2)可得 x_2 也发生变化,也就是说试验台振幅发生了变化。随着 n_1 的连续变化,振动台振幅在一定范围内得到了任意控制。振动台上装有直线轴承作为导向装置,使车轮的振动不会偏离方向,在这个振动测试系统中,振幅可在 5~12mm 之间连续变化。

步进电动机正常工作需要两个信号：脉冲和方向信号。这两个控制信号由计算机输出,通过步进电动机驱动器和驱动电路将信号传送给步进电动机,使步进电动机正常工作。方案工作流程如图 9-11 所示。

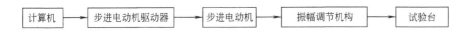

图 9-11 振幅控制方案工作流程

二、硬件介绍

(1) **压电式加速度传感器** 压电式加速度传感器频率响应范围宽，尺寸小，质量轻，安装方便，测量点的位置比较精确，对结构的附加质量影响也较小。由于在实际道路上汽车振动系统各部分的频率范围主要在 0.5~50Hz (有时要到 200Hz)，测量车身和坐垫上的加速度传感器的工作频率下限要低于 0.5Hz，且希望传感的质量不应大于 100~150g，因此压电式传感器满足这一要求。

(2) **电荷放大器** 由于所用的压电式加速度传感器内阻很大，所以在振动测量中，经常要配用电荷放大器作为前置放大。放大器应该具有使用频率宽、动态范围大以及相频特性好等特点。

(3) **电动机调速器** 对于汽车振动的测试来说，试验台的振动频率范围在 0.25~30Hz 已足够，但在实际道路上汽车振动系统各部分的频率范围主要在 0.5~50Hz (有时要到 200Hz)，也就是电动机的转速范围要在 15~3000r/min，则要求变频器的变频范围在 0.5~100Hz。

(4) **A/D 转换器和 D/A 转换器** 在控制系统和悬架系统辨识中，要求在某一时刻得到的悬架系统的激励和响应必须是同相位的，否则在辨识过程中就包含了数据采集卡本身采集数据的延迟，所以使用的是两块 PC-7427 型 12 位 8 路 100kHz 并行的 A/D 转换器。

在频率控制系统中，计算机控制变频调速器的信号需要转变为模拟信号。两个变频器分别控制各自的电动机，所以使用 PCI-7412 型 8 位 8 路光隔电压电流输出 D/A 转换器。

(5) **步进电动机** 在测试系统中，根据振幅机构产生的转矩大小来选择所需的步进电动机。这种电动机以细分驱动，适用范围广泛，具有较高的转矩惯量比，价格低廉。在低频时振动减小，噪声降低，同时有助于运转精度提高，适合本试验台使用。

试验台的测控系统工作原理如图 9-12 所示，试验台的外形如图 9-13 所示，注意：加速度传感器布置在图 9-12 中标记的 1、2、3、4、5、6、7、8 处，既左右试验台上 (1、2、3、4)、左右车轴上和左右车厢地面上各放置一个传感器。

三、测试系统的控制方法

根据以上所述的测试系统，需要由计算机控制变频器改变试验台的振动频率，可采用两种控制方式，由计算机发出控制信号给步进电动机改变试验台的振幅，实现对振动频率和幅值的控制。

1. 试验台控制方式

(1) **开环控制** 在本测试系统中，需要用计算机来控制变频器的输出改变试验台的振动频率，通过计算机控制步进电动机改变试验台的振幅，使试验台的振动频率和幅值达到任

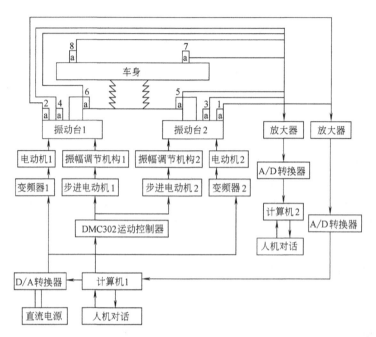

图 9-12　系统工作原理图

图 9-13　试验台外形图

意控制。此控制系统为开环定值控制系统。

（2）闭环控制　为了对悬架系统作深入研究，本测试系统也有试验台闭环控制功能，保证试验台的加速度恒定。闭环控制的基本原理为：利用偏差来产生控制作用，进而消除或减小偏差。闭环控制系统的一个突出优点就是，不论由于干扰或由于系统结构参数变化所引起的被控量偏离给定值，都会产生控制作用去消除偏差。因此，这种系统从原理上提供了实现高质量控制的可能性。控制系统框图如图 9-14 所示。

2. 控制系统软件介绍

采用 Visual C++生成的 SDI 单文档应用程序，主要完成试验台的开环和闭环控制，使硬

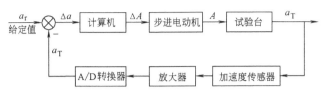

图 9-14　闭环控制系统框图

件部分协调工作,达到控制的目的,从而可实现数据时采集,绘制加速度实时变化曲线,观测试验台的基本振动情况。

(1) **程序流程**　控制模块程序流程图如图 9-15 所示。

(2) **程序运行**　作为软件的初始化界面是一个 splash 窗口,点击左键或等待 5s 后此窗口将会消失,出现一个登录窗口(图 9-16),要求用户输入密码方可进入软件的主界面。用

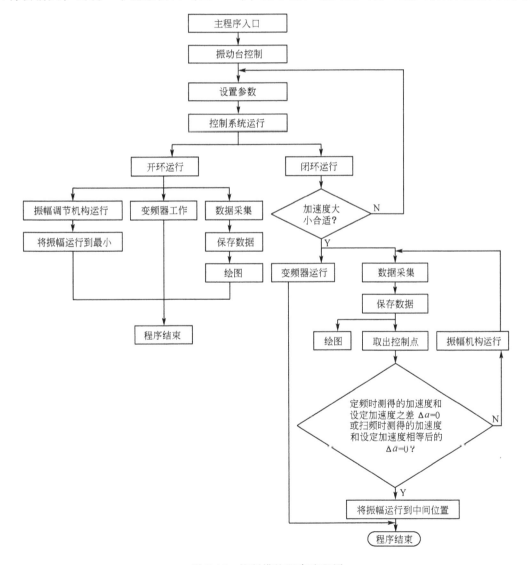

图 9-15　控制模块程序流程图

户单击"退出"按钮将退出程序。当用户输入正确密码后,单击"确定"按钮,将进入系统的主界面窗口,如图9-17所示。在主界面中运行菜单"振动台控制",将同时弹出系统控制对话框和绘图窗口,如图9-18和图9-19所示。

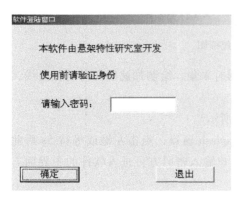

图9-16 软件登录窗口

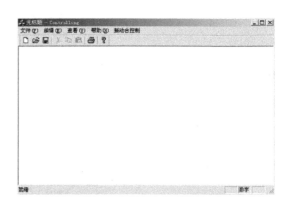

图9-17 程序主界面窗口

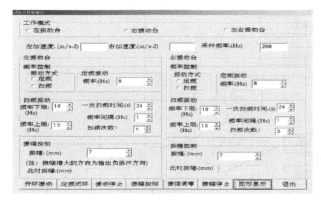

图9-18 控制对话框

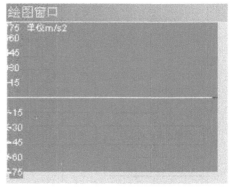

图9-19 绘图窗口

3. 误差分析处理

在开发试验台的闭环控制系统中,加速度传感器在测量加速度信号时所产生的误差,将直接影响控制精度。引起加速度测量误差的因素是多方面的,主要是试验设备的限制,以及外界原因造成,下面就引起误差的几个因素作初步讨论。

(1) **振幅引起的误差** 在本系统中,振幅调节机构的误差将会引起加速度的误差。在振幅调节机构中,控制其原理,可以得到其变化范围为5~12mm。在试验前,为了保证试验的安全和成功,需要将振幅位置调到中间位置,但在目前试验条件下,其中间值的测量不太准确,位置存在偏差,将产生加速度的误差。所以在试验中采用了准确量取中间位置点,然后进行标记的方法来提高精度。此问题将采用位移传感器来解决。

(2) **频率引起的误差** 计算机在将数字信号通过D/A转化为模拟信号时,由于D/A转换器输出调整不够精确,将引起频率误差,所用电动机本身的转差率,也将会引起频率误差。在试验过程中,应精确调整D/A输出,减小误差。

(3) **传感器、放大器、采集器引起的误差** 系统中各部件本身具有一定的误差,这些误差均表现为系统误差,其中数据采集器的误差是影响较大的。数据采集器存在以下几种误差。

1) 量化误差:它是数据采集器所固有的,其大小为±(1/2)Q(Q 是 MD 转换器的最低有效位 LSB 对应的模拟输入电压值,减小量化误差的唯一办法是增加转换器的位数)。

2) 偏移误差:它是指第一次跃变不发生在 1/2LSB 处时,其值与在 1/2LSB 处时之差。

3) 增益误差:它是指相邻两次跃变的模拟量值与理论值相差的值。

4) 非线性误差:它是指跃变值之间的差值不相等而产生的误差。

5) 系统误差:它包括通道、采样保持器、A/D 转换器等误差。

6) 运算误差:它是指因使用的运算方法不同所产生的人为造成的误差。

所有这些误差都是或多或少存在的,最后表现为整个采集器的误差。本系统选用采集器 A/D 转换器为 12 位,误差小于 0.1%,因而具有较高的精度,完全能满足该测试系统的要求。

(4) 闭环控制精度 在测试过程中,控制精度为 0.5m/s^2。当测得的加速度峰值与设定值之差的绝对值超过 0.5m/s^2 时,为了消除此偏差,将引起振幅调节机构运动;当偏差在 0.5m/s^2 以内时,不会引起振幅调节机构的运动。此控制精度已经可以满足测试要求。

第四节 汽车动力学的测试

汽车底盘包括传动系统、行驶系统、转向系统和制动系统。汽车底盘的技术状况关系到整车行驶的稳定性和安全性,同时还影响发动机动力的传递和燃油的消耗。因此,汽车底盘的测试具有十分重要的意义。

汽车驱动车轮输出功率的测试即是通常所说的底盘测功。底盘测功的目的是为了获得驱动车轮的输出功率(驱动力)以便于评价汽车的动力性;或用测得的驱动车轮的输出功率(驱动力)与发动机飞轮输出功率(驱动力)进行比较,求出传动效率,以便于判定底盘传动系统的技术状况。

1. 底盘测功试验台的结构、原理

汽车底盘测功机是检验汽车性能最重要的台架试验设备,它通过滚筒和加载设备来模拟汽车在道路行驶时的工况,以检测汽车的动力性、燃料经济性、滑行性能和速度表误差。

底盘测功试验台按测量原理可分为惯性式、测力式和综合式等。惯性式底盘测功试验台是利用飞轮惯量来模拟道路的行驶阻力进行测功的。在节气门全开、变速器为直接档时,测定在一定速度范围内的加速度或加速距离,用以诊断汽车的动力性。由于惯性式底盘测功试验台是在不稳定情况下进行测功的,因而不能直接测定驱动轮上的功率,而且通用性较差,所以在大多数情况下,进行底盘测功时采用测力式底盘测功试验台。

测力式底盘测功试验台一般由滚筒装置、功率吸收装置(即加载装置)、测量装置和辅助装置四部分组成。下面分别对其进行介绍。

(1) 滚筒装置 汽车底盘测功机按照滚筒形式的不同可以分为大直径单滚筒式、双轮双滚筒式、单轮双滚筒式三种。单滚筒试验台的滚筒直径一般较大,多在1.5~2.5m之间。滚筒直径越大,车轮轮胎与滚筒的接触就越接近其与地面接触的实际情况,轮胎和滚筒之间的滑移率就越小,滚动阻力也越小,因而测试精度就越高。

  双滚筒试验台的滚筒直径要比单滚筒试验台小得多,一般在185~400mm之间,滚筒直径往往随试验台的试验车速而定,车速越高,直径越大。由于滚筒的直径比较小,车轮轮胎与滚筒的接触与其在地面上受压情况相差较大,滑转率、滚动阻力也比较大。因此,检测精度比较低。但这种试验台结构简单,安装使用方便且成本低,故常用于维修企业和交通管理部门。双轮双滚筒式一般用于特定车型的测试,造价也较高。目前在车辆检测、修理等部门普遍使用的是单轮双滚筒试验台,如图9-20所示。这种试验台具有安放定位方便、适用车型较多的优点。双滚筒试验台的滚筒多由钢制材料制成,采用空心结构。按其表面形状不同,又有光滚筒、滚花滚筒、带槽滚筒、带涂覆层滚筒等多种形式,可根据使用情况适当选择,尽量使滚筒的附着力接近于道路的实际情况。双滚筒试验台还有主、副滚筒之分。与测功机相连的滚筒为主滚筒,左右两个主滚筒之间装有联轴器。左右两边的副滚筒处于自由状态。

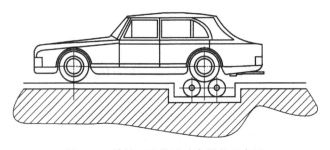

图9-20 单轮双滚筒试验台测量示意图

（2）**功率吸收装置**（即加载装置） 汽车在道路上行驶时,所受到的阻力是由车轮滚动阻力、车轮轴承的摩擦、空气的作用而引起的。汽车在试验台上运转时,其外部阻力为驱动轮的滚动阻力、轴承摩擦力和空气摩擦力及转数组件的轴承摩擦力等,这些阻力之和比汽车在道路上行驶时所受的外部阻力要小得多。另外,在试验台上不存在汽车在道路上行驶时所受的空气阻力和爬坡阻力。因此,必须采用功率吸收装置来模拟空气阻力、爬坡阻力、从动轮的轴承摩擦和空气摩擦等,使汽车在试验台上的受力情况同行驶道路上基本一样。

  功率吸收装置是用来吸收并测量汽车发动机经传动系统传至驱动车轮上的功率和牵引力的。常用的功率吸收装置有水力测功机、直流电机电力测功机和电涡流测功机。水力测功机是用水作为制动介质,水在测功机的转子和定子之间起连接作用,形成制动力矩。通过调节进出水量,可以得到不同的制动功率。在水流量一定时,测功机的制动力矩随着转子转速的增加而提高。这种测功机精度较低。直流电机电力测功机又称为平衡电机,作为负载用时,它吸收功率,其作用相当于直流发电机;平衡电机还可以作为驱动机械用,此时,它输出功率,其作用相当于直流电动机。利用电子控制的电力测功器能很好地模拟汽车的行驶阻力和惯性力。平衡电机大大地扩大了滚筒试验台的用途,但是直流电机电力测功机的制作成本较高,一般仅用于科研单位。

  大多数滚动试验台的功率吸收装置采用电涡流测功机。它主要由定子和转子两部分组成。在定子周围装有励磁绕组，转子作为电磁盘与试验台主滚动筒相连，并在励磁绕组之间转动。当电涡流测功机的励磁绕组通入电流时，两极间产生磁场。当汽车驱动轮带动滚筒及电涡流测功机转子通过励磁绕组磁场转动时，由于磁通密度发生变化而使转子表面上产生"电涡流"，该"电涡流"与磁场相互作用，对转子盘产生制动力矩。通过调节励磁绕组电流的大小，即可改变制动力矩（即吸收功率）的范围，因而能在不同工况下试验汽车驱动轮的输出功率。电涡流测功机将吸收汽车驱动轮输出的功率而产生的电涡流能量变为热能，经空气或水散失掉。所以，电涡流测功机分为水冷式和风冷式两种。

为了补偿台架试验时车辆的惯性质量，有些测功机要求带上较多飞轮，但它的造价相对较高。这种测功机能更真实地反映车辆行驶时的加速阻力和滑行性能。

（3）**测量装置** 测量装置包括测力装置、测速装置、测距装置和功率指示装置。

1）测力装置。测力装置能够测出作用在驱动车轮上的牵引力。电涡流测功机的定子是通过摆动轴承装在轴承支架上的，并在其外壳上连接一根一定长度的杠杆臂。当定子通电后，在对其中旋转的转子施加制动力矩的同时，定子本身便受到大小相等、方向相反的反作用力矩。这个反作用力矩迫使定子绕轴承支架摆动，其摆动量通过定子外壳上的杠杆臂传给测力装置，然后由仪表指针指示出其数值。这种从定子到指示仪表间的装置称为测力装置。测力装置有机械式、液压式和电测式等多种形式。

2）测速装置。测速装置多为电测式，由测速电动机和毫伏计组成。测功试验台的测速装置可用来校验被测车辆的车速表，因此，配购测功试验台的检测站、点，可不必再购置车速表试验台。

3）测距装置。对汽车进行加速距离、滑行距离、燃料消耗量等的检测时，还需要指示距离的测距装置。图9-21所示为测加速距离的测量原理框图。距离脉冲由装在驱动滚筒轴上的光电变换器提供，加速距离由控制电路控制计数门记下由 v_1 加速至 v_2 的距离。

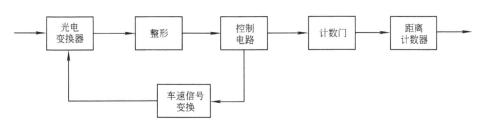

图9-21 测加速距离的原理框图

4）功率指示装置。底盘测功试验台的功率指示装置，有的能直接指示出驱动车轮的输出功率，有的仅能指示驱动车轮的牵引力。测力装置为机械式和液压式的试验台，其指示装置仅能指示驱动车轮的牵引力，此时驱动车轮的功率应根据测得的牵引力和对应的试验车速按下式计算

$$P_k = Fv/3600 \tag{9-3}$$

式中 P_k——驱动车轮输出功率（kW）；

F——驱动车轮牵引力（N）；

v——试验车速（km/h）。

（4）**辅助装置** 辅助装置主要是指被测车辆在试验台上的纵向约束装置和试验台的举

升装置。单滚筒试验台为了保证试验车辆的车轮在滚筒上运转时,能够稳定地置于准确位置,因此必须使用纵向约束装置。纵向约束装置一般有固定从动车轮的三角木装置或固定全车的钢丝绳装置。对于双滚筒试验台,为了使被测车辆方便地驶入和驶出两滚筒之间的凹坑,在两滚筒之间往往设置举升器及其控制装置。举升装置由举升器和举升平板组成。举升器有气压式、液压式和电动式三种,以气压式为最多,气压式举升器又有气缸式和气囊式之分,其中气囊式结构简单、制造容易、成本低廉,已开始在底盘测功试验台上应用。

多数测功试验台还附有供冷却被测车辆发动机散热器用的风扇。

2. 控制系统

控制系统是底盘测功机的关键组件,其技术水平的高低、性能好坏,直接影响到整机性能。汽车底盘测功机的控制系统分为全自动控制和半自动控制两种。全自动控制方式的全部测试项目都是自动控制。以功率测试为例,它能够自动连续测试汽车任一运行速度时的功率,整个测试过程由计算机控制,不用人工操作。此外,全自动控制方式可以自动模拟运行工况。全自动控制通常采用计算机控制,而计算机又分为普通计算机和工业用计算机(工控机),二者性能和价格都相差很大。半自动控制方式与全自动控制方式的区别,在于测量点不是任意的而是规定好的几个点,并且测量点不连续。半自动控制通常采用单片机控制。双滚筒式底盘测功机加(减)载控制系统,由计算机及外部设备和电涡流生成机及其控制器组成。其控制框图如图9-22所示。

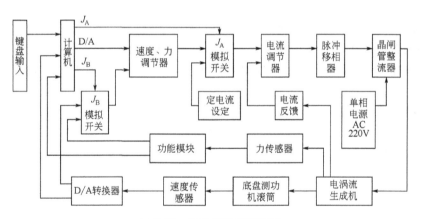

图9-22 加载控制系统框图

采集的速度信号经计算机软件处理成实时速度值。采集的力(转矩)信号经电涡流生成机控制器的功能模块(信号放大、处理)转换后送入计算机。同时速度信号和力(转矩)信号经模拟开关送至速度、力(转矩)调节器,模拟开关的通断由计算机输出的开关信号(J_B、J_A)控制。而由键盘设定的速度信号和力(转矩)信号经计算机做D/A转换后也输送给速度、力(转矩)调节器。速度、力(转矩)调节器将收到的信号进行比例、积分处理成可控直流信号输出,经脉冲移相器将可控直流信号转换成可控脉冲信号,以控制晶闸管的导通时间,从而调节控制晶闸管输给电涡流励磁线圈的电流、电压,进而控制电涡流生成机的载荷(加载或减载)。当用手工控制时,设定的电流经电流调节器处理成恒定电流,以避免电网波动等因素对电涡流生成机的干扰。

底盘测功机除载荷控制外，还有举升器升降、电磁离合器接合、水泵通断、车辆检测灯等位控信号的控制。这些位控信号通常都是由计算机输出经信号放大、驱动来实现。

四轮滚筒测功机的典型结构如图 9-23 所示。

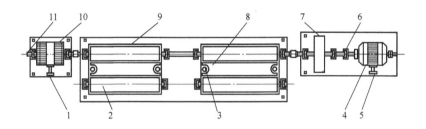

图 9-23　四轮滚筒测功机的典型结构

1、5—力传感器　2—从动滚筒　3—挡辊　4—电动机　6—离合器　7—飞轮组
8—举升板　9—主动滚筒　10—电涡流生成机　11—速度传感器

思考题及习题

1. 发动机测试系统构成的特点是什么？
2. 简述汽车振动测试的方法及测试系统的组成。
3. 简述汽车动力性能测试的主要方法。

参 考 文 献

［1］ 贾民平，等. 测试技术 ［M］. 北京：高等教育出版社，2001.
［2］ 李杰敏. 汽车拖拉机试验学 ［M］. 北京：机械工业出版社，2000.
［3］ 严普强，黄长艺. 机械工程测试技术基础 ［M］. 北京：机械工业出版社，1985.
［4］ 吴正毅. 测试技术与测试信号处理 ［M］. 北京：清华大学出版社，1991.
［5］ 梁德沛. 机械参量动态测试技术 ［M］. 重庆：重庆大学出版社，1987.
［6］ 方佩敏. 新编传感器原理应用电路详解 ［M］. 北京：电子工业出版社，1994.
［7］ 费业泰. 误差理论与数据处理 ［M］. 北京：机械工业出版社，2001.
［8］ 尤丽华. 测试技术 ［M］. 北京：机械工业出版社，2003.
［9］ 刘君华. 现代检测技术与测试系统设计 ［M］. 西安：西安交通大学出版社，1999.
［10］ 丁振良. 误差理论与数据处理 ［M］. 哈尔滨：哈尔滨工业大学出版社，2002.
［11］ 吴丽华，等. 电子测量电路 ［M］. 哈尔滨：哈尔滨工业大学出版社，2004.
［12］ 侯国章. 测试与传感技术 ［M］. 哈尔滨：哈尔滨工业大学出版社，2000.
［13］ 雷霖. 微机自动检测与系统设计 ［M］. 北京：电子工业出版社，2003.
［14］ 王国权，等. 虚拟实验技术 ［M］. 北京：电子工业出版社，2004.
［15］ 刘凤新，等. 计算机辅助测试技术导论 ［M］. 北京：电子工业出版社，2004.